Günther Rüther
„Greif zur Feder, Kumpel“

Droste Taschenbücher Geschichte

Groß in Gesängen rühmten die Alten den Schaffer Prometheus,
Weil er das Feuer uns gab; wir heute schlucken den Rauch.

Rainer Kirsch, Februar 1981

Für Kordula

Günther Rüther

„Greif zur Feder, Kumpel“

Schriftsteller, Literatur und Politik in der DDR 1949–1990

Droste Verlag Düsseldorf

Über den Autor

Günther Rüther, Dr. phil., geboren 1948 in Cuxhaven, studierte in Göttingen, Freiburg und Bonn Politikwissenschaft, Germanistik und Pädagogik. Der Autor ist heute Mitglied der Geschäftsleitung und Leiter des Bereichs Politische Bildung der Konrad-Adenauer-Stiftung und Herausgeber der Zeitschrift zur Politischen Bildung – Eichholz Brief. Er hat zahlreiche Bücher ediert und insbesondere Aufsätze zu Literatur und Politik in der DDR veröffentlicht.

Einbandfoto:
Der Schriftsteller Erwin Strittmatter spricht auf der Bitterfelder Kulturkonferenz am 24. April 1959 zum Thema »An die Basis – gegen die Selbstzufriedenheit«
Foto: ADN

Die Deutsche Bibliothek – CIP-Einheitsaufnahme

Rüther, Günther:
»Greif zur Feder, Kumpel«: Schriftsteller, Literatur und Politik in der DDR 1949–1990 / Günther Rüther. – Düsseldorf: Droste, 1991
(Droste-Taschenbücher Geschichte)
ISBN 3-7700-0916-9

2. überarbeitete Auflage 1992

Einbandentwurf: Helmut Schwanen
Gesamtherstellung: Clausen & Bosse, Leck
ISBN 3-7700-0916-9

Inhalt

Vorbemerkung

Mit diesem Buch wird der Versuch unternommen, das »schwierige Verhältnis« von Literatur und Politik in einer Diktatur zu analysieren. Gegenstand der Betrachtung ist die literarische und politische Entwicklung der DDR in der Zeit von 1949 bis 1990. Die Fülle des Materials machte es notwendig, eine Auswahl zu treffen, damit wichtige Stationen und Veränderungen in der kulturpolitischen Entwicklung sichtbar bleiben. Da bis heute viele Archivmaterialien noch nicht zugänglich sind und wohl auf absehbare Zeit auch noch nicht zugänglich sein werden, bleibt der detaillierte Einblick in die kulturpolitischen Entscheidungsprozesse innerhalb der SED, die zum Teil verschlungenen Querverbindungen zwischen dem Schriftstellerverband der DDR, seinen Präsidenten und Vorständen, aber auch einzelner Autoren mit der Staatspartei und ihrer Kulturbürokratie häufig verwehrt. Dies gilt in eingeschränktem Maße im Einzelfall ebenfalls für die Mechanismen der Zensur. Dennoch erlaubt der heutige Kenntnisstand ein differenziertes Bild über das Verhalten der Schriftsteller und die Würdigung ihrer Werke in einem sozialistischen Unrechtsstaat mit stalinistischem Charakter zu entwickeln.

In das Blickfeld des Interesses geraten dabei verstärkt Literaten und Arbeiten, die versucht haben, sich – wie es Václav Havel formuliert hat – einem »Leben in Lüge« zu entziehen und zu widersprechen, zumindest aber aktiv an der kulturpolitischen Entwicklung teilzunehmen.

Obwohl viele Autoren, als sie nach dem Zweiten Weltkrieg aus dem Exil oder dem verborgenen Zuhause ins öffentliche Leben in Deutschland zurückkehrten, ihre Heimat bewußt in der sowjetisch besetzten Zone wählten, um am Aufbau einer besseren, sozialistischen Gesellschaftsordnung mitzuwirken, lösten sich einige von ihnen nach anfänglicher Begeisterung für den »neuen« Staat wieder von ihm und forderten bald Reformen ein. Sympathie schlug in Ablehnung um. Jüngeren Autoren ging es später ähnlich. So kennzeichneten Literaten und Werke oft eine wechselvolle, in sich keineswegs geradlinige Beziehung zu ihrem Staat. Eine vorschnelle, pauschale Verurteilung einzelner Schriftsteller würde deshalb ihrem viel komplizierteren Lebensweg nicht gerecht. Natürlich gab es auch Autoren, die sich in erster Linie als Erfüllungsgehilfen der Staatspartei verstanden und ihre literarischen Arbeiten diesem Selbstverständnis unterordneten. Sie werden ebenso benannt wie die Positionen derjenigen, die in entscheidenden Phasen der kulturpolitischen Entwicklung in Wort und Schrift wider den Stachel löckten und sich dadurch teilweise erheblichen Pressionen bis zu mehrjährigen Zuchthausstrafen aussetzten.

Sollte dem einen oder anderen Literaten in dieser Darstellung Unrecht geschehen und er keine angemessene Würdigung erfahren, so bedaure ich dies. Um von vorneherein der Gefahr einer zu pointierten, subjektiven Bewertung zu begegnen, wurden im Text wichtige Aussagen als Zitate wiedergegeben. Sie ermöglichen es dem Leser, sich ein eigenes Urteil zu bilden. Im Einzelfall mögen die Meinungen dennoch auseinandergehen und auf diese Weise neue Einsichten fördern. Vermutlich stehen wir heute erst am Anfang der Auseinandersetzung über die Rolle, das Selbstverständnis und die Wirkung der Literatur in der DDR. In noch stärkerem Maße gilt dies für die Einflußnahme des Staates auf sie von der Förderung bis zu Zensur und Druckverbot.

Herzlich danke ich all denen, die mich bei der Abfassung dieser Schrift unterstützt haben. Dies gilt in besonderer Weise für das Verständnis, welches mir meine Familie – meine Frau Kordula und meine Kinder Markus und Christina – während der Beschäftigung mit diesem Thema in der Freizeit entgegengebracht hat.

Euskirchen, im Mai 1991 Günther Rüther

Außerdem habt ihr das Herz der Sache bezüglich meiner Arbeit am König-David-Bericht berührt: Auch mein Denken ist ständig gespalten, indem ich eines weiß und ein anderes sage, oder zu sagen suche, was ich weiß, oder sage, was ich nicht denke, oder denke, was ich nicht sage, oder sagen möchte, was ich nicht denken soll, oder wissen möchte, was ich nie sagen darf, und mich dergestalt im Kreise drehe wie ein Hund, der den Floh fangen will, welcher ihn in den Schwanz beißt.

Stefan Heym

Des Poeten Amt und die Politik

In einer Diktatur geißelt die staatliche Zensur den Schriftsteller. Er hat sein Wort besonders abzuwägen, weil die Behörden oder auch die Leser es mit der größten Aufmerksamkeit verfolgen. Ist die Freiheit des Wortes garantiert, verliert es an Kraft, weil die Literatur eine Form unter anderen ist, das »Nützliche und Schädliche«, das »Gerechte und Ungerechte« kundzutun[1]. In einer Diktatur bleibt die Poesie demgegenüber häufig das einzige Refugium unverstellten Sprechens[2]. Sie allein hat die Chance, sich in einer Sprache schriftlich zu äußern, die nicht durch den Staatsapparat determiniert ist. Sie wird als Seismograph sozialer und politischer Verwerfungen empfunden. Deshalb genießt sie bei ihren Lesern, aber auch den Diktatoren, besondere Aufmerksamkeit. Dies könnte als gute Zeit für Literatur mißverstanden werden, wenn nicht vieles aufgrund der staatlichen Zensur ungesagt bliebe und der Schriftsteller sich nicht staatlichen Pressionen ausgesetzt wüßte. Gerade in der Krise, wo sich die meisten Menschen ducken, soll er als moralische Autorität, als Gewissen der Nation, der Politik die Stirn bieten. In Zeiten politischer Ohnmacht ist ihm aufgetragen, das auszudrücken, was viele denken und empfinden, sich aber nicht getrauen auszusprechen. Er soll den öffentlich verordneten Maulkorb ablegen und das Wundmal der Zeit ins Wort bringen. Tut er es, wird der nur auf seine Macht und seinen Vorteil bedachte Staat über ihn übel richten. Tut er es nicht, wird er des schäbigen Konformismus bezichtigt. Er verliert seine moralische Integrität, d. h. letztlich Einfluß und Anerkennung.

In einer Diktatur steht der Schriftsteller vor folgendem Dilemma: beugt er sich dem Staat und schönt die Wirklichkeit, mißbilligen es die Leser. Ringt er in seinen Ausführungen um die Wahrheit, trifft ihn der Zorn der Mächtigen. In dieser Situation bleiben ihm als letzte Mittel oft nur Satire und Chiffrierung.

Das diesem Kapitel vorangestellte erschütternde Zitat spricht Ethan, Schriftsteller und Historiker, in Stefan Heyms lesenswertem Roman »Der König-David-Bericht«. Ethan, Redaktor des Berichts und Erzähler, äußert darin tiefe Zweifel darüber, ob er seinem Auftrag als federführender Mitarbeiter der königlichen Kommission zur Erstellung des »Einzigen Wahren und Autoritativen, Historisch Genauen und Amtlich Anerkannten Berichts über den Erstaunlichen Aufstieg, das Gottesfürchtige Leben, sowie die Heroischen Taten und Wunderbaren Leistungen des David Ben Jesse, Königs von Juda«[3] gerecht zu werden vermag. Er hat sich nicht um dieses Amt gedrängt. König Salomo bat ihn, es anzunehmen. Aber Ethan versuchte, daraus Vorteil zu ziehen, »das Eisen zu schmieden, solange es heiß ist«[4].

Ethan weiß, daß in einer Despotie Schriftsteller gefährlich leben, wenn sie es sich zur Aufgabe machen, als mahnende Chronisten wider den Stachel zu löcken. Ihnen können im äußersten Fall die Köpfe abgeschlagen werden; sie müssen im Gefängnis für ihre offenen Worte büßen, oder sie werden des Landes verwiesen und auf diese Weise mundtot gemacht. Ethan ist sich bewußt, wie sehr es bei seinem Auftrag darauf ankommt, die Zunge zu hüten und den Griffel weise zu benutzen. Nur dann möchte es ihm gelingen, mit einigem Glück »ein Wörtchen hier und eine Zeile dort in den König-David-Bericht einzufügen, aus denen spätere Generationen ersehen würden, was wirklich in diesen Jahren geschah«[5].

Gelänge es ihm, könnte er vor sich bestehen und seine Familie ernähren. Fände er sich zu einer noch angepaßteren Denkungsart bereit und schriebe seinem Herrn zu Gefallen, dann dürfe er in Wohlstand und staatlicher Geborgenheit leben. Fürsorge und Gunst des Königs wären ihm und seiner Familie sicher.

Opportunismus und Anpassung sind jedoch keine Eigenschaften, die Ethan zu eigen sind. Deshalb folgt er den gutgemeinten Worten des einflußreichen Eunuchen Amenhoteph nicht, der ihm empfiehlt, sein Denken zu kastrieren. »Kastration schmerzt nur einmal; danach aber fühlt man sich um so besser: ruhig, beinahe glücklich« in einer Zeit, die nur eine geringe Anzahl von Leuten mit mannhaften Gedanken kenne[6]. Der Schriftsteller und Historiker Ethan findet sich nicht bereit, durch seine Worte eine Herrschaftsideologie und die Monopolisierung der Macht zu camouflieren und historisch politisch eine Legitimation dafür zu formulieren, die nach seinen eigenen Recherchen nicht stimmt, ja die Wahrheit aufs Gröbste verletzt. Deshalb wird er angeklagt. Verleumdung, Wühlarbeit, Ehrabschneidung, Verfälschung, Irreführung lauten einige der behördlichen Vorwürfe. Sie könnten aus unserer Zeit stammen. Ferner wird er des literarischen Hochverrats bezichtigt, weil er, wie es der König ausdrückt, unerwünschte Gedanken, Zweifel und ruchlose Auffassungen in eine Sprache kleide, welche sich harmlos gebe und auf den ersten Blick dem Auge des Herrn wohlgefällig scheine[7].

Ethan widerspricht dem König und versucht, seine Strafe zu mildern, indem er einen Psalm »Zum Preise des Herrn und zum Lobe Davids« vorträgt. Sein Gedicht findet Beifall, Salomos Urteil, »daß ein jedes Wort, welches dem König und der gesetzlichen Obrigkeit mißfällt, den Tatbestand des Hochverrats erfüllt«[8], bleibt jedoch hart. Es offenbart darüber hinaus den Zynismus der Macht. Ethan soll nämlich »zu Tode geschwiegen werden, keines seiner Worte soll das Ohr des Volkes erreichen«[9]; sein Psalm jedoch, »voller Plattheiten und bar jeder Gestaltungskraft, dieser Psalm soll seinen Namen tragen und bewahrt werden für alle Zeiten«[10].

Despoten dulden keinen Widerspruch, auch dann nicht, wenn er, wie im vorliegenden Fall, in aller Stille erfolgt und sich damit begnügt, nur zwischen den Zeilen, auf redaktionellem Wege, der Wahrheit einen Schritt näherzukommen. Aber sie sind skrupellos genug, an Zeilen von zu Tode geschwiegenen Poeten festzuhalten, wenn diese ihren politischen Zielen dienen.

In diesem satirischen Roman setzt sich Stefan Heym mit dem schwierigen Verhältnis von Politik und Literatur, Geist und Macht auseinander[11].

Er thematisiert es in einem historischen, dreitausend Jahre alten Stoff. Folie sind ihm jedoch seine eigenen Erfahrungen und Erlebnisse als marxistischer Schriftsteller in der DDR während des Stalinismus in den fünfziger und sechziger Jahren. Die Literaturkritik hat darauf mehrfach hingewiesen[12].

In der Haltung Ethans schildert Heym aber auch sein eigenes Selbstverständnis als Autor. Wie dieser stellt er nicht das vorgefundene Herrschaftssystem ideologisch grundlegend in Frage. Er verweigert sich nicht, sondern er ist vielmehr bis zu einem gewissen Grade zur Mitarbeit bereit. Er will Reformen im System, kein neues. Deshalb zögert er nicht, den Mißbrauch der Macht zu enthüllen und Deformationen der Gesellschaft bloßzulegen.

Er zeigt in Salomo den skrupellosen, legitimationssüchtigen, dem Personenkult verfallenen Herrscher, der manchmal – wohl nicht zufällig – an Stalin oder Ulbricht erinnert, und schildert in seinen hohen Beamten auf ihren Vorteil bedachte, angepaßte Erfüllungsgehilfen der Macht. Es sind Intellektuelle, die Recht und Vernunft in den Dienst einer schlechten Sache stellen.

Im Vokabular der Herrschenden spiegeln sich der Zynismus der Macht und die Brüchigkeit der Ideologie. Besonders deutlich wird dies in der Person des Geheimdienstchefs, der feststellt: »Geständnisse haben wir in der letzten Zeit überreichlich. Wir erheben Anklage gegen jemand wegen Denkens unerlaubter Gedanken: schon gesteht der Mann«[13].

Mit Ethans Scheitern an der Macht des Staates zerbrechen auch Heyms eigene Illusionen, als Poet einen konkreten Beitrag zur Überwindung der Despotie leisten zu können. Autor und Erzähler sehen sich außerstande, die Begrenzungen ihrer Zeit zu durchbrechen, aber sie vertrauen darauf, daß ihre Gedanken und Worte überdauern[14].

Eine radikalere Position als Ethan nimmt Nikodemus Frischlin in Hans-Joachim Schädlichs Kurzgeschichte »Kurzer Bericht vom Todfall des Nikodemus Frischlin« ein. Sie findet sich in dem Prosaband »Versuchte Nähe«. Poet, wie Ethan, ist Frischlin nicht bereit, sich in sein Schicksal zu fügen. Ein Arrangement mit der Macht kommt für ihn ebensowenig in Frage wie Ethans teils kriecherisch, teils schmeichelnde Gunsterweise gegenüber denen, die er im tiefsten Innern wegen ihrer Biegsamkeit und Verlogenheit verachtet. Frischlin verteidigt sein Recht auf freie Meinungsäußerung. »Das ist ja der Poeten Amt«, hält er denen entgegen, die ihn im Auftrage des Herzogs arretieren ließen, »daß sie das Üble mit Bitterkeit verfolgen«[15]. Er ist nicht bereit, Reue zu zeigen, Demut und Ehre den Mächtigen zu erweisen, um Vorteile für sich und seine Familie daraus zu ziehen, auch nicht um den Preis, aus der Haft entlassen zu werden. Bei dem verzweifelten Versuch, über die Gefängnismauer zu entfliehen, fällt Frischlin zu Tode, aber er verteidigtc sein Recht und sein Selbstverständnis als freier Schriftsteller bis zum äußersten, während Ethan im nachhinein mit der Übernahme seines Amtes als Redaktor im Dienst des Königs einen Teil seines Lebens zusammen mit seiner Würde als Mensch zu Grabe getragen sieht[16].

Heym und Schädlich schildern den hemmungslosen Umgang mit der Macht. Sie zeigen auf, wie schwer es die Poeten haben, in einer Diktatur die Wahrheit mitzuteilen. Sie beschreiben die Pressionen und Verführungskünste der Mächtigen, jedoch statten sie ihre Protagonisten mit einem unterschiedlichen Selbstverständnis aus. Sicherlich haben darin ihre persönlichen Erfahrungen einen Niederschlag gefunden, die sie als Schriftsteller in einem sozialistischen Staat durchlitten. Die Vermutung liegt nahe, daß Ethan und Frischlin ihre Aufgabe als Schriftsteller in einer deformierten und unterdrückten Gesellschaft unterschiedlich definieren, weil die Autoren für sich als Bürger in der DDR unterschiedliche Konsequenzen aus ihrem Amt zogen. Beide sind aufs äußerste mit der Staatsmacht in Konflikt geraten. Schädlich konnte in der DDR nichts Nennenswertes publizieren. Er zog von Ost- nach Westberlin. Auch Heyms Romane durften zu einem großen Teil nicht in der DDR erscheinen.

Als überzeugter Marxist glaubte Heym jedoch daran, daß der real existierende Sozialismus überwunden werden könnte, und er hoffte in der Herbstrevolution 1989, daß seine Vorstellung vom Sozialismus nun Wirklichkeit würde. Schädlich hatte diesen Traum längst ausgeträumt, wenn dieser ihn überhaupt jemals befiel.

Diese unterschiedliche gesellschaftspolitische Dimension hinderte jedoch beide Schriftsteller nicht, das spannungsreiche Nebeneinander von Geist und Macht, Politik und Literatur in Deutschland in den Mittelpunkt ihrer Arbeit zu stellen. Stefan Heym tat dies u. a. in »Die Schmähschrift« (1970) und in »Collin« (1978), Hans-Joachim Schädlich im »Tallhover« (1986). Hier erzählt er die fiktive Geschichte eines deutschen Polizisten, der, kaum alternd, im Auftrage des Staates handelnd, stets Freiheit, Gerechtigkeit und Wahrheit auf seiner Seite weiß, gleichgültig, wem er dient und gegen wen er seine Amtsgewalt einsetzt. Die Verfolgung und Überwachung der Andersdenkenden und Unbequemen ist Tallhovers Geschäft.

In der deutschen Geschichte des 19. und 20. Jahrhunderts fehlte es Männern wie Tallhover nicht an Aufträgen. Dichter von Georg Herwegh über Heinrich Heine bis zu Thomas Mann und Reiner Kunze berichten als Betroffene darüber. Zensur, Druckverbot, Inhaftierung, Ausweisung sind häufig gebrauchte Pressionen des autoritären Staates gegen den freien Geist seiner Dichter. »Wer die Wahrheit weiß und sagt sie frei – der kommt bei uns in die Stadt-Vogtei« lautet denn auch ein Spottvers der Intellektuellen, die sich im Wort die Freiheit nehmen, Kritik zu üben, die Macht des Staates herauszufordern, um sich Gehör zu verschaffen. Darin unterscheiden sich die »Unmächtigen« von den »Ohnmächtigen«[17].

Die Mächtigen wiederum unter den Politikern und Staatsmännern unterscheiden sich in ihrer Haltung gegenüber den kritischen Poeten, die von ihrer Profession Gebrauch machen und »den Leutverächtern ihre Bubenstücke« sagen, ohne »einem jeden Großhans darum Red und Antwort zu geben«[18]. Ist es für die einen selbstverständlich, Toleranz zu üben und Kritik einzustecken, auch wenn sie verärgert, so empfinden die anderen sie als lästig, überflüssig, ungehörig, ja, als zu verfolgendes Übel, als strafbare Handlung. Letztendlich zeigt sich in diesem Verhalten jedoch, wie ernst es die Politik wirklich mit der Literatur, der Freiheit des Wortes, der Freiheit schlechthin meint. Politische Systeme, die ihren Bürgern, gleich in welcher Funktion, das Recht auf freie Meinungsäußerung in Wort und Schrift nicht zugestehen, sind Diktaturen. Sie verletzen die Würde des Menschen, indem sie ihn entmündigen.

Schriftsteller, die sich in den Dienst der Politik stellen, gefährden ihre Unabhängigkeit und Chronistenpflicht. Dies ist besonders dann der Fall, wenn sie einer radikalen Weltanschauungspartei, einem autoritären oder gar totalitären Regime ihre Reverenz erweisen. Im Schlepptau einer Ideologie gelingt es ihnen nur in Ausnahmefällen, zu den grundlegenden Fragen des menschlichen Zusammenlebens vorzudringen. Literatur läßt sich nicht wie ein Maßanzug für einen ganz bestimmten Zweck zuschneiden, wenn sie die Befindlichkeit der Menschen in Staat und Gesellschaft wie unter einem Brennglas festhalten will. Schöpferisch tätige Schriftsteller gehen von ihren eigenen Wahrnehmungen und Eindrücken aus, nicht von einer politischen Doktrin, einer Ideologie oder gar von einem Parteiprogramm, wo formuliert steht, was sein soll und wachsen wird. Der sozialistische Realismus, die Literatur und Kunstdoktrin des Stalinismus, hat augenfällig gemacht, daß mit der Instrumentalisierung der Literatur durch die Politik ihr Wahrnehmungsverlust und ihre Deutungsohnmacht einhergehen. Literatur gibt sich selbst auf, sobald sie die Rolle eines Verkündungs- und Verlautbarungsorgans von Staat und Partei annimmt. So selbstverständlich dies auf den ersten Blick auch zu scheinen vermag, so fehlt es doch nicht an Beispielen dafür, daß Poesie sich der Partei- und Staatsdisziplin untergeordnet hat[19]. Nicht nur die Geschichte der DDR-Literatur liefert dafür Belege.

Einher mit dieser Verknüpfung von Politik und Literatur geht meistens die Entmündigung des Literaten. Ethan legt darüber Zeugnis ab, auch wenn er sich schließlich davor rettet, zu einem mit anderen im Chor singenden Parteigänger oder zu einem wohltönenden Staatstrompeter zu werden. An seiner Lebensgeschichte und seinem Schicksal wird deutlich, wie schnell geistige Kastration, Selbstverleugnung und Selbstverstümmelung zum Preis für ein Arrangement mit der Macht werden können. Zu widerstehen bedeutet umgekehrt, sich der Gefahr auszusetzen, durch Schreibverbot, Ausreise oder Gefängnis der Familie das Äußerste zuzumuten und als Dichter zu verstummen.

Um wie vieles einfacher gestaltet sich demgegenüber das Leben eines Schriftstellers in einer freiheitlichen, liberalen Gesellschaftsordnung. Natürlich gilt es auch hier Konflikte durchzustehen, mit Verlegern, mit Rezensenten oder Herausgebern. Die Honorare lassen häufig zu wünschen übrig und gestatten nur den Autoren, die hohe Auflagen erzielen, davon zu leben. Ein Urteil über die Qualität eines Buches ergibt sich zwangsläufig daraus nicht. Es soll vorkommen, daß anspruchsvolle Bücher weniger geneigte Leser finden als simple. Dennoch bietet sich dem Literaten in einem freien – im Gegensatz zu einem von einer Diktatur beherrschten – Land die Möglichkeit, seine dichterische Phantasie, Kreativität und Produktivität in vollem Umfange zu entfalten. Die Auswahl der Themen, ihre literarische Bearbeitung, die darin enthaltenen Motive und politischen Bewertungen bergen für den Verfasser keinerlei Gefahr in sich, für die geäußerte Meinung irgendwelche Nachteile erdulden zu müssen. Im Gegenteil: Die als selbstverständlich empfundene Freiheit verführt manchmal zu einer Bindungs- und Verantwortungslosigkeit im politischen, sozialen und ästhetischen Sinne. Die Tatsache, daß alles erlaubt ist, evoziert einen Hang zum Außergewöhnlichen, zum Exklusiven, zum Extremen, um Aufmerksamkeit in der Öffentlichkeit zu erwecken. Die kritische Auseinandersetzung mit der Zeit, in der wir leben, kommt dabei häufig zu kurz. »Jede innere Notwendigkeit, sich mit der Welt, mit dem eigenen und doch gesellschaftsbedingten Ich schöpferisch auseinanderzusetzen, schwindet dahin«[20].

Wenn dieser Befund zutrifft, dann ergibt sich für die Literatur in der alten Bundesrepublik Deutschland und der ehemaligen DDR ein völlig anderes Aufgaben- und Rollenverständnis. Dies zeigt sich am augenfälligsten in ihrer jeweiligen Beziehung zur Politik. Natürlich weiß die Geschichte der Bundesrepublik auch über Konflikte zwischen Schriftstellern und Politikern zu berichten. Hervorzuheben ist hier insbesondere die große Debatte 1965 im Deutschen Bundestag, wo ausführlich und kontrovers über das spannungsreiche Nebeneinander von Kunst und Literatur einerseits, Politik und Macht andererseits debattiert wurde, weil einige Schriftsteller die aus ihrer Sicht zementierten Machtverhältnisse aufs Korn nahmen[21]. Dabei wurde deutlich, daß in einer Demokratie tiefgreifende Wesensunterschiede beide Felder kennzeichnen, sie aber auch gemeinsame Anliegen haben[22]. Den Gegensätzen zuzurechnen ist die Aufgabe des Schriftstellers, das Unbedingte zu suchen, ins Grundsätzliche zu gehen, die Frage nach dem Sinn des Lebens zu stellen, das als richtig Erkannte leidenschaftlich zu verfolgen, künstlerisch umzusetzen und zu vermitteln.

Demgegenüber ist es dem Politiker aufgetragen, mit soviel Weitsicht wie möglich die vielen, auch kleinen Fragen des Zusammenlebens der Menschen zu regeln. Er hat dabei allerlei Rücksichten zu nehmen und kann häufig nur annähernd das verwirklichen, was er selbst als notwendig erkannt hat[23].

Der Schriftsteller ist »seinem Wesen nach kompromißlos. Der Politiker, der sich dem Kompromiß« verschließt, »würde sich damit in vielen Fällen unmittelbar der Gewalt verschreiben«[24]. Gemeinsam sollte beiden sein, daß sie zum Wohle der Menschen Antworten auf die Probleme der Gegenwart suchen. Solange sie es – auf unterschiedlichem Wege zwar, aber in Respekt und Achtung voreinander – in der Erkenntnis tun, daß sie beide keinen Monopolanspruch auf die Wahrheit haben, kann dieser Dialog zwischen Politik und Literatur den Menschen helfen.

Gerade darin unterschied sich das Verhältnis von Politik und Literatur in beiden deutschen Staaten grundlegend. Die politische Führung in der DDR hat von Anbeginn an unmittelbaren Einfluß auf das literarische Leben zu nehmen versucht und auch aus ihrer Sicht mit Erfolg genommen. Dazu heißt es in der DDR-Literaturgeschichte: »Als Parteimitglieder und als Staatsbürger beteiligten sich die Schriftsteller an der Ausarbeitung und an der Gestaltung der Politik der Partei, insbesondere ihrer Kulturpolitik. Von Anfang an wurden die Schriftsteller in die gesamtgesellschaftlichen Aufgabenstellung einbezogen und waren durch ihre politische und ideologische Arbeit mit den wesentlichen historischen Prozessen verbunden. In diesen wichtigen Formen trat die führende Rolle der Partei in der Literatur in Erscheinung«[25].

Demgegenüber schenkte die Politik in der Bundesrepublik den Literaten in kaum nennenswertem Umfang Aufmerksamkeit. Während es in der DDR zur gängigen Praxis gehörte, daß die politische Führungsspitze beispielsweise an den Schriftstellerkongressen, die in unregelmäßigen Abständen stattfanden, teilnahm, vernachlässigte die Politik in der Bundesrepublik Deutschland diesen Dialog bis in die sechziger Jahre hinein. Erst danach entkrampfte sich das Verhältnis und mündete in ein offenes Gespräch. Die parlamentarische Demokratie mit ihren Freiheitsgarantien und vielfältigen Einflußmöglichkeiten auf den Willensbildungsprozeß bot jedoch den Intellektuellen, die in sich keineswegs als eine homogene Gruppe darstellten, nur tendenziell die Möglichkeit, ihre Vorstellungen in den politischen Prozeß erfolgreich einzuspeisen[26].

So genossen die Schriftsteller in der Bundesrepublik in den ersten Nachkriegsjahren einerseits zweifellos hohes Ansehen, aber sie verfügten andererseits über keinen nachhaltigen politischen Einfluß. Sie wurden hier nicht wesentlich stärker als andere Persönlichkeiten des öffentlichen Lebens als herausragende moralische Autorität empfunden; da eine in der Politik gründende existenzielle Bedrohung der Menschen fehlte, stellte sich die Nähe zum Leser in der Regel weder über ihre Werke noch bei Lesungen in der Weise ein, wie es im real existierenden Sozialismus der Fall war. Dort sahen sich Dichter – häufig wider Willen – in der Rolle sozialer Therapeuten oder politischer Propheten. Ihre Worte hatten Gewicht. Hier galt dies in viel eingeschränkterem Maße. Die Wirkung der Literatur erwies sich als zu schwach, um sich im Konzert der unser Bewußtsein prägenden Medien mit Nachdruck behaupten zu können. Nicht zuletzt deshalb mißt ihr die Politik bis heute nur eine geringe Bedeutung für die öffentliche Meinungsbildung zu.

In der DDR lagen die Dinge ganz anders. Der SED-Staat fürchtete die Literatur, deshalb versuchte er sie zu instrumentalisieren. Aus seiner Sicht fiel ihr die Aufgabe zu, bei der Erziehung der Menschen zum Sozialismus Erfüllungsgehilfe der Partei zu sein. Auch wenn dieser Glaube an die Kraft des Wortes und die Funktionsbestimmung der Literatur manchem Autor zu weit ging, weil sie Politik nicht umsetzen und schon gar nicht ersetzen kann und soll, so betonte die Literatur in der DDR doch in viel stärkerem Maße als in der Bundesrepublik ihren historisch-politischen Auftrag. Sie war dort mit der Politik viel stärker verhakt als hier. Für diese These sprechen zumindest drei Aspekte:

1. Der SED-Staat forderte eine sozialistisch realistische Literatur, »die von Parteilichkeit, Volksverbundenheit und hohem sozialistischen

Ideengehalt gekennzeichnet ist und den Werktätigen neue Anregungen für ihr Denken, Fühlen und Handeln vermittelt«[27]. Diese Grundhaltung spiegelte sich in seiner Kulturpolitik maßgeblich wieder.

2. Die DDR-Literatur betonte von Anbeginn an ihren didaktischen, sozialpädagogischen und politischen Auftrag. Sie verstand sich als Reflex auf die Schreckensherrschaft der Nationalsozialisten und wollte einen aktiven Beitrag zum Aufbau eines besseren, sozialistischen Deutschland leisten. Nachfolgende Stimmen namhafter Dichterpersönlichkeiten belegen dies:

Anna Seghers

»Der deutsche Faschismus hat so viel Leid über das eigene Volk und über andere Völker gebracht. Nun haben wir deutschen Schriftsteller die grandiose Aufgabe, in den deutschen Menschen das nationale Ehrgefühl, den internationalen Geist, das Selbstbewußtsein, die Kampfkraft für die Verteidigung des Friedens und der sozialen Gerechtigkeit neu zu entflammen. Dafür sind wir hier. Das ist unser Beruf. Das ist unsere Sprache«[28].

Johannes R. Becher

»Wir wollen, daß Literatur wieder zur Macht werde. Solch eine große deutsche Literatur, die eine geistige Macht, vor allem eine Macht des Friedens darstellt, kann aber niemals das Werk einzelner sein, sondern wird nur aus einer Literaturbewegung entstehen, die ein neues Denken und ein neues Lebensgefühl ausdrückt. Ein Schriftsteller ist um so bedeutender, je tiefer und umfassender er in seinen Werken die Probleme seines Zeitalters gestaltet. Die weltanschauliche Höhe ist es, wodurch sich der bedeutende Schriftsteller hervorhebt... Das leidenschaftliche Ja, das wir zu unserer Deutschen Demokratischen Republik sagen, wird, so hoffen wir, in allernächster Zeit Werke hervorbringen, die unserem Volk Freude, die unserem freiheitlichen Staatswesen Ehre machen«[29].

Günter Kunert

»Worauf es zuallererst ankam, war, den Zusammenbruch zu überwinden, wiederaufzubauen, und nicht nur die zerstörten Städte, sondern vor allem eine bessere, nämlich freiere, gerechtere, friedlichere Gemeinschaft. Dazu fühlte man sich aufgerufen. Man empfand es als moralische Verpflichtung, sich dem Gemeinwohl zu unterwerfen. Die Utopie schien sich verwirklichen zu wollen. Nur ein kleiner Schritt war noch notwendig, um eine neue Gesellschaft zu betreten... Ich rufe uns diese Situation so ausführlich ins Gedächtnis, um zu erläutern, was meine Ausgangsba-

sis war. ›Didaktik‹ war das Schlüsselwort der neuen Literatur. Man akzeptierte es unbefragt. Unpolitisch wollte man nie wieder sein, und politisch sein hieß: agitatorisch und aufklärerisch«[30].

Der prägende Einfluß international angesehener, aus dem Exil zurückkehrender Autoren spielte für die Entwicklung dieses Selbstverständnisses eine zentrale Rolle.

3. Literatur gewinnt für den Menschen selten eine so lebenserhaltende Bedeutung wie in autoritären oder totalitären Staaten, denn »sie ist die einzige Gegenkraft gegen eine brutale, pervertierte Welt. Sie ist die letzte Zuflucht der Unterdrückten, die Hoffnung der Erniedrigten und Beleidigten. Aus ihr schöpfen die zur Opposition Entschlossenen Kraft und Überzeugung«[31]. Sie wirkt im Stillen als einigendes und haltspendendes Band der Andersdenkenden.

Dieses Verhaktsein der Literatur mit der Politik manifestierte sich in der vierzigjährigen Geschichte der DDR auf vielfältige Art und Weise. Es trat besonders immer dann zutage, wenn politische Ereignisse – seien sie innen- oder außenpolitischer Natur – das SED-Regime veranlaßten, sich der Literatur zu bedienen, um seine wackelige Legitimität abzustützen. Aus diesem Begehren ergaben sich für die verantwortungsbewußten Literaten häufig schwere Stunden, die der Staat ihnen, Loyalität vorausgesetzt, durch mancherlei Privilegien zu versüßen trachtete. Dieses Geben und Nehmen spielte jedoch auch in den Alltag des Schriftstellers hinein, etwa dann, wenn er, an einem Manuskript arbeitend, sich die Frage stellte, ob er mit seinem Text der Wahrheit und der Zensur gleichermaßen Rechnung tragen könne. Schlug das Pendel zugunsten der Wahrheit aus, bedeutete dies häufig Schwierigkeiten bei der Drucklegung. Kam es, aus welchen Gründen auch immer, zu einem Kotau vor der Zensur, dann begleiteten diese Entscheidung Skrupel und Zweifel. Eine Schaffens- und Identitätskrise war nicht selten die Folge.

Natürlich geht Literatur nicht in Politik auf. Das Umfeld ihres Entstehens und noch mehr ihre politische und soziale Deutung sind zwar wichtige Faktoren, aber es können daraus nicht unmittelbare Rückschlüsse auf den ideologischen Standort oder die praktischen politischen Interessen der Werke oder gar ihrer Autoren gezogen werden[32]. Literatur ist nicht Teil eines determinierten Gesellschaftsprozesses, wie uns die marxistische Literaturwissenschaft vermitteln möchte. Ihr Tableau ist viel zu umfassend, als daß sie sich auf solche monokausale Weise erklären und beschreiben ließe. In ihrer Vielfalt und Vielschichtigkeit offenbaren sich auch ihre Unterschiedlichkeit, ihr Bezug zur Aktualität und zum Leser. »Bereits Verstorbene können – literarisch gesehen – noch sehr lebendig oder Anwärter auf eine Neuentdeckung sein, während noch Lebende manchmal schon zu ihrer Zeit als ›überholt‹ oder als ›epigonal‹ gewertet werden. Das Schrifttum des eigenen Zeitalters ist einem ununterbrochenen Prozeß der Verwandlung ausgesetzt«[33].

Vielen Menschen wird dies sehr deutlich, wenn sie nach Jahren ein Buch ein zweites Mal lesen und völlig neue Eindrücke daraus gewinnen.

Literatur ist, wie es Wilhelm Dilthey einmal formuliert hat, »Darstellung und Ausdruck des Lebens«[34]. Aufgrund dieser Komplexität prägen sie viele Eigenschaften: der Lebensweg des Autors, seine Erziehung, seine künstlerische Veranlagung und Begabung, sein ästhetisches Verständnis, aber eben auch seine politische, soziale Umwelt, in die er sich hineingestellt sieht, in der er lebt.

Diesem Gesichtspunkt fiel in der DDR-Literatur ein besonders starkes Gewicht zu, weil sie – wie gezeigt werden soll – zwischenmenschliche Konflikte und gesellschaftliche Widersprüche aufzeigte, Vergessenes und Verdrängtes benannte[35]. Zugleich legte sie bloß, was die Ideologie verbarg und verbog. In diesem Sinne wirkte sie aufklärerisch. Zu einem nicht unerheblichen Teil ging von ihr aber auch eine systemstabilisierende Wirkung aus. Dies galt sicher in stärkerem Maße für die Nachkriegszeit als für die letzten zwanzig Jahre. Gleichwohl ist diesem Aspekt auch bis zur friedlichen Revolution im Herbst 1989 in nicht zu unterschätzendem Umfange Rechnung zu tragen. Bis zu diesem Zeitpunkt wirkten die Mechanismen der Zensur, aber auch die durch die Ideologie amtlich verbreitete Lüge und Klitterung der Wahrheit. Literatur war Widersacher, aber auch Opfer.

Wer hoffnungslos verurteilt ist, kann nicht mehr antworten. Er hätte in völliger Ohnmacht nur gehorsam zu sein und zu dulden, sofern er noch weiterleben will. So nun ist unsere Lage nicht. Von Siegermächten, deren Völker die Menschenrechte anerkennen und auch dem Schuldigen gegenüber achten, ist uns gesagt worden: das deutsche Volk solle nicht vernichtet werden, das heißt, uns wird eine Lebenschance gegeben. Und das deutsche Volk solle erzogen werden, das heißt, wir dürfen unsere eigentliche gute geistige Welt wieder aufbauen und weiterentwickeln.

Karl Jaspers

Vom Zusammenbruch zum geistigen Neubeginn

Die Niederlage Hitler-Deutschlands war umfassend. Unter der militärischen Macht der Alliierten zerbarst das böse Netzwerk des menschenverachtenden nationalsozialistischen Terrors, der zunächst weite Teile Europas und dann auch in immer stärkerem Maße das eigene deutsche Volk in den Abgrund zog. Mit der bedingungslosen Kapitulation am 8./9. Mai 1945 brach all das zusammen, was das Deutsche Reich in den zurückliegenden zwölf Schreckensjahren gefestigt hatte: Militär, Verwaltung, Justiz, Polizei, Wirtschaft, Verkehr und – das war das eigentlich Entscheidende – auch der Partei- und Staatsapparat der Nationalsozialistischen Deutschen Arbeiterpartei (NSDAP) mit seinen Instrumentarien der Unterdrückung und ideologischen Hetze[1].

Doch schon wenige Wochen nach dem Zusammenbruch meldeten sich aus dem Exil oder aus dem verborgenen Zuhause namhafte Persönlichkeiten aus Politik und Kultur zu Wort, um einen Beitrag zum Wiederaufbau eines besseren Deutschland zu leisten. Unter ihnen kam besonders den Schriftstellern Gewicht zu, die nicht vom Nationalsozialismus korrumpiert waren.

Für den heute zurückblickenden Betrachter ist es kaum faßbar, wie schnell sich die bis dahin unterdrückte geistige Welt wieder formierte. Entscheidend dafür waren die politischen Ziele der Alliierten. Sie forderten die kulturelle Erneuerung und säuberten die Regale der Büchereien und Filmarchive von nationalsozialistischem Schund und dem, was ihn untermalte.

Ein Beispiel für das Tempo des geistigen Wiederaufbaus ist die erste Kundgebung des »Kulturbundes zur demokratischen Erneuerung

Deutschlands« am 3. Juli 1945 im großen Sendesaal des Berliner Rundfunks. Dies geschah bereits einen Tag bevor die Truppen der westlichen Siegermächte in Berlin einrückten. Noch im gleichen Monat wurde in der Schlüterstraße die erste Kunstausstellung in der »Kammer der Kunstschaffenden« mit Werken von Heinrich Ehmsen, Erich Heckel, Carl Hofer, Ernst Ludwig Kirchner, Gerhard Marcks und Oskar Nerlinger gezeigt. Schriftsteller, wie Thomas Mann mit seinen Ansprachen in der British Broadcasting Corporation (BBC), äußerten sich über den Rundfunk oder über die Zeitungen der Alliierten.

Beherrschendes Thema war die Frage nach Schuld und Sühne. Als einer der ersten meldete sich vor diesem Hintergrund der in Prag geborene deutschsprachige Schriftsteller Franz Werfel am 19. Mai 1945 in der Ruhr-Zeitung, einem alliierten Nachrichtenblatt, zu Worte: »Es ist eine furchtbare Prüfung, durch die Ihr durchgehen müßt, deutsche Menschen, eine Prüfung ohne Muster und Beispiel in der Weltgeschichte. Nicht, daß Eure stolzen Armeen zerschlagen und gefangen sind, nicht, daß Eure blühenden Städte in Trümmern liegen, nicht, daß Millionen von Euch aus ihren verkohlten Werkstätten vertrieben, obdachlos und hungrig über die Landstraße wandern, nicht in all diesem materiellen Elend, wie grauenhaft es auch ist, liegt die furchtbare Prüfung, der Ihr unterworfen seid. Dasselbe Elend, das Euch jetzt hohläugig durch Ruinen jagt, habt Ihr den anderen Völkern Europas kalten Herzens selbst bereitet ... Die Völker haben diesen Jammer überdauert. Auch Ihr werdet den Jammer überdauern, unter einer einzigen Bedingung freilich, daß Ihr Eure Seele rettet«[2].

Die Reden der Literaten an die verzweifelten und trostsuchenden Deutschen rüttelten die Bevölkerung auf und lösten eine intensive, zum Teil sehr kontroverse Diskussion aus. Hervorzuheben sind in diesem Zusammenhang u. a. die Beiträge von Alfred Döblin, Ernst Wiechert, Fritz von Unruh, Hans Habe, Stefan Heym, W. E. Süskind, Erich Kästner, Hans Werner Richter, Friedrich Wolf, Willi Bredel und Heinrich Mann. Eine nachhaltige Wirkung ging von dem offenen Brief Walter von Molos, Autor zahlreicher Romane, an Thomas Mann aus. Molo hatte bis zur Machtergreifung in Berlin gelebt und sich dann aus Protest auf sein Gut in der Provinz zurückgezogen, aber von dort aus weiter publiziert. Er verließ Deutschland nicht. Am 13. August 1945 begründete er in der Münchner Zeitung, warum er hier blieb und forderte Thomas Mann auf, möglichst bald zurückzukehren. Er schrieb: »Ihr Volk, das nunmehr seit einem Drittеljahrhundert hungert und leidet, hat im innersten Kern nichts gemein mit den Missetaten und Verbrechen, den schmachvollen Greueln und Lügen, den furchtbaren Verirrungen Kranker, die daher soviel von ihrer Gesundheit und Vollkommenheit posaunten ... Kommen sie bald wie ein guter Arzt, der nicht nur die Wirkungen sieht, sondern die Ursache der Krankheit sucht und diese vornehmlich zu beheben bemüht ist, der allerdings auch weiß, das chirurgische Eingriffe nötig sind, vor allem bei den zahlreichen, die einmal Wert darauf gelegt haben, geistig genannt zu werden. Sie wissen, daß es sich um keine unheilbare Krankheit unseres Volkes handelt«[3].

Durch Molos Brief ermutigt, wandte sich auch sein Kollege Frank Thieß in derselben Zeitung an die deutsche Öffentlichkeit. Mit der Überschrift seines Beitrages »Die innere Emigration« und dem plumpen Rechtfertigungsversuch seines eigenen Verhaltens lieferte er nicht nur das Schlagwort zu einer hitzigen Debatte unter den deutschen Autoren, sondern belastete darüber hinaus nachhaltig die Suche nach einem einigenden Band. Da er am Schluß seines Artikels die Tragik der »inneren« auf Kosten der »äußeren« Emigration überhöhte, säte er schon Zwietracht aus, bevor es zu persönlichen Gesprächen kommen konnte. Übel nahm man ihm vor allem nachfolgende Zeilen: »Auch ich bin oft gefragt worden, warum ich nicht emigriert sei, und konnte immer nur dasselbe antworten: falls es mir gelänge, diese schauerliche Epoche (über deren Dauer wir uns freilich alle getäuscht hatten) lebendig zu überstehen, würde ich dadurch derart viel für meine geistige und menschliche Entwicklung gewonnen haben, daß ich reicher an Wissen und Leben daraus hervorginge, als wenn ich aus den Logen und Parterreplätzen des Auslands der deutschen Tragödie zuschaute... Ich glaube, es war schwerer, sich hier seine Persönlichkeit zu bewahren, als von drüben Botschaften an das deutsche Volk zu senden, welche die Tauben im Volke ohnedies nicht vernahmen, während wir Wissenden uns ihnen stets um einige Längen vorausfühlten«[4]. Die provozierende Bemerkung, daß die Schriftsteller der »inneren Emigration« dafür keine Belohnung erwarten, daß sie Deutschland verließen, stellte die tatsächlichen Verhältnisse auf den Kopf und löste eine Selbstverständniskrise unter den deutschen Schriftstellern aus, noch bevor die Arbeit einer geistigen Erneuerung richtig begonnen werden konnte[5].

Es bleibt unklar, ob Thomas Mann Thießens Auffassung kannte, jedoch fiel seine umfangreiche Erwiderung an Walter von Molo so detailliert und in einigen Punkten so zugespitzt aus, daß man zumindest davon ausgehen darf, daß er ahnte, welchen Verlauf diese Diskussion nehmen würde. Er schrieb: »Ich gestehe, daß ich mich vor den deutschen Trümmern fürchte – den steinernen und menschlichen. Und ich fürchte, daß die Verständigung zwischen einem, der den Hexensabbat von außen erlebte, und Euch, die ihr mitgetanzt und Herrn Urian aufgewartet habt, immerhin schwierig wäre. Wie sollte ich unempfindlich sein gegen die Briefergüsse voll lang verschwiegener Anhänglichkeit, die jetzt aus

Deutschland zu mir kommen!... Auch Bücher sind es wohl einmal, die kommen. Soll ich bekennen, daß ich sie nicht gern gesehen und bald weggestellt habe? Es mag Aberglaube sein, aber in meinen Augen sind Bücher, die von 1933 bis 1945 in Deutschland überhaupt gedruckt werden konnten, weniger als wertlos und nicht gut in die Hand zu nehmen. Ein Geruch von Blut und Schande haftet ihnen an; sie sollten alle eingestampft werden«[6].

Auf die nachdenklichen deutschen Leser mußte diese Debatte beklemmend wirken, ging sie doch an den tatsächlichen Ursachen der nationalsozialistischen Schreckensherrschaft und ihren Folgen vorbei. Auch half sie weder, mit den Problemen fertig zu werden, die sich den Menschen damals aus moralischer und ethischer Sicht stellten, noch leistete sie einen konstruktiven Beitrag zur Aufarbeitung des Geschehenen, zur Selbstfindung und zu einer Neubesinnung, kurz zu einem neuen Anfang eines liberalen, demokratischen Deutschlands. Die Kontrahenten von damals haben dies später wohl auch so empfunden, denn kaum einer der an dieser Auseinandersetzung Beteiligten hielt an seinem damaligen Standpunkt fest. Die Briefwechsel machten offenkundig, wie sehr man sich durch die Nazi-Diktatur voneinander entfernt hatte, wie wenig man voneinander wußte und wie tief wechselseitig das Mißtrauen saß.

Demgegenüber entwickelte sich der bereits erwähnte Kulturbund zunächst zu einem tragfähigen Forum der Verständigung. Die Rolle des Spiritus-rectors fiel dabei Johannes R. Becher zu. Kaum aus dem Moskauer Exil zurückgekehrt, initiierte er in seinem Haus in Berlin die Bildung eines Komitees zu seiner Gründung. Er handelte im Auftrag des Zentralkomitees der Kommunistischen Partei Deutschlands (KPD) und arbeitete unmittelbar mit der Sowjetischen Militäradministration (SMAD) zusammen. Dessen ungeachtet schlossen sich im Kulturbund namhafte Persönlichkeiten aus Politik, Kunst, Musik, Literatur und Wissenschaft über alle politischen, geistigen und ästhetischen Grenzen hinweg zusammen, unter ihnen die CDU-Politiker Ernst Lemmer und Ferdinand Friedensburg, der Pädagoge Eduard Spranger, der Maler Carl Hofer, die Schriftsteller Ricarda Huch und Gerhard Hauptmann, der in Abwesenheit zum Ehrenpräsidenten gewählt wurde, Friedrich Wolf und viele mehr. Der Kulturbund, der über die jeweiligen Besatzungszonen hinaus arbeitete und wirkte, zählte schon ein Jahr nach seiner Entstehung über 45000 Mitglieder. Entscheidend für diese breite Zustimmung war sein Ziel, Menschen aus allen Berufen und Schichten anzusprechen, um »eine deutsche Erneuerungsbewegung zu schaffen, die auf allen Lebens- und Wissensgebieten die Überreste des Faschismus und der Reaktion zu vernichten gewillt ist und dadurch auch auf geistig-kulturellem Gebiet ein neues, sauberes, anständiges Leben aufbaut«. »Die Liebe und Hochachtung«, heißt es weiter, »deren vor allem die deutschen Kulturleistungen bei allen Völkern sich erfreuten, sind verloren angesichts der ungeheuerlichen Kriegsverbrechen des Hitler-Faschismus in den von ihm überfallenen Ländern. Kulturdenkmäler wurden zerstört, verschleppt, geraubt. Nationale Heiligtümer der überfallenen Länder, geweihte Stätten der ganzen Menschheit wurden aufs frevelhafteste entehrt«. Die Gründungsväter sahen ihre Aufgabe darin, einer zukünftigen Gesellschaft als »eine geistige Instanz, die mit Rat und Tat einem neu erstehenden Deutschland« zur Verfügung zu stehen. »Wir werden aufs dringlichste bestrebt sein, zu erreichen, daß durch unsere freiheitlichen Leistungen die Beziehungen zu den Kulturträgern anderer Völker wieder aufgenommen werden. Wir wollen das deutsche Volk mit den kulturellen Errungenschaften anderer Nationen, vor allem auch mit denen der Sowjetunion bekannt machen«[7].

Der Kulturbund bot den deutschen Intellektuellen unabhängig von weltanschaulichen, religiösen und kirchlichen Bindungen eine Plattform, mit der sie zu einer moralischen Gesundung des deutschen Volkes beitragen und »die restlose Klarstellung der Ursachen der größten Niederlage unserer Geschichte« sowie die Verurteilung der Kriegsverbrecher einfordern wollten[8].

Mit dem Aufbau-Verlag in Berlin und der kulturpolitischen Monatszeitschrift »Aufbau« verfügte er bereits im August 1945 über wichtige Instrumentarien, publizistisch und verlegerisch auf das besetzte Deutschland Einfluß auszuüben. Schon nach zwei Jahren konnte der Verlag auf fast 100 Veröffentlichungen mit einer Gesamtauflage von 2,5 Millionen Publikationen verweisen[9]. Die Monatszeitschrift »Aufbau« erschien im März 1946 mit einer Auflage von 150000 Exemplaren[10]. Bestseller der beiden ersten Nachkriegsjahre wurden die Arbeiten von

- Theodor Plieviers: Stalingrad
- Alexander Abusch: Irrweg einer Nation
- Anna Seghers: Das siebte Kreuz
- Johannes R. Becher: Abschied

Im Aufbau-Verlag erschienen auch Werke von Friedrich Wolf, Heinrich Mann, Hans Fallada oder Lion Feuchtwanger, um nur einige Namen zu nennen[11]. Das Konzept des Kulturbundes schien aufzugehen, da er den Orientierung suchenden deutschen Intellektuellen eine geistige Heimat bot, jedoch bezüglich der zukünftigen politischen Gestaltung Deutschlands nicht so konkret wurde, daß darüber Meinungsverschiedenheiten aufkommen konnten. Aus aller Welt meldeten sich Emigranten und sagten dieser Initiative spontan ihre Unterstützung zu. Berlin entwickelte sich so nicht zuletzt durch die Aktivitäten des Kulturbundes zu einem neuen geistigen Zentrum der aus dem Exil zurückkehrenden und der in Deutschland gebliebenen Literaten. Dazu trug die Tatsache bei, daß die SMAD um die Intellektuellen warb, ihnen in einer Zeit großer materieller Not half und Privilegien zusicherte. Es handelte sich dabei nicht nur um die besonders raren wohnlichen Unterkünfte, sondern auch um gut dotierte Posten und in Aussicht stehende hohe Pensionen. Besonders profitierten die Autoren davon, die vor 1933 dem Bunde proletarisch-revolutionärer Schriftsteller angehört hatten.

Das geistige Leben entwickelte sich in den ersten Jahren nach dem Zweiten Weltkrieg schnell und vielfältig. Dies machte trotz Papiermangels nicht nur die Zahl der Neuerscheinungen bzw. Neuauflagen in der Belletristik deutlich.

Einflußreiche Bücher der ersten Jahre nach dem Zweiten Weltkrieg – eine Auswahl:

- Carl Zuckmayer: Des Teufels General, 1945
- Eugen Kogon: Der SS-Staat, 1945
- Karl Jaspers: Die Schuldfrage, 1946
- Hermann Hesse: Glasperlenspiel, 1946
- Elisabeth Langgässer: Das unauslöschliche Siegel, 1946
- Ernst Kreuder: Die Gesellschaft vom Dachboden, 1946
- Ernst Wiechert: Der Totenwald, 1946
- Reinhold Schneider: Gedanken des Friedens, 1946
- Hans Habe: Ob Tausend fallen, 1946
- Hans Fallada: Jeder stirbt für sich allein, 1947
- Hermann Kasack: Die Stadt hinter dem Strom, 1947
- Thomas Mann: Dr. Faustus, 1947
- Wolfgang Borchert: Draußen vor der Tür, 1947

Ausdruck der Blüte des damaligen kulturellen Schaffens und des Interesses vieler Menschen an einer geistigen Erneuerung waren auf eindrucksvolle Weise auch die von den Alliierten lizenzierten Zeitschriften. Sie standen unter deutscher Regie und konnten sich im wesentlichen frei entfalten. Zu nennen sind hier unter anderem die bereits erwähnte kulturpolitische Monatszeitschrift »Aufbau«, zu deren ständigen Mitarbeitern Heinrich Mann, Theodor Plieviers, Hans Fallada, Georg Lukács und Friedrich Wolf zählten, und die sich sozial-ethischen und pädagogischen Fragen zuwendende Monatszeitschrift »Die Sammlung«. An ihr arbeiteten Friedrich Bollnow, Wilhelm Flitner und Erich Weniger mit. Ansehen und Einfluß gewann rasch die kulturpolitisch und literarsich ausgerichtete »Wandlung«, herausgegeben von Dolf Sternberger unter Mitwirkung von Karl Jaspers, Werner Kraus und Alfred Weber. Ebenfalls noch 1945 erschien in der französischen Besatzungszone »Die Gegenwart«, der es um eine Bestandsaufnahme des Geschehenen und eine Analyse der geistigen Fundamente des deutschen Volkes ging. In den späteren Jahren kamen hinzu: »Der Ruf«, herausgegeben von Alfred Andersch und Hans Werner Richter, die »Frankfurter Hefte«, von Eugen Kogon und Walter Dirks, sowie »Der Monat – Eine internationale Zeitschrift für Politik und geistiges Leben« und die »Deutsche Zeitschrift für europäisches Denken, Merkur«. Beide Periodika konnten über mehr als zwei Jahrzehnte hervorragende Persönlichkeiten aus dem politisch-kulturellen und dem literarisch-geisteswissenschaftlichen Feld als Autoren gewinnen. Sie wurden so zu angesehenen Foren der neuen Streitkultur[12].

So sehr sich einerseits in diesen Neugründungen das Interesse der Alliierten widerspiegelte, der durch das NS-Regime verdorbenen, korrumpierten politischen Kultur neue geistige Frischzellen einzupflanzen, so ging es den westlichen Siegermächten andererseits darum, der kulturpolitischen Offensive der SMAD, die von Berlin auf ganz Deutschland ausstrahlte, zu begegnen. Für das sich wieder entwickelnde und Entfaltung suchende kulturelle Leben der Deutschen konnte diese innere Konkurrenz unter den Besatzungsmächten zunächst nur vorteilhaft sein, weil es, abgesehen von einer positiven Deutung des deutschen Militarismus und der Hitler-Diktatur, keine nennenswerten inhaltlichen Tabus gab. Dies gilt mit gewissen Einschränkungen, vor allem in der Sowjetischen Besatzungszone (SBZ), für die Kulturpolitik der Besatzungsmächte allgemein. So entstand eine vielfarbige und vielgestaltige Kulturlandschaft. Dies war nach zwölf Jahren der Entsagung, des Verstummens und der Trennung von großer Bedeutung für die eigene Standortbestimmung und den Ausdruck der Richtungen, Meinungen und Erfahrungen. Es schien, als könnten die handfesten Streitigkeiten, die noch das geistige Leben in der Weimarer Republik und auch die Zeit im Exil bis in die ersten Wochen nach dem Kriege unter den Literaten bestimmt hatten, überwunden werden. Die praktizierte literarische und politische Kampfrhetorik ging in ein Nebeneinander »harmonierender oder auch konkurrierender Strömungen« auf, »in denen sich Altes und Neues oft auf wundersamste Weise vermischten«[13].

Keine literarische und politische Richtung bestimmte das Bild. Die Nachkriegsliteratur ließ sich aufgrund ihrer Heterogenität nicht auf einen Nenner bringen. Dies galt auch für die SBZ. »Die neue deutsche Literatur bei uns«, schreibt Wolfgang Joho rückblickend, »begann weder mit einem Kahlschlag noch entstand sie aus dem Nichts. Sie übernahm das Erbe der humanistischen, bürgerlichen Literatur, repräsentiert durch Namen wie Arnold Zweig, Lion Feuchtwanger, Heinrich und Thomas Mann, Leonhard Frank, und sie knüpfte an die Leistungen solcher Vertreter der proletarisch-revolutionären Literatur Deutschlands an wie Johannes R.

Becher, Erich Weinert, Willi Bredel, Hans Marchwitza, Karl Grünberg, Hans Lorbeer«[14]. Doch muß, diese Namen machen es deutlich, gegenüber den Autoren der »inneren Emigration« und den Debütanten insgesamt wohl von einer stärkeren Präsenz und Wirkung derjenigen gesprochen werden, die im »Dritten Reich« in Ungnade gefallen waren und ins Exil gehen mußten.

Einflußreiche ausländische Literatur in deutscher Sprache – eine Auswahl:

- Thomas Stearns Eliot: Mord im Dom, 1946
- Vladimir Majakowski: Ausgewählte Gedichte, 1946
- Stimmen der Völker: Erzählungen aus aller Welt 1946–1949
- Paul Eluard: Gedichte (übersetzt von Stefan Hermlin), 1947
- Alexander Fadejew: Die Neunzehn (1948)
- Ernest Hemmingway: Wem die Stunde schlägt (1948)
- Albert Camus: Die Pest (1949)
- Jean-Paul Sartre: Der Ekel (1949)

Allerdings erschienen auch eine große Anzahl von Romanen und Lyrikbänden von Daheimgebliebenen. Dazu zählen Werner Bergengruens Roman »Der Großtyrann und das Gericht« (1935) und Ernst Jüngers »Gärten und Straßen« (1942); dabei handelte es sich teilweise um Neuauflagen von Büchern, die unter veränderten politischen Rahmenbedingungen abermals ein breites Echo fanden. Zu ergänzen sind die vielen Werke der ausländischen Literatur, der amerikanischen, sowjetischen, englischen und französischen. All das, was viele Jahre den Lesern vorenthalten wurde, stieß nun auf ein nachhaltiges Interesse. Nachholbedürfnis ist dafür das Stichwort; es bestimmte das Leseverhalten und fegte die Bücherregale leer, so daß die Auflagen häufig nicht ausreichten. Nach der rigiden Kulturpolitik der Nationalsozialisten empfanden die Zeitgenossen diese kulturelle Öffnung als Ausdruck wiedergewonnener Freiheit, als Hoffnungsträger für eine liberale Geisteshaltung in einem später wieder souveränen demokratischen Deutschland.

Wer sich nicht mit Politik befaßt, hat die politische Parteinahme, die er sich ersparen möchte, bereits vollzogen: er dient der herrschenden Partei.

Max Frisch

Primat der Politik und politische Enthaltsamkeit

Die kulturelle Entwicklung im besetzten Nachkriegs-Deutschland vermittelt den Eindruck, als wären sich die Besatzungsmächte in ihren politischen Zielen weitgehend einig gewesen. In ihrer Absicht, den Nationalsozialismus zu bekämpfen, wo immer er sich zeigte, im öffentlichen Leben, in der Politik, in der Wirtschaft, in der Wissenschaft, in Literatur und Kunst, trifft dies für die ersten Jahre sicherlich ebenso zu wie für das Bemühen, eine umfassende geistige Erneuerung einzuleiten. Daß die Alliierten dabei jeweils andere Akzente setzten, verschiedene Begriffe prägten (re-education, antifaschistische-demokratische Umerziehung) und von der SMAD die stärkste und gezielteste kulturpolitische Offensive ausging, wurde eher als natürlich empfunden, als daß man darin unterschiedliche Deutschlandpläne oder gar Differenzen sah. Und doch spricht alles dafür, daß die Rote Armee von Anfang an das langfristige Ziel vor Augen hatte, Deutschland nach stalinistischem Vorbild zu formen. »Stalin konnte in Deutschland auf lange Sicht kein anderes System installieren als jenes, das er in der Sowjetunion geschaffen hatte. Unmittelbar nach dem Krieg war er jedoch aus verschiedenen Gründen darauf bedacht, sein langfristiges Programm nicht durch sofortige Sowjetisierung in der eigenen Besatzungszone zu gefährden, die den Protest der westlichen Alliierten hervorgerufen hätte«[1]. Es kam ihm darauf an, die Verbündeten ruhigzustellen, von den stalinistischen Säuberungen der dreißiger Jahre abzulenken und in der Bevölkerung, vor allem unter den Intellektuellen, Vertrauen zu wecken.

Die SMAD kaschierte ihre wahren Absichten und benutzte die Kulturpolitik, insbesondere den Kulturbund mit seinen Gliederungen und Organen, um auf ganz Deutschland auszustrahlen. So war in dem wiedererwachenden pluralistischen Geistesleben bereits der Keim der stalinistischen Volksfrontstrategie angelegt. Diese wurde 1935 auf dem VII. Weltkongreß der »Kommunistischen Internationale« propagiert, aber im Kampf gegen den Nationalsozialismus nicht realisiert. Sie sah die Sammlung aller antifaschistischen Kräfte bis hin zu den bürgerlich-demokrati-

Alexander Dymschiz

Meine spezielle Aufgabe war es, der künstlerischen Intelligenz zu helfen und eine neue Kulturentwicklung zu fördern. Als ich in Berlin eintraf, befand sich in meinem Marschgepäck auch eine Namensliste von Meistern der deutschen Kultur, deren künstlerisches Schaffen und gesellschaftliches Wirken mir ein Begriff waren. Ich suchte sie auf, um ihnen unsere Verehrung und Achtung zu bekunden, um sie in ihrer Arbeit zu unterstützen.

(Quelle) Manfred Jäger: Kultur und Politik in der DDR. Ein historischer Abriß, Köln 1982, S. 5.

schen und christlich-orientierten Gruppen vor. Mit der Niederlage Hitlers packte die Gruppe Ulbricht, als sie aus dem Moskauer Exil nach Berlin zurückkehrte, diese, da der Nationalsozialismus besiegt war, eigentlich überholte Strategie aus dem Reisegepäck mit aus und wandte sie konsequent in den ersten Nachkriegsjahren an. Wolfgang Leonhard, mit damals 23 Jahren das jüngste Mitglied dieser Gruppe, berichtete später über Ul-

Wolfgang Leonhard berichtet:

Ich glaubte daran, daß die Sowjetunion den deutschen Antifaschisten und Demokraten nach der Zerschlagung der Hitler-Armee selbstlos helfen würde, ein neues demokratisches Deutschland aufzubauen. Hatte sie nicht, so sagte ich mir, durch die Unterstützung des Nationalkomitées bewiesen, daß es in ihrem Interesse lag, wenn die deutschen Kräfte selbst ein unabhängiges Deutschland errichteten? Schien nicht auch unsere Entsendung – noch vor Beendigung der Feindseligkeiten! – ein Beweis dafür zu sein, daß die Sowjetunion nicht als Eroberer auftreten wollte, sondern als Macht, die den deutschen Antifaschisten im Kampf gegen den Nazismus zu helfen bereit war? Hatte nicht Stalin selbst wiederholt einen Unterschied zwischen dem deutschen Volk und dem Hitler-Staat gemacht?

(Quelle) Wolfgang Leonhard: Die Revolution entläßt ihre Kinder, Köln/Berlin 1955, S. 221.

brichts Direktive: »Es ist doch ganz klar: Es muß demokratisch aussehen, aber wir müssen alles in der Hand haben. Nun war wirklich alles klar«[2]. In der Kulturpolitik wurde Johannes R. Becher, der spätere Kulturminister der DDR von 1954–1958, ihr Promotor. Bei ihm liefen die Fäden zusammen; er achtete darauf, daß der vorgesehene Kurs auch eingehalten wurde. Drei Merkmale charakterisierten seine politische Strategie:

- Die offensive Sympathiewerbung der sowjetischen Besatzungsmacht unter der deutschen Intelligenz.
  In einer Zeit allgemeiner Not ließ sie Schriftstellern und Künstlern soziale und materielle Privilegien zuteil werden. Die Bevorzugung ging so weit, daß z. B. in Berlin-Pankow und -Schönau Neubausiedlungen speziell für Intellektuelle errichtet wurden. Autoren, die in den Westzonen lebten, wurde der Umzug von der SMAD schmackhaft gemacht. Ein Beispiel dafür ist Eduard Claudius; während seiner Vertragsverhandlungen beim Aufbau-Verlag in Berlin wurde er von einem hohen sowjetischen Kulturoffizier auf das sichere materielle Leben eines Schriftstellers in der SBZ angesprochen. Die SMAD knüpfte damit bei ihren guten Erfahrungen an, die Stalin mit einer »Politik des Verwöhnens« gegenüber den deutschen Exilschriftstellern in Moskau gemacht hatte.
- Der Verzicht auf eine politische Bevormundung und die Inkaufnahme einer bewußten ideologischen Öffnung in der Kulturpolitik.
  So kamen beispielsweise in der Monatszeitschrift »Aufbau« u. a. auch die CDU-Politiker Ernst Lemmer und Ferdinand Friedensburg zu Wort. Ferner erschienen im Aufbau-Verlag Werke zur Philosophie des Existentialismus und zum magischen und bürgerlichen Realismus. Diese rangierten häufig im Verlagsprogramm noch vor konsequent-sozialistischen Autoren[3].
- Die Betonung der gesamtdeutschen Gesinnung und die Orientierung an der deutschen Klassik als Grundlage für die demokratische Erneuerung Deutschlands.
  Dies geschah, obwohl sich davon besonders bürgerliche Schichten und weniger Arbeiter angesprochen fühlten. Die Gruppe Ulbricht nahm dies in Kauf, weil es ihr zunächst darauf ankam, über die humanistische und künstlerische Tradition der Klassik das Bildungsbürgertum zu erreichen. So wurden auf den Bühnen der Ostzone zu einem erheblichen Anteil Werke von Lessing, Goethe und Schiller aufgeführt. Auch im Bücherangebot spielten diese Autoren eine entscheidende Rolle. Ob sie wirklich gelesen oder nur als unverfängliches Geschenk weitergereicht wurden, bleibt offen. Die Bühnenstücke jedenfalls waren gut besucht. Die theoretische Begründung für diese Rückbesinnung, die sich keineswegs grundlegend von der nationalsozialistischen Kulturpolitik abhob, fand der damalige Kulturberater Johannes R. Becher bei dem ungarischen marxistischen Literaturwissenschaftler Georg Lukács, von dessen Schriften, im Aufbau-Verlag ediert, eine nachhaltige Wirkung ausging. Die DDR hat an dieser Verpflichtung zum kulturellen Erbe auch noch in der »Ära Honecker« festgehalten und sie ideologisch in der Weise angepaßt, daß die Klasse der Arbeiter und

Bauern zu den wahren Vollstreckern der humanistischen Ideale der deutschen Klassik erklärt wurde.

Die Heimtücke dieser Strategie blieb den meisten Zeitgenossen verborgen. Sie glaubten an die ehrlichen Absichten Stalins. Besonders der Befehl Nr. 2 des Obersten Chefs der SMAD vom 10. Juni 1945 und der Aufruf der Kommunistischen Partei Deutschlands (KPD) einen Tag später deuteten nicht darauf hin, daß hier auf breiter Front ein Täuschungsmanöver in Szene gesetzt wurde. Im Gegenteil: Die bald darauf wieder neu entstehenden politischen Parteien und das sich entfaltende öffentliche Leben schienen der Absicht einer Sowjetisierung der SBZ und ganz Deutschlands entgegenzustehen. Erst die Rede Anton Ackermanns zur »Freiheit der Wissenschaft und Kunst« auf der Ersten Zentralen Kulturtagung der KPD am 3. Februar 1946 hätte Skeptiker nachdenklich stimmen können. Auf diabolische Weise postulierte der Redner hier zugleich die Freiheit der Wissenschaft, Kunst und Literatur und bekräftigte, daß keine Partei, kein Amt dem Gelehrten und Künstler hineinzureden habe. Auf der anderen Seite hob er aber hervor, daß die KPD ihr Ideal in einer Kunst sehe, »die ihrem Inhalt nach sozialistisch, ihrer Form nach realistisch« ist. Geradezu entlarvend wirkt der nachfolgende Satz auf den heutigen Leser: »Wir wissen aber auch, daß diese Kunst erst in einer sozialistischen Gesellschaft zur Geltung kommen kann« und daß gegenwärtig in Deutschland die Zeit dafür noch nicht reif sei[4].

Schon wenige Monate später änderten sich diese Lagebeurteilung und damit auch die Strategie der politischen und geistigen nationalen Versöhnung. Eingeleitet wurde dieser Klimawechsel in der SBZ mit der Reklamierung des Führungsanspruchs der SED. Ulbricht wies ihr die führende

---

Kernsätze der »Truman Doktrin«

»Ich glaube, daß wir den freien Völkern helfen müssen, sich ihr eigenes Geschick nach ihrer eigenen Art zu gestalten. Ich bin der Ansicht, daß unsere Hilfe in erster Linie in Form wirtschaftlicher und finanzieller Unterstützung gegeben werden sollte, die für eine wirtschaftliche Stabilität und geordnete politische Vorgänge wesentlich ist.

Die Saat der totalitären Regime gedeiht in Elend und Mangel. Sie verbreitet sich und wächst in dem schlechten Boden von Armut und Kampf. Sie wächst sich vollends aus, wenn in einem Volk die Hoffnung auf ein besseres Leben ganz erstirbt. Wir müssen diese Hoffnung am Leben erhalten. Die freien Völker der Erde blicken auf uns und erwarten, daß wir sie in der Erhaltung der Freiheit unterstützen.«

(Quelle) Manfred Treml: Das Deutschlandproblem im Rahmen weltpolitischer Konstellationen der Nachkriegszeit, München 1987, S. 48.

Rolle in der Blockpolitik gegenüber den anderen Parteien zu und begründete dies mit dem Wiederaufkommen reaktionärer Einflüsse aus dem bürgerlichen politischen Spektrum. Die CDU und die LDPD versuchten, sich der Umklammerung und Bevormundung durch die SED zu erwehren, jedoch wurde dies mit den wachsenden Spannungen unter den Alliierten immer schwieriger.

Das Jahr 1947 leitete eine Wende in der Deutschland- und damit auch in der Kulturpolitik ein. Der Weltöffentlichkeit wurde deutlich, daß das gegen Hitler gerichtete erfolgreiche Kriegsbündnis allein auf den Konsens der Überwindung des nationalsozialistischen Staates gründete und in der deutschen Frage die divergierenden politischen Zielvorstellungen zwischen den USA und der Sowjetunion unmittelbar aufeinanderprallten. Als Reaktion auf die »Truman-Doktrin« vom 12. März 1947 ließ Stalin über Andrej Shdanow, seinen Sekretär im Zentralkomitee, die »Zwei-Lager-Theorie« verkünden. Sie begründete die Notwendigkeit des Zusammenschlusses der kommunistischen Parteien unter der Führung der Sowjetunion mit der angeblichen politischen Aggression, die von dem »imperialistischen und antidemokratischen Lager« unter der Vorherrschaft der USA ausgehe.

Stalins »Zwei-Lager-Theorie«

»Je größer die Periode ist, die uns vom Kriegsende trennt, desto krasser treten zwei Hauptrichtungen in der internationalen Nachkriegspolitik hervor, die der Teilung der in der Weltarena aktiven politischen Kräfte in zwei Hauptlager entspricht: das imperialistische und antidemokratische Lager einerseits und das antiimperialistische und demokratische Lager andererseits. Die führende Hauptkraft des imperialistischen Lagers stellen die USA dar.«

(Quelle) s. o., S. 49.

Der »Kalte Krieg« kündigte sich an. Die Alliierten brachten ihre politischen Interessen unmittelbar in die Kulturpolitik ein. Die Schriftsteller gerieten in den Sog der Weltpolitik.

Zu einem offenen Bruch in der Kulturpolitik der Siegermächte kam es auf dem Ersten Deutschen Schriftstellerkongreß, der vom 4. bis 8. Oktober 1947 in Berlin stattfand. Etwa 300 Teilnehmer aus dem In- und Ausland hatten sich dort eingefunden, allerdings nicht nur Schriftsteller, sondern auch Literaturkritiker, Publizisten und Offiziere der vier Besatzungsmächte. Ricarda Huch, die angesehene große alte Dame der deutschen Literatur, die dem Nationalsozialismus getrotzt hatte, gab in ihrer Begrüßungsansprache der Freude Ausdruck, daß sich Literaten aus allen Zonen Deutschlands zahlreich eingefunden hätten, und mahnte: »Die

Schriftsteller und Dichter haben eine besondere Beziehung zur Einheit, nämlich durch die Sprache. Die Sprache scheidet ein Volk von anderen Völkern, aber sie hält auch ein Volk zusammen. Die Schriftsteller sind die Verwalter der Sprache, sie bewahren und erneuern die Sprache. Sie bewegen durch ihre Sprache die Herzen und lenken die Gedanken«[5]. Doch ihr Appell zur Einheit und Verständigung fand nur bei Wenigen Gehör. Die gegensätzlichen Auffassungen der Autoren der »äußeren« und »inneren« Emigration traten wieder hervor, obwohl Alfred Kantorowicz und der Stalinist Alexander Abusch zu vermitteln suchten. Abuschs Bekenntnis zur Solidarität gipfelte in den wohlklingenden Worten: »Weder die Literatur der Äußeren Emigration, so umfangreich und gewichtig sie ist, noch die der Inneren Emigration erheben den alleinigen Anspruch, die deutsche Literatur zu sein. Die deutsche Literatur wird aus dem Zusammenschluß der beiden, während zwölf Jahre getrennten Ströme der deutschen Literatur entstehen«[6].

Auch Johannes R. Becher bemühte sich um Ausgleich. Schließlich lag ein Ziel der Veranstalter, des Kulturbundes und des Schutzverbandes Deutscher Autoren, darin, zur Versöhnung und Verständigung beizutragen. Becher warnte vor einer Politisierung der Literatur, aber auch vor einer Literatur, die nicht »auf eine ihr eigentümliche und selbständige Art politisch wird«[7]. Damit setzte er sich einerseits von denjenigen ab, die eine Indienstnahme der Literatur durch die Politik einforderten, andererseits erteilte er aber auch der Literatur eine klare Absage, die sich mit schöner Wortkunst begnüge und - wie die Naturlyrik aus mißverstandener politischer und sozialer Verantwortung –, sich in den Elfenbeinturm zurückzöge.

Dieser literarische Konflikt wurde überlagert und entscheidend geprägt von der immer massiver werdenden Ost-West-Konfrontation, die die Spaltung Deutschlands auch in der Literatur einleitete. Im Zuge der Debatte über die Emigration und die politische Dimension der Literatur kam es zu einem offenen Schlagabtausch zwischen den Besatzungsmächten. Da keiner der westdeutschen Delegierten es wagte, auf die polemischen Beiträge einiger deutscher kommunistischer Kollegen und vor allem der sowjetischen Autoren zu replizieren, bat Günter Birkenfeld einen Amerikaner, den westlichen Standpunkt zu erläutern[8]. Diese Aufgabe übernahm der damals noch unbekannte amerikanische Journalist Melvin J. Lasky. Ganz im Geiste der »Truman-Doktrin« formulierte er: »Für einen Menschen, der an die Demokratie glaubt, kennt die Sorge um die Freiheit keine nationalen Grenzen. Er fühlt sich, wo sie verletzt sind, betroffen, ganz gleich, ob es sich um Boston oder Berlin handelt«[9]. Sich an die sowjetische Delegation wendend, fuhr er fort: »Der Schriftsteller ist kein Werkzeug der Regierung oder der Diplomaten. Der Schriftsteller soll Bücher verkaufen, nicht aber seine Gesinnung«[10]. Das war damals, so selbstverständlich uns dies heute erscheinen mag, eine mutige Aussage, wußten doch die Anwesenden, mit welchen Mitteln Hitler und Stalin die Meinungsfreiheit terrorisiert hatten. Das Faß zum Überlaufen brachten jedoch dann seine unverblümte Solidarisierung mit den unterdrückten Schriftstellern in der Sowjetunion und die gedankliche Linie, die er von der kulturellen Barbarei Hitlers zu Stalin zog: »Dieser internationale Geist war es, der die amerikanischen Schriftsteller ihre Stimmen gegen die kulturelle Barbarei des Hitler-Regimes erheben ließ. Ich möchte abschließend sagen, daß wir in diesem internationalen Geist uns solidarisch fühlen mit den Schriftstellern und Künstlern Sowjetrußlands. Auch sie kennen den Druck und die Zensur«[11].

Das entsprach der Wahrheit, aber es war wohl das erste Mal, daß sie auf einem internationalen Forum nach dem Ende des Zweiten Weltkriegs so unmißverständlich zum Ausdruck gebracht wurde. Eine Woge der Entrüstung brauste durch den Kongreßsaal. Besonders die sowjetischen Autoren konnten es nicht fassen. Anna Seghers schrie: »Wer ist das? Wer hat ihm das Wort gegeben?«[12] Die sowjetische Delegation konnte und durfte wohl diese massiven Vorwürfe nicht unwidersprochen lassen. Valentin Katajew antwortete: »Ich habe die Rede des unbekannten Schriftstellers Lasky gehört und möchte ihm nun ein Grabmal des unbekannten Schriftstellers errichten! Ich bin sehr erfreut, endlich einen lebendigen Kriegsbrandstifter zu Gesicht bekommen zu haben«[13]. Damit war der Konflikt besiegelt. Die Aufspaltung der deutschen Schriftsteller in ein freiheitlich-westlich und ein kommunistisch-sowjetisch orientiertes Lager nahm ihren unglückseligen, der gemeinsamen deutschen Sache schädlichen Verlauf.

Der erste deutsche Schriftstellerkongreß wollte Brücken schlagen, aber er verfehlte sein Ziel, weil der begonnene »Kalte Krieg« einen Verständigungsversuch der Autoren erschwerte, eine Politisierung dort herbeiführte, wo sie ursprünglich bemäntelt werden sollte. So war es nicht erstaunlich, daß zu dem ein halbes Jahr später stattfindenden zweiten Schriftstellertreffen in Frankfurt am Main fast alle Plätze der Autoren aus der Sowjetischen Besatzungszone leerblieben.

Indienstnahme der Literatur durch die Politik in Ostdeutschland

Das politische und geistige Klima verschärfte sich in den ersten Jahren des »Kalten Krieges« im geteilten Deutschland atemberaubend. Hatten die Alliierten in den Jahren zuvor weitgehend von einer gegenseitigen öffentlichen Desavouierung abgesehen und die deutschen Nachkriegspolitiker

– so auch Walter Ulbricht – »die Erhaltung und Festigung der Zusammenarbeit der Alliierten« eingefordert [14], so bestimmten nun Antikommunismus und Antiamerikanismus die öffentlichen Verlautbarungen. Während die SED auf der einen Seite in ihrer Agitation und Propaganda an der Einheit Deutschlands offensiv festhielt, versuchte sie auf der anderen, ihre Vormachtstellung im Parteiensystem zu festigen und in der SBZ/DDR eine Staats- und Gesellschaftsordnung nach dem Vorbild der Sowjetunion aufzubauen.

Für das Verhältnis von Geist und Macht, Literatur und Politik, zog diese Entwicklung schwerwiegende Folgen nach sich. Der Versuch der unmittelbaren Indienstnahme der Literatur durch die Politik erfolgte bereits mit der Verabschiedung des ersten Zweijahrplans im Juni 1948. Ulbricht forderte von den Schriftstellern, die tiefgreifenden gesellschaftlichen Veränderungen in ihren Arbeiten zu thematisieren und sich nicht länger mit den Problemen der Vergangenheit aufzuhalten. Die sozialistischen Schriftsteller riefen ihre Kollegen auf, »ihr Schaffen in den Dienst des Zweijahrplans« zu stellen. »Haben wir als Schriftsteller und Künstler in den letzten drei Jahren Werke vollbracht, die den gewaltigen Prozeß des friedlichen demokratischen Neuaufbaus widerspiegeln? Sind wir mit unserem Schaffen in die Zentralprobleme des deutschen Volkes vorgestoßen? Mit dem Plan hat die Arbeiterklasse eine gewaltige Verpflichtung auf sich genommen. In unzertrennlicher Verbundenheit mit der Arbeiterklasse sind wir entschlossen, diese opfervolle Aufgabe durchzuführen« [15]. Der hier eingeforderte Schulterschluß zwischen »Produktion und Literatur« sollte in den fünfziger Jahren noch eine maßgebliche Rolle spielen.

Zunächst ließ es die SED damit bewenden, an die Literaten zu appellieren. Sie tat dies aber durchaus auf eindringliche Weise, wie zahlreiche Entschließungen sozialistischer Künstlerverbände und Beiträge in den großen Tageszeitungen belegen.

Max Lrabowsky im Neuen Deutschland am 20. August 1948

> Die Produktivität, die Wirksamkeit der Kunstwerke steigern, heißt also Kunstwerke schaffen, deren Inhalt dem Inhalt des Lebens des Volkes entspricht und Fragen, die die Menschen bewegen, in einer positiven, vorwärtsweisenden, mitreißenden Weise beantworten. Das muß in künstlerisch qualifizierter Form geschehen. Darum kann es für die Künstler keinen anderen Weg zur Verbesserung ihrer Produktion geben als den, dahin zu gehen, wo sie Gelegenheit haben, zu den arbeitenden Menschen, auf deren Bewußtsein sie durch ihre Kunst einwirken wollen und müssen, Kontakt zu finden.

(Quelle) Bernhard Mayer-Burger: Entwicklung und Funktion der Literaturpolitik der DDR (1945–1978), München 1984, S. 66.

Mit der Umgestaltung der SED zu einer »Partei neuen Typs« nach dem Vorbild der damals stalinistischen Kommunistischen Partei der Sowjetunion (KPdSU) ging das Bemühen der politischen Spitze und später der ersten Regierung der DDR um die Intelligenz in allen Bereichen des öffentlichen Lebens Hand in Hand mit ihrer politischen Einvernahme. Hatte man bis dahin zumindest nach außen noch gewisse Rücksichtnahmen geübt, so änderten sich nunmehr nicht nur der Ton, sondern auch die unmittelbare Form der politischen Inpflichtnahme. Zwar garantierte die erste Verfassung der DDR aus dem Jahre 1949 in Artikel 34 die Freiheit der Wissenschaft und Kunst, aber was bedeutete dies in einem Staat, der unter der Führung einer marxistisch-leninistischen Kampfpartei stand, die sich auf das Prinzip des demokratischen Zentralismus berief. Resümierte Johannes R. Becher noch auf dem Ersten Deutschen Schriftstellerkongroß verheißungsvoll: »Wir haben es erfahren, daß von der Literatur gefordert wurde, sich den politischen Bedürfnissen zu unterwerfen, um so zu einer Art kunstgewerblich aufgeputzten Fassade der Staatsführung zu werden. Die Politik verschlingt die Literatur«[16], so konstatierte er auf dem III. Parteitag der SED 1950 apodiktisch: »Der beste Teil der deutschen Intelligenz hat begriffen, daß ein Wiederaufstieg unseres kulturellen Lebens gleichbedeutend ist mit der führenden Rolle unserer Partei, die sie auch im kulturellen Leben zu spielen berufen ist«[17]. Becher gehörte zu den schillerndsten Persönlichkeiten in der Aufbauphase der DDR. Als Ausdruck seiner Begeisterung über die politische Entwicklung schrieb er nicht nur die Hymne der DDR, die mit dem Beginn der Ära Honecker aufgrund ihrer Orientierung an der Einheit Deutschlands nur noch ohne Text vorgetragen wurde, sondern auch die »Kantate 1950«. Wie die Hymne wurde auch die Kantate von dem Komponisten Hanns Eisler vertont. Beide hatten das Werk für den III. Parteitag der SED erarbeitet und diesem gewidmet. Darin heißt es:

»Es wird Dich rühmend einst ganz Deutschland nennen
denn nur durch Dich wird Deutschland eins und frei!
Laß Dich voll Stolz, voll Stolz laß Dich bekennen:
Dir alle Macht, der Sieg ist Dein, Partei!«[18]

Dieser Monopolanspruch sollte den Schriftstellern – in gewissem Umfange auch Becher selbst – und den meisten in der DDR lebenden Menschen zu einem bitteren Verhängnis werden. Eine Politisierung unglaublichen Ausmaßes ergriff die Gesellschaft. Die Schriftsteller gehörten dabei zu der Gruppe von Intellektuellen, die sich ihr nur am schwersten entziehen konnten; es sei denn durch Flucht.

Hymne der DDR

Auferstanden aus Ruinen
Und der Zukunft zugewandt,
Laß uns Dir zum Guten dienen,
Deutschland einig Vaterland.
Alte Not gilt es zu zwingen,
Und wir zwingen sie vereint,
Denn es muß uns doch gelingen,
Daß die Sonne schön wie nie
Über Deutschland scheint.

Merkmale dieser stalinistischen Phase der DDR, die in ihrer schroffsten Form bis in die sechziger Jahre hineinreichte, waren u. a.

- die kommunistische Einparteienherrschaft bei völliger Ausschaltung innerparteilicher Demokratie;
- die Beherrschung des Staatsapparates, der Justiz, der Massenorganisationen, ab 1948 auch des Kulturbundes durch die SED;
- das Monopol der Meinungsbildung durch die SED;
- das Fehlen politischer Freiheit in Wort und Schrift auf allen gesellschaftlichen und staatlichen Ebenen;
- die Militarisierung und Reglementierung aller Lebensbereiche bis in die Familie hinein;
- die ständige Bedrohung der Menschen durch die Staatssicherheit, ohne Chance, sich auf dem Rechtswege verteidigen zu können;
- die Mißachtung der Grundrechte des Menschen zugunsten einer dogmatischen Ideologie, die in der Verherrlichung Stalins ihren auffälligsten Ausdruck fand[19].

Als bedeutsame Stationen dieser Politisierung des Lebens erwiesen sich für Literatur und Kunst nach Gründung der DDR

- der II. Schriftstellerkongreß vom 4.–6. Juli 1950;
- der III. Parteitag der SED vom 20.–24. Juli 1950;
- die 5. Tagung des Zentralkomitees der SED vom 15.–17. März 1951
- und der III. Schriftstellerkongreß vom 22.–25. Mai 1952.

Auf diesen vier Veranstaltungen setzte sich die SED mit dem Primat der Politik gegenüber Literatur und Kunst auseinander. Mit Pressionen versuchte sie, Künstler und Literaten auf die Ziele ihrer Politik einzuschwören. Die folgenschwersten Konsequenzen gingen dabei von der Entschließung des Zentralkomitees zum »Kampf gegen den Formalismus in Kunst und Literatur« 1951 aus. Hier wies die SED der Kulturpolitik die Aufgabe zu, »einen radikalen Umschwung auf allen Gebieten des kulturellen Lebens zu erzielen und mit der Lauheit und dem Versöhnlertum unerbittlich Schluß zu machen«[20]. Das hieß, nun endlich politisch Farbe zu bekennen und nachfolgende Maximen künstlerischen Schaffens wortgetreu zu befolgen:

- Kampf gegen den Formalismus
  »Der Formalismus bedeutet Zersetzung und Zerstörung der Kunst selbst. Die Formalisten leugnen, daß die entscheidende Bedeutung im Inhalt, in der Idee, im Gedanken des Werkes liegt. Nach ihrer Auffassung besteht die Bedeutung eines Kunstwerkes nicht in seinem Inhalt, sondern in seiner Form. Überall, wo die Frage der Form selbständige Bedeutung gewinnt, verliert die Kunst ihren humanistischen und demokratischen Charakter«[21]
- Kampf um Realismus
  »Um eine realistische Kunst zu entwickeln, orientieren wir uns am Beispiel der großen sozialistischen Sowjetunion, die die fortschrittlichste Kultur der Welt geschaffen hat. Genosse Shdanow hat 1934 wie folgt formuliert: ›Genosse Stalin nannte unsere Schriftsteller die Ingenieure der menschlichen Seele. Was heißt das? Welche Verpflichtung legt ihnen dieser Name auf? Das heißt erstens, das Leben kennen, es nicht scholastisch, nicht tot, nicht als ›objektive Wirklichkeit‹, sondern als die Wirklichkeit in ihrer revolutionären Entwicklung darzustellen. Dabei muß die wahrheitsgetreue und historisch konkrete künstlerische Darstellung mit der Aufgabe verbunden werden, die werktätigen Menschen im Geiste des Sozialismus ideologisch umzuformen und zu erziehen. Das ist die Methode, die wir in der Literatur und in der Literaturkritik als sozialistischen Realismus bezeichnen‹«[22].
- Behandlung von Gegenwartsthemen in der DDR-Literatur
  »Dazu ist die Kenntnis der Entwicklung des Lebens erforderlich. Die typischen Umstände unserer Zeit, unter denen die getreue Wiedergabe typischer Charaktere erfolgen soll, sind die neuen gesellschaftlichen Verhältnisse in der Deutschen Demokratischen Republik, das ist der Kampf um die Lösung der Lebensfragen unseres Volkes«[23].

Diese Instrumentalisierung durch die Politik veränderte das Gesicht der Literatur. Sie wurde in den Dienst des Staates gestellt und sollte die Menschen im Geiste des Sozialismus umerziehen. Der Literatur wuchs die Aufgabe zu, dem Staat zu helfen, das Volk zu formen und in einer Weise zu prägen, wie es den Herrschenden gefiel. Die Auseinandersetzung mit der Vergangenheit, dem Nationalsozialismus und dem Zweiten Weltkrieg, mußte der Bewältigung von Gegenwartsfragen Platz machen und statt dessen das Bild einer zukünftigen sozialistischen Gesellschaft in hellen Farben entwickeln helfen, um die Vision der marxistisch-leninistischen Ideologie zu untermauern.

Ein Negativbeispiel ist dafür u. a. Otto Gotsches 1949 erschienener Roman »Tiefe Furchen«, in dem er die revolutionäre Umgestaltung der von Ulbricht eingeleiteten Bodenreform in einem mitteldeutschen Dorf schildert. Als ehemaliger Arbeiterschriftsteller, inzwischen jedoch zu Ulbrichts Sekretär avanciert, zeigte Gotsche, wie konnte es aufgrund seiner Nähe zur Macht anders sein, von einem »festen sozialistischen Klassenstandpunkt« ausgehend, in seiner Reportage auf, wie die »fortschrittlichen Arbeiter und Bauern unter Führung der geeinten Arbeiterpartei die Bodenreform siegreich gegen die reaktionären Großbauern und Gutsbesitzer« durchsetzten. Er entsprach damit seinem eigenen literarischen Selbstverständnis, nach dem der Schriftsteller an seinem Beitrag zum Aufbau einer sozialistischen Gesellschaftsordnung zu messen wäre und den gestellten Auftrag der Geschichte zu erfüllen hätte. Gotsche stimmte darin mit Willi Bredel überein und distanzierte sich bewußt von den Kollegen, die ihre Arbeiten weniger politisch-operativ verstanden. »Tiefe Furchen« galt unter den Reportageromanen bis in die sechziger Jahre hinein als Pionierleistung und Vorbild für die erfolgreiche Umsetzung tagespolitischer Ziele mit Hilfe der Literatur. Er entsprach damit schon zwei Jahre bevor der ehemalige Sozialdemokrat und amtierende Ministerpräsident Otto Grotewohl im August 1951 als Verpflichtung für alle den Primat der Politik in Kunst und Literatur mit den Worten einforderte – »Die Idee in der Kunst muß der Marschrichtung des politischen Kampfes folgen, denn nur auf der Ebene der Politik können die Bedürfnisse der werktätigen Menschen richtig erkannt und erfüllt werden. Was sich in der Politik als richtig erweist, ist es auch unbedingt in der Kunst«[24] – der Weisung der Partei.

Nach einer kurzen Phase freier Entfaltung wurden Kunst und Literatur mit Beginn der fünfziger Jahre in eine politische Zwangsjacke gesteckt, die kaum noch Luft zum Atmen ließ, wenn man nicht auf die vorgegebene Weise künstlerisch leben wollte. Dieser Anspruch erwies sich jedoch selbst für Schriftsteller, die von einem »festen ideologischen Klassenstandpunkt« ausgingen, nicht ohne weiteres als erfüllbar. Denn die abermalige Instrumentalisierung der Literatur geschah zu einem Zeitpunkt, als die Menschen sich noch nicht einmal annähernd über die zurückliegenden schrecklichen Jahre des nationalsozialistischen Terrors hatten Rechenschaft ablegen können. Ebensowenig waren sie sich darüber im klaren, welche Konsequenzen sich für sie aus dem »Aufbau einer sozialistischen Gesellschaftsordnung« in Deutschland ergeben würden. Viele Literaten folgten aus politischer Naivität, manche aber auch aus innerer Überzeugung der Anweisung von oben. Sie schrieben in gutem Glauben, hoffend auf eine bessere Zukunft.

Politische Enthaltsamkeit der Literatur in Westdeutschland

Mit dem Einsetzen des »Kalten Krieges« ergaben sich für die literarische Entwicklung in den westlichen Besatzungszonen völlig andere Rahmenbedingungen. Zwar hatten die Besatzungsmächte auch hier durch Zeitungen, Zeitschriften, Verlage und Rundfunksender auf die Ausgestaltung des geistigen Lebens eingewirkt; jedoch bestand ihr Bemühen im wesentlichen darin, den kulturellen Raum von unmittelbaren politischen Einflußnahmen freizuhalten. Besonders galt dies für alle Formen totalitärer Literatur, gleichgültig, ob nationalsozialistischen oder stalinistischen Ursprungs. Über diesen Grundsatz ging die amerikanische Militärregierung jedoch später hinaus. In einer gewissen Überempfindlichkeit verbot sie Ende der vierziger Jahre den »Ruf«, die Nachfolgezeitschrift »Der Skorpion« erhielt keine Lizenz. Hans Mayer und Stephan Hermlin mußten als Journalisten von Radio Frankfurt ihre Ämter aufgeben, weil sie als Kommunisten galten. Der Kulturbund wurde wegen kommunistischer Unterwanderung im britischen und amerikanischen Sektor Berlins verboten. Die von den westlichen Alliierten unternommenen Versuche, eine kommunistische Infiltration des kulturellen Lebens zu verhindern, trafen in den ersten Jahren des »Kalten Krieges« undifferenziert Autoren, die sich unmittelbar nach dem Exil in der SBZ niedergelassen hatten, aber mit Heinrich Mann und Lion Feuchtwanger auch Sozialisten, die noch im Exil lebten.

Bei diesen Einschränkungen ist zu berücksichtigen, daß die Sowjets im Zuge der Blockade Berlins 1948/49 die Auslieferung zahlreicher Publikationen aus den westlichen Zonen behinderten. Umgekehrt gingen sie selbst zu einer propagandistischen, publizistischen Offensive über. Daraufhin verboten die Amerikaner und Briten, alle sowjetischen Druckerzeugnisse, ob Zeitungen oder Broschüren, Bücher, Plakate oder Flugblätter, in ihren Zonen zu verkaufen und zu verteilen.

Dennoch konnten sich Literatur und Kunst in den westlichen Zonen auch während des »Kalten Krieges« weitgehend frei entfalten. Den Interessen der Alliierten kam dabei sicher entgegen, daß es in allen Gattungen der Literatur vielfach darum ging, die erschütternden Erlebnisse und fortwirkenden Bilder aus der Zeit des Nationalsozialismus und des Zweiten Weltkrieges ins Wort zu bringen, zu verarbeiten und dem Leser als stete Mahnung und Appell zur seelischen und geistigen Erneuerung vor Augen zu führen.

Die aktuelle politische Entwicklung in Deutschland wurde in der Literatur thematisch kaum aufgegriffen. Sie war ein Thema der Zeitungen, Zeitschriften und des Rundfunks, aber nicht der Belletristik. Neben der

Tatsache, daß den Schriftstellern die innere Distanz zu diesen Entwicklungen fehlte, wirkte sich dabei sicher auch aus, daß die meisten von ihnen politisch von einer Synthese zwischen Sozialismus und Demokratie liberalen Zuschnitts und einem neutralen Deutschland träumten, das den Machtzentren in Ost und West gleichermaßen als Ansprechpartner diente. Sie verkannten die Dimension der Auseinandersetzung zwischen den beiden neuen weltpolitischen Kraftzentren und überschätzten das Gewicht Deutschlands. Als sie erfuhren, daß sich ihre Hoffnungen nicht realisieren ließen, versuchten sie, diesem Konflikt dadurch zu begegnen, daß sie in ihren Arbeiten vielfach in eine geistig-methaphysische Welt flüchteten, um sich so eine eigene Option zu ersparen[25].

Diese Zurückhaltung vieler Schriftsteller, in politischen Fragen Position zu beziehen, fand ihre Begründung aber auch in dem Versagen der älteren Kollegen, in der Weimarer Republik nicht zu einer Verständigung zwischen Geist und Macht beigetragen zu haben. Sie fürchteten, in der Zuspitzung der politischen Verhältnisse abermals die Zeichen der Zeit nicht richtig zu deuten.

Die jüngeren Schriftsteller litten darüber hinaus unter einer akuten Ausdrucksnot. Für sie war es besonders schwierig zu schreiben, auch wenn sie den Drang dazu verspürten, weil sie zutiefst verunsichert waren, Orientierung suchten, aber nicht wußten, worauf sie sicher aufbauen konnten. Hans Werner Richter faßte dieses Empfinden für sich und seine jüngeren Kollegen folgendermaßen zusammen: »Vor dem rauchgeschwärzten Bild dieser abendländischen Ruinenlandschaft, in der der Mensch taumelnd und gelöst aus allen überkommenen Bindungen irrt, verblassen alle Wertmaßstäbe der Vergangenheit. Jede Anknüpfungsmöglichkeit nach hinten, jeder Versuch, dort wieder zu beginnen, wo 1933 eine ältere Generation ihre kontinuierliche Entwicklungslaufbahn verließ, um vor einem irrationalen Abenteuer zu kapitulieren, wirkt angesichts dieses Bildes als eine Paradoxie«[26].

In einer Zeit des radikalen Umbruchs, der durch Entnazifizierung, Wirtschaftshilfe, Währungsreform, demokratischen Neuaufbau, Westintegration und Remilitarisierung gekennzeichnet war, vermehrten die Verhältnisse den Orientierungsnotstand eher noch, als daß sie ihm entgegenwirkten.

So ist es wohl nicht erstaunlich, daß bei der jüngeren Autorengeneration der Eindruck entstand, aller Grundlagen und Anknüpfungspunkte beraubt zu sein und eine neue, ihr gemäße Sprache entwickeln zu müssen. Wolfdietrich Schnurre, Mitbegründer der Gruppe 47, schreibt rückblikkend: »Es war kein einfaches Schreiben. Es gab keinen ethischen Rückhalt. Es gab keine Tradition. Es gab nur die Wahrheit. Nicht einmal die Sprache war mehr zu gebrauchen; die Nazijahre und die Kriegsjahre hatten sie unrein gemacht. Sie mußte erst mühsam wieder Wort für Wort abgeklopft werden«[27].

Deutungsohnmacht und Sprachlosigkeit haben neben dem Bemühen, das Geschehene zu bewältigen, ganz wesentlich dazu beigetragen, daß in der Bundesrepublik die unmittelbare zeitkritische Beschäftigung mit Staat und Gesellschaft einige Jahre auf sich warten ließ. Wolfgang Koeppen stieß mit seinen Romanen »Tauben im Gras« (1951), »Das Treibhaus« (1953) und »Der Tod in Rom« (1954) als einziger westdeutscher Autor in den frühen fünfziger Jahren zum kritischen Zeitroman vor. Jedoch fiel auch hier die Diagnose eher zaghaft und zurückhaltend aus, da eine direkte Auseinandersetzung mit den politischen Zeitereignissen gemieden wurde[28]. Vergleicht man diese politische Abstinenz in der Literatur der Bundesrepublik mit der Auftragsliteratur der DDR, so kündigten sich gegenläufige Entwicklungen an.

Wenn der Schweizer Schriftsteller Max Frisch in seinen Tagebuchaufzeichnungen von 1946–1949 notierte: »Wer sich nicht mit Politik befaßt, hat die politische Parteinahme, die er sich ersparen möchte, bereits vollzogen: er dient der herrschenden Partei«[29], so mag man sich fragen, ob er mit diesem Diktum die deutschsprachigen Schriftsteller im Auge hatte. Die literarische Entwicklung in beiden Teilen Deutschlands zeigte gerade in ihrer Beziehung zur Politik auf, daß sowohl die Politisierung der Literatur als auch ihr Verzicht auf politische Stellungnahme Ausdruck eines gebrochenen Verhältnisses zur Politik sein können. War es in einem Fall der bis zur Selbstaufgabe gehende Versuch der Literaten, einen positiven Beitrag zum Aufbau einer sozialistischen Gesellschaftsordnung zu leisten, offenbarte sich im anderen durch politische Zurückhaltung und Distanz die Auffassung, die Politik allein den Politikern zu überlassen.

Aus heutiger Sicht kaum verständlich bleibt dabei, daß Schriftsteller sich dort zurückhielten, wo es darum ging, eine freiheitliche, liberale Gesellschaftsordnung aufzubauen, und dort engagierten, wo die Einparteiendiktatur der SED seit dem Ende der vierziger Jahre sichtbar den Pluralismus der Meinungen und die Freiheit der Kunst und Literatur in Frage stellte. So standen der Tendenz zur Politisierung der Literatur in der SBZ und späteren DDR, ihrer Schönfärberei und ihrer Heroisierung der Aufbauleistung der sozialistischen Gesellschaftsordnung im anderen Teil Deutschlands ihre Flucht aus der Realität, ihre Suche und Unsicherheit bei der Wahrnehmung und Deutung der Gegenwart gegenüber. In beiden Teilen stellte sich die Literatur zunächst, wenn auch aus unterschiedlichen Motiven, nicht den bohrenden sozialen Fragen der Zeit. Vielmehr folgte sie einerseits zukunftszugewandt ideologischen Verheißungen und vergab Vorschußlorbeeren, andererseits begab sie sich, wie es die Betroffenen selbst ausdrückten, auf »die Suche nach einer höheren Wahrheit und

Wirklichkeit«, jenseits der bedrückenden Alltagsprobleme[30]. Verbunden jedoch wußte sie sich in der Auseinandersetzung mit der jüngsten Vergangenheit, der Kriegs- und Heimkehrerliteratur sowie der Beschäftigung mit der nationalsozialistischen Barbarei, dem Holocaust. Der gemeinsame moralische Anspruch, daß sich das Geschehene nie mehr auf deutschem Boden wiederholen dürfte, blieb als geistige Klammer stets vorhanden, auch dann noch, als die Literatur in Deutschland längst getrennte Wege ging. Die unterschiedlichen politischen Rahmenbedingungen prägten sie, veränderten sie aber nicht so stark, daß sie nicht mehr grenzüberschreitend und damit verbindend wirken konnte. Sie fand ihre Leser in beiden deutschen Staaten, auch wenn die DDR den kulturellen Austausch behinderte.

In meinem Lande wurden die Schriftsteller und Künstler erst ziemlich spät – im Jahre 1949/50 – aufgefordert, vorbehaltlos den »sozialistischen Realismus« anzuerkennen. Damit wurde von ihnen hundertprozentige philosophische Rechtgläubigkeit gefordert. Zu meiner Verwunderung stelle ich fest, daß ich dazu nicht imstande war. Viele Jahre hindurch hatte ich mit dieser Philosophie einen inneren Dialog geführt, zugleich aber auch einen Dialog mit jenen Freunden, die sie angenommen hatten. Ich spürte in mir einen gefühlsmäßigen Widerstand, der mich zur unwiderruflichen Ablehnung dieser Doktrin bestimmte.

Czeslaw Milosz

Sozialistischer Realismus statt Formalismus und Kitsch

In der Deutschen Staatsoper in Berlin wurde im März 1951 die Oper »Das Verhör des Lukullus« von Bertolt Brecht (Libretto) und Paul Dessau (Musik) uraufgeführt. Das »Neue Deutschland« stellte dazu kommentierend fest, daß die Inszenierung ein Musterbeispiel dafür sei, daß »die besten Mittel unfruchtbar werden, wenn es der Kunst an ideologischer Klarheit« fehle[1].

Mit der Doktrin des sozialistischen Realismus unternahm die SED den Versuch, für die »ideologische Klarheit« in der Kunst zu sorgen. Sie leitete damit eine der düstersten Phasen deutscher Kulturpolitik ein. Besonders in der ersten Hälfte der fünfziger Jahre diente diese Doktrin dazu, Literatur, Kunst und Musik unmittelbar in die ideologische Auseinandersetzung im eigenen Land und gegenüber den westlichen Staaten, die sie des Imperialismus bezichtigte, einzubeziehen.

So wie Formalismus und Kitsch nach dem Gutdünken der Staatspartei einerseits als zwangsläufige Verrohung des Geschmacks und Ausdruck der Dekadenz bürgerlichen Bewußtseins in der kapitalistischen Welt gebrandmarkt wurden, sollte andererseits der sozialistische Realismus die Menschen zu wahren Demokraten erziehen und ihre humanistischen Bestrebungen im Sinne der Lösung aller großen, wahrhaft bedeutenden Lebensfragen fördern. Mit dieser Polarisierung versuchte Ulbricht in der Phase des »Kalten Krieges« der DDR ein antiwestliches kulturelles Profil zu verleihen, zugleich aber auf die Einheit der Nation und den gesamtdeutschen Impetus der Kulturpolitik der DDR zu verweisen. Er folgte damit den Vorgaben der sowjetischen, stalinistischen Kulturpolitik und vollzog auch auf diesem Felde einen Anpassungsprozeß an die anderen, unter dem Druck Moskaus stehenden Volksdemokratien in Mittel- und Osteuropa. Sein Ziel, Literatur und Kunst nach Maß und tagespolitischer Opportunität anfertigen zu lassen, erreichte Ulbricht jedoch nur zum Teil.

Zwischen einer kulturpolitischen Vorgabe und der Genesis eines Romans, einer Erzählung, eines Lyrikbandes, eines Bildes, einer Komposition besteht – wenn überhaupt – ein kaum zu erschließendes Hin und Her. Oft läßt sich die Arbeit eines Schriftstellers oder Künstlers selbst dann nicht unmittelbar auf die dekretierten Lehrsätze zurückführen, wenn dieser politisch im Grundsatz damit übereinstimmt. Die Motive künstlerischen Handelns sind allzu vielschichtig und keineswegs allein rational zu erklären. So lassen sie sich auch niemals ganz auf ein abstraktes Prinzip zurückführen. Das diesem Kapitel vorangestellte Zitat des in Litauen geborenen Schriftstellers Czeslaw Milosz deutet dies an.

Dennoch übte der sozialistische Realismus einen verhängnisvollen Einfluß auf das literarische und künstlerische Leben in der DDR aus. Er prägte es unter dem Ulbricht-Regime nachhaltig und löste bei vielen Betroffenen eine tiefe Orientierungskrise aus, die nicht selten in einen erschütternden Anpassungsprozeß einmündete.

Ein junger polnischer Dichter, der ebenso wie seine Kollegen in der DDR unter dem sozialistischen Realismus leiden mußte, beschrieb seine Empfindungen so:

»Ich kann nicht so schreiben, wie ich möchte. Der Strom meiner eigenen Gedanken hat so viele Nebenflüsse, daß es mir kaum gelingt, den einen davon abzudämmen, ehe nicht ein zweiter, dritter oder vierter über seine Ufer tritt. Kaum bin ich halb mit einem Satz fertig, so unterwerfe ich ihn schon der marxistischen Kritik. Ich stellte mir vor, was X oder Y darüber sagen werden, und schon habe ich den Schluß verändert[2].«

Der sozialistische Realismus prägte in der ersten Hälfte der fünfziger Jahre das Bücherangebot stärker als in der zweiten, aber auch da wirkte er noch lähmend, beschnitt durch subtile Formen der Zensur Werke in ihrer Aussagekraft oder verhinderte ihr Erscheinen ganz. Obwohl sich Schriftsteller vereinzelt vehement von dieser Doktrin distanzierten, versuchte Ulbricht mehrfach, sie in immer neuen Anläufen darauf festzulegen, indem er die Lehrsätze modifizierte bzw. ergänzte, ohne jedoch die grundlegenden Prinzipien in Frage zu stellen.

Erst mit dem Machtwechsel von Ulbricht zu Honecker auf dem VIII. Parteitag der SED 1971 verlor der sozialistische Realismus seine einseitige, klar umrissene ideologische Ausrichtung. Allerdings hatten sich zu diesem Zeitpunkt die DDR-Literatur und Germanistik zum größten Teil schon längst davon befreit, so daß die Politik hier eine Position aufgab, die in der Literatur fast keine Rolle mehr spielte. Mit der Anerkennung einer größeren Spannweite der Themen, Stile, Formen, Ausdrucksmittel und Gestaltungsweisen wurde die Doktrin auch von ihrem ideologischen Anspruch her nach und nach konturloser. Ihre Prinzipien entwickelten sich zu Leerformeln; formal galten sie jedoch weiter und dienten, da sie nicht offiziell widerrufen wurden, so manchem Kulturfunktionär auch noch in den achtziger Jahren als Berufungsinstanz gegenüber Schriftstellern, wenn die Drucklegung einer Publikation verhindert werden sollte. Erst die friedliche Revolution im November 1989 fegte mit dem totalitären Staat auch die verbliebenen ideologischen Reste des sozialistischen Realismus fort.

Die Doktrin

Mit der Doktrin des sozialistischen Realismus unternahm die SED den Versuch der systematischen Beeinflussung der Literatur von ihrer Entstehung bis zu ihrer Veröffentlichung. Als Instrumentarien dienten ihr dafür einerseits diverse Formen der Gratifikation – von kleinen Privilegien bis zu hoch dotierten Preisen –, andererseits subtile Mechanismen der Kontrolle und Pression, die bis zum Entzug der Druckgenehmigung einzelner mißliebiger Textpassagen oder des ganzen Manuskripts reichten. Johannes R. Becher hob auf der II. Parteikonferenz 1952 hervor, daß der sozialistische Realismus nicht eine schöpferische Variante, nicht eine künstlerische Methode unter vielen wäre, sondern die einzig angemessene Form, die zum Aufstieg einer großen deutschen nationalen Kunst führen würde. Apodiktisch formulierte er: »Eine große deutsche Kunst wird entweder eine sozialistische-realistische sein, oder sie wird nicht sein«[3].

In diesem Sinne beanspruchte der sozialistische Realismus für sich allgemeine Gültigkeit als eine in sich schlüssige, wissenschaftlich begründete Literaturtheorie. Zu ihrer Legitimation gab sie sowohl vor, auf den ästhetischen Anschauungen von Karl Marx und Friedrich Engels zu beruhen, als auch in einem – wenngleich komplizierten – Zusammenhang mit der Verwirklichung der Ziele der Arbeiterklasse, d. h. der sozialistischen Gesellschaft, zu stehen. Während es der politischen Intention dieser Doktrin an Eindeutigkeit nicht mangelte, nämlich den sozialistischen Staat mit aufbauen zu helfen und zu festigen, fehlte es für den ideologischen Hintergrund an zusammenhängenden Aussagen der beiden zuvor genannten Klassiker, ganz zu schweigen von einem längeren Schriftsatz zur Literaturtheorie. Dies gilt in gewissem Maße auch für Wladimir I. U. Lenin, der allerdings mit seinem Aufsatz »Parteiorganisation und Parteiliteratur« vom November 1905 in der Zeitung »Nowaja Shinsn« Grundlagen für eine marxistische Literaturwissenschaft schuf. Er entwickelte die sogenannte »Abbild-Theorie«, die Lehre von den »Zwei Kulturen« in jedem kapitalistischen Staat, der reaktionären und der fortschrittlichen, die kritische Auseinandersetzung mit dem kulturellen Erbe und vor allem das Prinzip der Parteilichkeit in der Literatur.

Dennoch stand das Lehrgebäude des sozialistischen Realismus von Anfang an auf tönernen Füßen, so wortgewaltig es sich auch in Szene setzte.

Die Bildung des Begriffs sozialistischer Realismus und seine politische Instrumentalisierung gehen auf Stalin und seinen Kulturpapst Shdanow zurück. Maxim Gorki wandte bereits in seinem 1906/07 erschienenen Roman »Die Mutter«, in dem er von der Niederlage der russischen Revolution 1905 erzählte, aber den späteren Sieg prophezeite, einige der später geltenden und vor allem verpflichtenden Prinzipien schon an. So bahnte er künstlerisch den Weg für das, was dreißig Jahre danach zur wissenschaftlichen Methode erklärt wurde. Obwohl Gorki nicht daran glaubte, daß der sozialistische Realismus einen Beitrag zur Anhebung des Niveaus der Literatur zu leisten vermöchte, proklamierte er ihn auf dem Ersten Sowjetischen Schriftstellerkongreß im Herbst 1934 als literarischen Stil in einem neuen Zeitalter, dessen Ziel »das beständige Wachstum der wertvollsten individuellen Fähigkeiten des Menschen« wäre[4]. Er half auf diese Weise Stalin, nach der 1932 erzwungenen Auflösung der Schriftstellerverbände, diesen eine neue organisatorische und vor allem gemeinsame politisch-ideologische Plattform aufzubauen[5].

Genau darum ging es Ulbricht nach der Phase der bürgerlichen Öffnung in der zweiten Hälfte der vierziger Jahre auch. Von der Bündelung und Steuerung der maßgeblichen geistigen Kräfte in der noch jungen DDR versprach er sich eine tatkräftige Unterstützung beim Aufbau des sozialistischen Staates. Dabei bekümmerte es ihn wenig, daß nach der marxistischen Lehre des historischen Materialismus von Basis und Überbau das gesellschaftliche Sein das Bewußtsein bestimmt und nicht umgekehrt. Wenn das Bewußtsein, und dazu zählte natürlich als zentrale Kategorie des Überbaus die Literatur, gesellschaftliches Sein formen sollte, so verfälschte es die Marxsche Prämisse, weil der sich noch im Aufbau befindlichen sozialistischen Gesellschaft ein Bewußtsein unterstellt wurde, das nach zwölf Jahren nationalsozialistischer Diktatur noch gar nicht entwickelt sein konnte.

Hier wird deutlich, daß es Ulbricht nicht primär darum ging, die marxistische Literaturtheorie in der DDR einzuführen, sondern daß er auf direktem Wege mit Hilfe der Literatur ein staatliches Aufbau-, Erziehungs- und Solidarisierungsprogramm durchsetzen wollte[6]. Daß der SED-Staat dabei mit kaum vorstellbarer Härte und Rücksichtslosigkeit

Karl Marx

Die Produktionsweise des materiellen Lebens bedingt den sozialen, politischen und geistigen Lebensprozeß überhaupt. Es ist nicht das Bewußtsein der Menschen, das ihr Sein, sondern umgekehrt ihr gesellschaftliches Sein, daß ihr Bewußtsein bestimmt.

(Quelle) Karl Marx: Zur Kritik der politischen Ökonomie, Berlin 1947, S. 12f.

gegen die Schriftsteller vorging, um sein Ziel zu erreichen, bekümmerte offensichtlich ebensowenig wie die Umkehrung der marxistischen Axiomatik. Zum alles entscheidenden Maßstab entwickelte sich vielmehr die Frage, welchen Beitrag Literatur zur Abstützung der Ideologie und Legitimation des sich im Aufbau befindlichen neuen marxistisch-stalinistischen Einparteienstaates leistete. Ihre ästhetische Dimension wurde politischen Nützlichkeitserwägungen untergeordnet.

Das »Neue Deutschland« faßte in acht Punkten zusammen, worauf es in Kunst und Literatur von nun an zuerst ankam[7]:

1. auf die Verwirklichung der Forderung Lenins nach Parteilichkeit als eine sozialistische, im Gegensatz zur Parteilosigkeit als einer bürgerlichen Idee;
2. auf die Erkenntnis Stalins, den nationalen Charakter der Kunst und Literatur auf der Grundlage ihrer Traditionen zur höchsten Blüte zu entfalten;
3. auf die lebenswahre, historisch-konkrete Darstellung der Wirklichkeit in ihrer revolutionären Entwicklung;
4. auf die Beachtung der erzieherischen Dimension;
5. auf den Erwerb einer tiefen Lebens- und Sachkenntnis der Kulturschaffenden;
6. auf Lenins Einsicht, durch unmittelbare Beobachtung im Leben »den Verfall des Alten von den Keimen des Neuen zu unterscheiden«;
7. auf die Forderung Gorkis, »daß der Künstler das Ohr, Auge und Herz seiner Klasse und seines Landes, daß er die Stimme der Epoche sein muß, daß im Mittelpunkt des Kunstwerkes die schöpferische Arbeit, der Held der Arbeit, der Baumeister der neuen Zeit zu stehen hat«;
8. auf das Streben nach hoher künstlerischer Meisterschaft.

Für die Poeten wurde die Doktrin des sozialistischen Realismus zur »ideologischen Lackmusprobe« schlechthin. Als Kommunisten oder Weggefährten, die nicht der Partei angehörten, aber in einem sozialistischen Deutschland ihr Ideal sahen, standen sie vor der Frage, ob sie sich diesem politischen Diktat unterordnen sollten, in der vagen Hoffnung, auf diese Weise zum Aufbau eines »besseren, neuen Deutschlands« beizutragen, ihren hohen sozialen Status und ihre materielle Privilegierung zu wahren, oder die DDR zu verlassen und noch einmal ganz von vorne anzufangen.

Die meisten harrten zunächst aus, auch wenn sie sich vielleicht an das Bibelwort erinnerten: »An ihrer Hand klebt Freveltat, gefüllt ist ihre Rechte mit Geschenken.«

Nachfolgend sollen die drei Grundprinzipien des sozialistischen Realismus,
- die wahrheitsgetreue Darstellung der Realität,
- das Prinzip der sozialistischen Parteilichkeit,
- die Forderung nach Volksverbundenheit und Volkstümlichkeit

dargestellt werden. Dabei wird, wegen ihres offiziellen Charakters, auf die Ausarbeitung von Günter Mehnert zurückgegriffen[8]. Der Autor setzte sich in seinen Lektionen der Parteihochschule Karl Marx beim Zentralkomitee der SED mit den zuvor genannten drei Verpflichtungen auseinander. Sie spiegeln den Stellenwert dieser Doktrin und das krampfhafte Festhalten an einzelnen Positionen unter dem Ulbricht-Regime wider, zu einem Zeitpunkt, als sie durch die literarische Entwicklung schon zum Teil überholt waren[9].

Die wahrheitsgetreue Darstellung der Realität

Dieses Postulat ist in der Geschichte und Entwicklung des sozialistischen Realismus auch unter den Marxisten stets umstritten gewesen, da sich dahinter die Theorie der Widerspiegelung, der komplizierte Vorgang der Abbildung der real existierenden gesellschaftlichen Verhältnisse, verbirgt. Dieser Vorgang geht auf die marxistisch-leninistische Erkenntnistheorie des dialektischen Materialismus zurück, nach der »die Kunst nicht mehr als eine niedere, bildhafte Form der Wahrheitsvermittlung« aufgefaßt wird, »sondern als relativ selbständige Form des gesellschaftlichen Bewußtseins, das die Wirklichkeit unter dem wertenden Aspekt der Betätigung und Bestätigung des Individuums als Gemeinschaftswesen widerspiegelt«[10].

Dieser wertende Bezug der Kunst zur Wirklichkeit oder des Schriftstellers zu den von ihm zu gestaltenden Personen und Themen barg und birgt zumindest zwei Gefahren in sich:
- die Realität statisch, so wie sie erlebt wird von ihrer schönen oder häßlichen Seite, widerzuspiegeln oder aber
- sie im Abbildungsprozeß mit so viel subjektiven Vorstellungen zu verknüpfen, daß sie nicht mehr in das ideologische, offiziell vorgegebene Weltbild paßt, sich also verselbständigt.

Vor dem Hintergrund dieser Schwierigkeiten bei der wahrheitsgetreuen Darstellung der Wirklichkeit führte Mehnert aus, daß der Realismus keine konstante Größe, sondern eine sich historisch entwickelnde Erscheinung wäre, die im Sozialismus ihre höchste Form der Vollendung fände; denn allein hier würde das Verhältnis Individuum–Gesellschaft als Ausdruck von Klassenbeziehungen aufgedeckt[11]. Einschränkend heißt es dann allerdings, der Realismus ließe sich nicht auf den Wahrheitsgehalt reduzieren, aber ohne Wahrheitsgehalt wäre es sinnlos, von Realismus zu sprechen[12].

Um diese definitorischen Schwierigkeiten zu umgehen, wurde zum Gradmesser für die wahrheitsgetreue Abbildung, »in welchem Umfang, in welcher Tiefe und mit welcher Konsequenz Klassenbeziehungen als Triebkräfte menschlichen Verhaltens aufgedeckt werden«[13]. Damit avancierte der Klassenstandpunkt zum entscheidenden Kriterium. Mehnert stellte dazu fest: »Es ist nicht möglich, die Entwicklung des sozialistischen Realismus vom praktisch-politischen Kampf der Arbeiterklasse zu trennen«[14].

Konkret gefordert wurde deshalb, in Anlehnung an die bekannten Ausführungen Friedrich Engels in seinem Brief an Margaret Harkness:
- die getreue Wiedergabe des Details,
- die getreue Wiedergabe typischer Charaktere,
- die getreue Wiedergabe typischer Umstände.

Dazu zählte auch eine optimistische Gestaltungsweise der Realität, die Liebe zum Leben, »das Streben, selbst in einer menschenfeindlichen Gesellschaft die Schönheit und Stärke des Menschen aufzudecken«[15].

In diesem Zusammenhang verwies er als Vorbild auf Maxim Gorki, der die Literatur seiner Zeit wegen ihres Pessimismus tadelte. Die Absicht Mehnerts war es, mit der Abbildungstheorie den glücklichen, nach vorne gewandten Menschen – den »positiven Helden« – als Leitfigur für eine sozialistische, realistische Literatur im real existierenden Sozialismus zu rechtfertigen, auch wenn diese im Alltag eher die Ausnahme als die Regel darstellte. Er räumte jedoch ein, »daß unter dieser Firmierung auch schöngefärbte Schemen verkauft wurden und Käufer fanden«[16].

In den fünfziger Jahren spielte die Diskussion um den »positiven Helden« eine zentrale Rolle in der Realismusdebatte. Zu verweisen ist hier u. a. auf die Auseinandersetzung der beiden Literaturwissenschaftler Paul Rilla und Alexander Abusch, in deren Mittelpunkt Anna Seghers Roman »Die Toten bleiben jung« (1949) stand. Rilla kritisierte, daß die Schilderung der dem Sozialismus verpflichteten Personen blaß und blutleer bliebe, während umgekehrt die bürgerlichen, als reaktionär abgestempelten Figuren kantig und profiliert ausfielen. Er leitete daraus die Vermutung ab, daß mit der sozialen Determinierung der Charaktere deren Überzeugungskraft schwände. An die Stelle der positiven Wirkung und kraftvollen Ausstrahlung träte die formale gesellschaftliche Konditionierung, d. h. letztlich, die vielgestaltige bürgerliche Persönlichkeit mit ihren Stärken und Schwächen erfuhr in dem normierten und damit austauschbaren, klassenbewußten, sozialistischen Menschen ihren Widerpart.

Abusch hielt dem entgegen, daß eine solche »Theorie der Uninteressantheit, der Langeweile bei der Gestaltung von ›gesellschaftlich geprägten‹ Personen« aus dem sozialistischen Lager nicht als eine Charakterisierung des sozialistischen Realismus zu akzeptieren sei. Er fragte: »Warum soll die ›getreue Wiedergabe typischer Charaktere unter typischen Umständen‹... nur auf der bürgerlichen, nicht auch auf der proletarischen Seite hochinteressant sein?«[17]

In dieser frühen literaturwissenschaftlichen Kontroverse klangen bereits die späteren Schwierigkeiten der Schriftsteller an, die »neuen Menschen« im Rahmen der wahrheitsgetreuen Darstellung der Realität lebensvoll, glaubwürdig und interessant abzubilden.

Mehnert relativierte denn auch diese Forderung des sozialistischen Realismus, ohne sie jedoch aufzugeben.

Die sozialistische Parteilichkeit

Die sozialistische Parteilichkeit wurde zur Berufungsinstanz des sozialistischen Realismus schlechthin. Die Kulturpolitiker in der DDR stützten sich dabei auf die Forderung Lenins, nach der die Literatur zur Parteiliteratur werden müsse. Sie setzten sich darüber hinweg, daß Lenin insgesamt nur vage und z. T. widersprüchliche Vorstellungen zu Selbstverständnis und Auftrag des Schriftstellers in einer sozialistischen Gesellschaft entwickelte[18] und neben dem Prinzip der Parteilichkeit im gleichen Aufsatz betonte: »Jeder hat die Freiheit zu schreiben und zu reden, was ihm behagt, ohne die geringste Einschränkung«[19].

Mehnert konzentriert sich in seiner Lenin-Interpretation nur auf die eine Seite der Medaille, und die hieß sozialistische Parteilichkeit. Diese zeigte sich nach seinem Verständnis als

- »Verhaltensprinzip des sozialistischen Künstlers zur revolutionären Kampfpartei der Arbeiterklasse« und
- »eine das sozialistische Kunstwerk auszeichnende ästhetische Kategorie«[20].

Relativierend räumte Mehnert jedoch ein, daß sich die Parteilichkeit »nicht auf die Tätigkeit des Künstlers in der Partei« beschränkt, sondern »die gesamte Stellung des Künstlers zur Partei« erfasse, »seine Einstellung und sein praktisches Verhalten zur Strategie und Taktik der Partei, zur Praxis ihres politischen Kampfes«[21]. Anerkannte der Künstler die führende Rolle der SED und die aktive Rolle der Arbeiterklasse an der Entwicklung der sozialistischen Gesellschaft, dann war es nicht unbedingt erforderlich, Mitglied einer Partei zu sein. Dies setzte jedoch voraus, daß der Schriftsteller sich die ästhetische Position der Arbeiterklasse selbst erarbeitete und zu eigen machte, so wie es das Programm der SED ausführte[22]. »Eine solche Anforderung verlangt vom Künstler nicht schlechthin eine richtig interpretierte und kommentierte, sondern eine in hohem Maße aktivierende Zielsetzung gegenüber der sozialistischen Wirklichkeit«[23]. Deshalb fiele ihm im Sozialismus eine besonders verantwortungsvolle Aufgabe zu.

Die Parteilichkeit äußerte sich in Literatur und Kunst konkret vor allem

- in der Auswahl der Themen und aufgezeigten Konflikte;
- in den dargestellten Charakteren und ihrer Bewertung;
- im sozialistischen Menschenbild und seiner ethischen Vorbildwirkung;
- in der sozialistischen Perspektivgestaltung, d. h. der künstlerischen Aufdeckung gesellschaftlicher Konflikte und ihrer Lösung;
- in den angewandten Gestaltungsmethoden.

Entscheidend für die Beurteilung der sozialistischen Parteilichkeit war nicht ein Teilaspekt, sondern das Kunstwerk als Ganzes. »Die Parteilichkeit eines Künstlers läßt sich also nicht auf seine Themen-, Stoff- und Subjektwahl reduzieren«[24].

Die Volksverbundenheit von Literatur und Kunst

Die Volksverbundenheit von Literatur und Kunst war stets ein besonderes Merkmal des Realismus. Jedoch erreichte sie, folgt man den marxistischen Literaturwissenschaftlern, erst unter den sozio-ökonomischen Rahmenbedingungen des Sozialismus eine neue Qualität. Diese sahen sie darin, daß hier Volksverbundenheit und Parteilichkeit in der Grundeinstellung des sozialistischen Künstlers zusammenfielen. Drückte sich früher die Volksverbundenheit eines Kunstwerkes in der »Opposition gegen die herrschende Klasse, gegen ihren Staat, ihre Moral und Ideologie« aus, so zeige sie sich im sozialistischen Realismus in ihrer Verbundenheit und Übereinstimmung mit der herrschenden Klasse und dem Arbeiter- und Bauernstaat unter Führung der SED[25]. Denn die Überwindung des Widerspruchs zwischen Geist und Macht bilde die wichtigste Voraussetzung für die Realisierung einer volksverbundenen Literatur und Kunst[26]. Wichtige Kennzeichen waren darüber hinaus die Verständlichkeit, Eingängigkeit, Nachvollziehbarkeit und Angemessenheit eines Kunstwerkes. Es sollte keinen esoterischen Charakter haben, sondern für jedermann zugänglich und ansprechend sein, damit es seinem ideologischen Auftrag gerecht zu werden vermöchte.

Dieser kurze Abriß läßt erahnen, daß ein Schriftsteller, der den Forderungen des sozialistischen Realismus in seinen Arbeiten Rechnung tragen wollte, auf eine persönliche Handschrift, seine ursprüngliche künstlerische Originalität weitestgehend verzichten mußte. Er sah sich statt dessen gehalten, eine synthetische, d. h. künstliche Literatur zu schreiben, die wiedergab, was sein sollte, aber nicht, was war. Ihr Kennzeichen wurde über die erzwungene Parteinahme mit der SED eine falsch verstandene Solidarität, nicht eine kritische, um Authentizität ringende Subjektivität.

Die Umsetzung

Die Umsetzung der Doktrin des sozialistischen Realismus in die praktische Politik verlief nicht reibungslos. Gegenüber der parteipolitischen Offensive, flankiert von einzelnen drakonischen Maßnahmen der SED-Regierung, erhob sich Widerspruch bei Literaten und Künstlern, Kulturkritikern und Literaturwissenschaftlern. Dennoch bestimmte die Doktrin nachhaltig das literarische und künstlerische Leben, weil es nicht zu einer gemeinsamen Resolution der Betroffenen kam. Sie brachten nicht den Mut auf, die Grundsatzfrage zu stellen, woher sich Partei und Regierung das Recht nähmen, darüber zu entscheiden, was Kunst und Literatur sei bzw. was nicht und deshalb verboten werden müsse. Bertolt Brechts berühmt gewordene Zeilen aus seinem offenen Brief an die deutschen Künstler und Schriftsteller, der in Ost und West verschickt und veröffentlicht wurde, bedürfen in diesem Zusammenhang der Erwähnung, da er darin für die Freiheit der Kunst und Literatur eintrat. Anlaß dazu war aber für ihn weniger die Unterdrückung der Literatur durch die Kulturbürokratie der SED, sondern mehr die wachsende Kriegsgefahr in Europa. Ein Aufruf zum Widerstand war dieser offene Brief nicht. Denn Brecht verzichtete darauf, die Praktiken der Zensur beim Namen zu nennen und den sozialistischen Realismus zu verurteilen. So blieb seinem Appell eine nennenswerte Wirkung versagt, obwohl seine Forderungen einer breiten Zustimmung sicher sein durften. Das literarische Leben veränderten sie in der DDR nicht.

Die Literaten schrieben, wie ihnen befohlen, oder verstummten. Die Bürokraten urteilten und verurteilten, wie es ihnen gefiel. Die Phalanx ihrer Ablehnungen und die Art und Weise, wie diese begründet wurden, standen denen der braunen Kunstrichter kaum nach. Sie reichte von Käthe Kollwitz bis zu Horst Strempel, dessen großflächiges Wandbild in der Schalterhalle des Bahnhofs Friedrichstraße u. a. übertüncht wurde. Kulturkritiker wie N. Orlow begründeten derart drakonische Maßnahmen

Brechts offener Brief vom 26. September 1951

Als Schriftsteller wende ich mich an die deutschen Schriftsteller und Künstler, ihre Volksvertretungen zu ersuchen, in einem frühen Stadium der erhofften Verhandlungen folgende Vorschläge zu besprechen:

1. Völlige Freiheit des Buches, mit einer Einschränkung.
2. Völlige Freiheit des Theaters, mit einer Einschränkung.
3. Völlige Freiheit der bildenden Kunst, mit einer Einschränkung.
4. Völlige Freiheit der Musik, mit einer Einschränkung.
5. Völlige Freiheit des Films, mit einer Einschränkung.

Die Einschränkung: Keine Freiheit für Schriften und Kunstwerke, welche den Krieg verherrlichen oder als unvermeidbar hinstellen, und für solche, welche den Völkerhaß fördern.

Das große Carthago führte drei Kriege. Es war noch mächtig nach dem ersten, noch bewohnbar nach dem zweiten. Es war nicht mehr auffindbar nach dem dritten.

(Quelle) Bertolt Brecht: Über Politik und Kunst, Frankfurt a. M. 1988, S. 121f.

damit, daß sich Fürsprecher des Häßlichen in der Malerei zuweilen an Käthe Kollwitz orientierten, weil sie in ihr eine Vorläuferin der proletarischen Kunst in Deutschland sähen[27].

Auf Ablehnung stießen aber auch international so ausgewiesene Persönlichkeiten wie Pablo Picasso, dessen Arbeiten als formalistische Verrenkungen und Vergeudung seiner außerordentlichen Begabung tituliert wurden. Ähnlich erging es einem großen Teil der internationalen Literatur, unabhängig von dem jeweiligen politischen Standort des Autors. Sie betraf George Orwell ebenso wie Jean-Paul Sartre. Lediglich bei sowjetischen Autoren scheute man sich, sie auf den Index zu setzen.

Unter den deutschsprachigen Literaten wurden insbesondere die »Klassiker der Moderne« des Formalismus bezichtigt, beispielsweise Franz Kafka und Robert Musil. Der Expressionismus wurde in der Kunst ebenso wie in der Dichtung verworfen, obwohl mit Johannes R. Becher ein maßgeblicher Repräsentant dieser Zeit zu den Kulturpäpsten der DDR zählte. Die umfangreiche und repräsentative Sammlung der Lyrik des Expressionismus, die Kurt Pinthus 1920 unter dem Titel »Menschheitsdämmerung« mit Arbeiten von Georg Heym, Gottfried Benn, August Stramm, Georg Trakl, Franz Werfel, Else Lasker-Schüler und Johannes R. Becher u. a. herausgab, durfte in der DDR erst 1986 wieder verlegt werden.

Gnade vor den sozialistischen Kunstrichtern fand weder der Bauhausstil, der von Wilhelm Girnus als ein »waschechtes Kind des amerikani-

Wilhelm Girnus

Den Nazis, die im Deutschen den Herrendünkel, den Rassenwahn züchten wollten, mißfiel Barlach, weil er die »blonde Bestie« verherrlichte.

Aber die neuerliche Betrachtung seines Werks zeigt doch so deutlich wie noch nie, daß Barlach ein auf verlorenem Posten Stehender, in seinem Grundzug rückwärts gewandter Künstler war. Barlach hatte keine Vorstellung, wie das menschliche Leid überwunden werden kann, und daher ist er nicht in die Tiefe der Seele des unterdrückten Menschen gedrungen.

(Quelle) Neues Deutschland vom 4. Januar 1952.

schen Kosmopolitismus«[28] bezeichnet wurde, noch die Konzertmusik Igor Strawinskys oder der amerikanische Jazz.

Unter den international renommierten Künstlern, die auf Ablehnung stießen, befand sich auch Ernst Barlach, dessen Arbeiten schon von den Nazis verboten worden waren. Kein Geringerer als Bertolt Brecht verteidigte die im Dezember 1951 eröffnete Barlachausstellung der Deutschen Akademie der Künste; aber ein Vorbild für den künstlerischen Nachwuchs wollte er in diesem bedeutenden Maler und Bildhauer denn doch nicht sehen. »Ich halte Barlach für einen der größten Bildhauer, die wir Deutschen gehabt haben«, schrieb Brecht. Der »Wurf, die Bedeutung der Aussage, das handwerkliche Ingenium, Schönheit ohne Beschönigung, Größe ohne Gerecktheit, Harmonie ohne Glätte, Lebenskraft ohne Brutalität machen Barlachs Plastiken zu Meisterwerken... Ich notiere hier nichts über die Werke, die mir weniger gefallen..., da bei ihnen die Formung, wie mir scheint, eine Deformierung der Wirklichkeit bedeutet. Auch ich bin der Meinung, daß unser künstlerischer Nachwuchs nicht aufgefordert werden sollte, von solchen Werken zu lernen«[29]. Diese halbherzige, wenn auch ironische, Haltung Brechts machte es den politisch Verantwortlichen nicht schwer, ihr Kunstkonzept zu oktroyieren. Ihre Apologeten Stefan Heymann, Wilhelm Girnus, N. Orlow und Alexander Abusch, die sich als vehemente Vorkämpfer für eine sozialistisch »saubere Kunst und Literatur« insbesondere im »Neuen Deutschland« präsentierten, wählten demgegenüber eine eindeutige Sprache. »Jeder normale Mensch wird derartige Werke ohne Schwanken als gesellschaftsfeindlich und antiästhetisch bezeichnen«, stellte Orlow für die moderne Kunst fest und fügte für die Gegenwartsliteratur hinzu:

»Man muß zugeben, daß die fortschrittliche deutsche Literatur noch keine großen Werke hervorgebracht hat, die dem Aufbau der neuen Gesellschaft in der Deutschen Demokratischen Republik gewidmet sind, daß sie noch keine Helden, keine hervorragenden Gestalten fortschrittlicher Kämpfer für die Demokratisierung Deutschlands und die Befreiung der deutschen Werktätigen geschaffen hat – Gestalten, nach deren Vorbild die junge Generation Deutschlands wachsen und erzogen werden kann«[30].

Das in solchen Äußerungen anklingende pathologische Selbstverständnis einiger Kulturpäpste vergiftete das geistige Klima und belastete es. Es handelte sich dabei keineswegs um Einzelfälle. Im Gegenteil: »Die Literatur wird oft zur klinischen Studie, die das gesellschaftliche und auch persönliche Krankheitsbild des Autors offenbart, der selbst ein klinischer Fall zu werden beginnt«[31], dozierte Alexander Abusch ohne Namen zu nennen anläßlich des II. Schriftstellerkongresses, der im Juli 1950 unter dem Motto »Das neue Leben verlangt nach Gestaltung« stattfand. Becher erblickte in dem rigiden Kurs der Regierung gegen nahezu alles Veröffentlichte und Geplante, was nicht der Doktrin des sozialistischen Realismus standhielt, eine Hebung des künstlerischen und ideologischen Niveaus. Er lobte die in dieser kulturpolitischen Maßnahme zum Ausdruck kommende allgemeine Wertschätzung, Achtung und Verehrung der Schriftsteller; sie sei in der deutschen Geschichte einzigartig[32]. Diese bösartigen, ja infamen Stellungnahmen blieben, soweit heute bekannt ist, öffentlich unwidersprochen. Daraus lassen sich zumindest drei Überlegungen ableiten:

- die SED-Medien und -Kulturfunktionäre ließen Widerspruch und Gegendarstellung nicht zu.
- Die Schriftsteller hatten bereits zu diesem frühen Zeitpunkt resigniert; ihr Rückgrat und ihr Selbstverständnis waren gebrochen. Die Freiheit des Wortes schien ihnen kein verteidigungswürdiger Grundwert mehr.
- Die Schriftsteller stimmten cum grano salis mit der vorgegebenen politisch-ideologischen Richtung überein und nahmen diese Bezichtigungen, Verdrehungen und Einschränkungen in Kauf, um den Weg zu einem besseren, sozialistischen Deutschland nicht ihrerseits zu erschweren.

Für diese These einer gegen die eigenen Interessen gerichteten, grundsatzlosen, opferbereiten Solidarität spricht sehr viel. Darauf verweist auch Anna Seghers' Appell auf dem II. Schriftstellerkongreß, mit dem sie ihre Kolleginnen und Kollegen aufforderte, sich ihrer neuen Dimension der Verantwortung bewußt zu werden. Sie führte aus, daß zum Gewissen ihres Berufsstandes »die Partei gehört, unser Volk, die Zukunft, der Sozialismus. Das ist ganz selbstverständlich..., denn aus diesem Grunde sind wir ja hier in diesem Zimmer beisammen«[33].

Anna Seghers leitete aus der sich in der DDR vollziehenden gesellschaftlichen Veränderung eine neue Dimension der Verantwortung für die Schriftsteller ab. Aber indem sie das Gewissen der Literaten einer persönlichen Prüfung entzog und es statt dessen einer anonymen, kollek-

Das Amt für Literatur- und Verlagswesen

Auf Grund des § 4 der Verordnung vom 16. August 1951 über die Entwicklung fortschrittlicher Literatur (GBl. S. 785) wird in Durchführung des § 2 Buchst. d. im Einvernehmen mit dem Ministerium des Innern der Deutschen Demokratischen Republik über die Berechtigung zur verlegerischen Tätigkeit folgendes bestimmt:

§ 1 (1) Buch-, Kunst-, Musik- und Zeitschriftenverlage dürfen ihre Tätigkeit nur ausüben, wenn sie vom Amt für Literatur und Verlagswesen Lizenz erhalten haben.

(2) Die Lizenz berechtigt zur verlegerischen Tätigkeit im Rahmen des vom Amt für Literatur und Verlagswesen bestätigten Verlagsplanes.

(3) Die bisher von anderen Stellen erteilten Lizenzen verlieren ihre Gültigkeit mit dem 31. Dezember 1951.

§ 2 Die von den Verlagen alljährlich aufzustellenden Verlagspläne sind dem Amt für Literatur und Verlagswesen jeweils bis Ende September des vorangehenden Jahres zur Bestätigung vorzulegen. Werden nach Bestätigung des Planes vom Verlag weitere Werke angenommen, so ist dem Amt für Literatur und Verlagswesen ein Plannachtrag zur Bestätigung vorzulegen. Das Amt für Literatur und Verlagswesen kann den Verlagen die Herausgabe bestimmter Werke empfehlen.

§ 3 Die zur Veröffentlichung bestimmten Werke sind dem Amt für Literatur und Verlagswesen zur Begutachtung und Befürwortung vorzulegen.

§ 4 Die Bestätigung des Verlagsplanes und die Begutachtung des Amtes für Literatur und Verlagswesen befreien den Verlag nicht von der vollen Verantwortung, die mit der Herausgabe eines Verlagswerkes (Druckerzeugnisse) – gleich welcher Art – verbunden ist.

§ 5 Die Abgabe der Pflichtexemplare wird durch eine besondere Durchführungsbestimmung geregelt.

§ 6 Bei Zuwiderhandlungen gegen diese Bestimmungen kann, unbeschadet strafrechtlicher Verfolgung, das Amt für Literatur und Verlagswesen die Lizenz entziehen und die Einziehung eines Teiles der Auflage oder der ganzen Auflage anordnen.

§ 7 Diese Durchführungsbestimmung tritt mit ihrer Verkündung in Kraft.

(Quelle) Elimar Schubbe (Hrsg.): Dokumente zur Kunst-, Literatur- und Kulturpolitik der SED (1946–1970), Stuttgart 1972, S. 223 f.

tiven Instanz, nämlich der Staatspartei, zuwies, rechtfertigte sie letztendlich die Entmündigung ihres Berufsstandes. Verantwortlich handelte danach nur noch derjenige, der die kulturpolitischen Vorgaben der SED literarisch umsetzte. Nicht die eigene Erfahrung und Erinnerung, nicht das Allgemeinwohl, nicht Recht und Unrecht, nicht die Wahrheit sollten der Maßstab sein, sondern als allein ausschlaggebendes Kriterium für die Darstellung von Vergangenheit und Gegenwart in der Literatur galten danach Ziel und Wille der Partei.

Wenn Anna Seghers zwei Jahre später, 1952, in der Hochphase des sozialistischen Realismus, auf dem III. Schriftstellerkongreß als Nachfolgerin von Bodo Uhse zur Vorsitzenden gewählt wurde, so geschah dies nicht nur wegen ihres klangvollen Namens, ihrer internationalen Anerkennung, die sie als Erzählerin gefunden hatte, sondern auch aufgrund ihrer politischen Zuverlässigkeit. Letzteres trug entscheidend dazu bei, daß sie dieses Amt mehr als zwei Jahrzehnte ausüben durfte.

Hatten Bertolt Brecht, Willi Bredel, Stefan Heym, Anna Seghers neben vielen anderen in den dreißiger Jahren und im Exil noch auf eindrucksvolle Weise gefordert, die Barbarei im eigenen Land beim Namen zu nennen, so fiel ihr Protest zunächst, obwohl sie persönlich betroffen waren, eher schwach, halbherzig oder zum Teil gar nicht öffentlich wahrnehmbar aus. Die zuvor mit Recht geschmähte und vor das Tribunal der Weltöffentlichkeit zitierte Verstümmelung und Einfärbung des Geisteslebens im nationalsozialistischen Deutschland wurde nun in der Aufbauphase des Sozialismus, wenn auch nicht freudig begrüßt, so doch wortkarg entschuldigt und schließlich hingenommen, ohne die notwendigen radikalen persönlichen Konsequenzen zu ziehen.

Spätestens mit dem Inkrafttreten der Verordnung über die Entwicklung fortschrittlicher Literatur vom 16. August 1951 mußte allen Literaten und Künstlern klar geworden sein, daß von nun an der SED-Staat allein darüber befand, welche Bücher und Zeitschriften gedruckt und verteilt werden durften. Brechts Sozialismustraum der zwanziger Jahre, daß der Künstler, will er erfolgreich arbeiten, am besten macht, was ihm Spaß bereitet, war schon nach wenigen Monaten im Staat seiner Wahl zerstoben[34]. Jetzt entschied nicht mehr der Schriftsteller, sondern das Amt für Literatur und Verlagswesen in letzter Instanz darüber, was in gedruckter Form das Licht der Öffentlichkeit erblicken durfte. Dies kam einer Entmündigung der Autoren, aber auch der Verleger gleich. Einige wenige, zum Teil anonym gebliebene Kulturfunktionäre richteten über Aufstieg oder Fall eines Buches. Sie griffen damit in das Leben einzelner Schriftsteller ein, wandten es zum Guten oder Bösen. Die Interessen der Leser spielten dabei immer weniger eine Rolle.

Auf politischen Druck hin wurden in großer Zahl Theaterstücke und Filme aus den Spielplänen gestrichen, erfolgreiche Inszenierungen kurzerhand abgesetzt. Romane und Erzählungen mußten umgeschrieben werden oder durften gar nicht erscheinen.

Die Mechanismen der Zensur – ein Beispiel aus dem Gutachten von Fritz Zschesch über Arnold Zweigs Buch »Die Bilanz der deutschen Judenheit 1933« vom 24. April 1954:

Der Gutachter plädiert für eine gründliche Überarbeitung auf der Basis marxistischer Geschichtsauffassung und für Fortschreibung des Buches bis ins Jahr 1954. Andernfalls wäre der Autor zu fragen, ob er von sich aus das Buch »als veraltet« kennzeichnen will. Als Ausflucht sähe er es an, »die nicht mehr möglichen Seiten zu streichen; das möchten etwa 60 Seiten, also ein Fünftel des Buches, sein«. Anstößig seien vor allem »Das Bekenntnis des Verfassers zum Zionismus«. »Das Vorwalten einer Art Kultursoziologie mit psychoanalytischer Methode Freuds«, »Das Verkennen der universalen Bedeutung des sowjetischen Beispiels« und »Die Überschätzung der ökonomischen Kräfte«. Außerdem vermerkt Zschesch, daß auf vier Seiten »Trotzki noch eine Erwähnung findet, die er nicht verdient. Diese Stellen müssen gestrichen werden«. Die erste in Deutschland gedruckte (unveränderte) Ausgabe ist unter Fortlassung der Jahreszahl 1933 im Titel 1961 in Köln erschienen.

(Quelle) Ernst Wichner/Herbert Wiesner (Hrsg.): Zensur in der DDR. Geschichte, Praxis und ›Ästhetik‹ der Behinderung von DDR-Literatur, Berlin 1991, S. 41f.

Wer sich nicht anpaßte, sah sich Verleumdungen und massiven Pressionen ausgesetzt. Der Sozialismus duldete keinen Widerspruch. So verwunderte es kaum, daß einige verstummten, andere nicht zögerten, dem eingeforderten Kurs der Staatspartei in ihren Arbeiten ideologisch Rechnung zu tragen. Es entstanden eine Vielzahl die Partei und ihre kleinen und großen Helden glorifizierende Gedichte, Bühnenstücke, Erzählungen und Romane. Ihr gemeinsames Kennzeichen sind die »positiven Helden«, die »Schrittmacher des Fortschritts« als leuchtende Vorbilder des tatkräftigen Menschen, der trotz aller Schwierigkeiten keine Mühen scheut, dem Sozialismus zum Siege zu verhelfen[35]. Es ist Aufgabe dieser Literatur, schreibt Helga Herting in den Weimarer Beiträgen noch 1969, »in diesem Entwicklungsprozeß die Menschen dazu zu ermutigen, ihrer Kraft zu vertrauen, Verantwortung und Wagnis im Interesse des Ganzen auf sich zu nehmen, die große Chance wahrzunehmen. Dazu vermögen zweifellos jene Werke, in denen Helden dargestellt werden, die das entwickelte gesellschaftliche System aufbauen, als die Revolutionäre unserer Zeit am besten dazu beitragen, die Leser ihren Platz in der Gesellschaft erkennen und finden zu lassen«[36].

In diesem Sinne sind die nachfolgend genannten Werke repräsentativ für die Umsetzung des sozialistischen Realismus, weil sie die idealistische

Bernhard Seeger

Die Weberin

Ich habe meinen Webstuhl
mit Blumen geschmückt.
Im Wettbewerb hab ich gesiegt.
Das Muster ist nicht mehr –
wie früher – verzwickt.
Ich habe meinen Webstuhl mit
Blumen geschmückt.
Er klappert so froh und vergnügt.
  Das Schiffchen schwebt.
  Noch sind es blaue Fädchen.
  Doch nicht mehr lang,
  wird's eine Fahne sein.
  Sie soll in Hamburg
  oder Essen wehen.
  Vielleicht nimmt sie
  mein Freund auch mit zum Rhein.

Ich habe meinen Webstuhl
mit Sprüchen versehen.
Nicht einer davon hat 'nen Reim.
Doch sie klingen so wahr,
sie klingen so schön!
Ja, ich hab ihn
mit Stalins Worten versehn –
und fühle mich wohl wie daheim.
  Das Schiffchen schwebt.
  Noch sind es dünne Fädchen.
  Doch nicht mehr lang,
  sind's Tücher, fest und glatt.
  Ich webe schneller,
  daß mein Freund vom Rheine
  im Sommer auch
  ein blaues Hemd anhat.

(Quelle) Bernhard Seeger: Die Weberin, in: Dichtung der jungen Generation, Berlin (Ost) 1951, S. 69.

Franz Fühmann

Praktische Ungezieferbekämpfung

Acker, lange brach gelegen,
Heimatland,
du wirst gedeihn!
Wolln dich schützen, wolln dich hegen
von der Oder bis zum Rhein.

Ungeziefer nagt noch heftig:
Koloradokäfer,
Läuse –
Liebes Deutschland, du bist kräftig,
streck die Finger,
ball die Fäuste,
pack
das Pack
doch am Schlafittchen!
Darfst nun nicht mehr länger warten!
Wirf
den Ami
samt dem brit'schen Hilfsschmarotzer
aus dem Garten.

Weg
die Zecke,
die uns peinigt
Fort,
was unser Land verschandelt!
Vaterland, du wirst gereinigt.
Du sollst blühen.
Also handelt!

(Quelle) Franz Fühmann: Praktische Ungezieferbekämpfung, in: Dichtung der jungen Generation, Berlin (Ost) 1951, S. 52.

Repräsentative Werke des sozialistischen Realismus, eine Auswahl:

- Otto Gotsche: Tiefe Furchen, 1949
- Friedrich Wolf: Bürgermeister Anna, 1950
- Willi Bredel: Fünfzig Tage, 1950
- Eduard Claudius: Menschen an unserer Seite, 1951
- Peter Nell: Bauplatz DDR, 1951
- Dichtung der jungen Generation, 1951
- Maria Langner: Stahl, 1952
- Hedda Zinner: Der Teufelskreis, 1953
- Erwin Strittmatter: Katzgraben, 1953
- Hans Marchwitza: Roheisen, 1955
- Harald Hauser: Am Ende der Nacht, 1955

Behandlung von Gegenwartsthemen versuchten, deren Kristallisationspunkt der »neue Mensch« in seinem »unverdrossenen Kampf« für ein besseres Deutschland war.

Die DDR-Literaturgeschichte ordnete diese Werke der Periode zu, in der die Grundlagen für den Aufbau des Sozialismus gelegt wurden. Nach ihrer Interpretation versuchten sie »die Geburt eines neuen Deutschland künstlerisch zu bewältigen«, und offenbarten »wesentliche Züge des großen gesellschaftlichen Vorgangs, wie bei uns der Stahl gehärtet wurde«. Es sei ihnen »weitgehend gelungen, in individuellen Schicksalen und Konflikten nachzuweisen, daß nur der Sozialismus die Lösung der Lebenskonflikte von Menschen aus den verschiedenen Klassen und Schichten des Volkes bringen kann und daß nur der Sozialismus die nationalen Lebensfragen endgültig zu lösen vermag«[37]. Diesem wohlwollenden Urteil über die sogenannte Aufbauliteratur werden sich heute nur noch wenige anschließen. Den meisten gilt sie, auch wenn sie in dieser Phase selbst publiziert haben, als Beispiel politischer und literarischer Verirrung. Tatsächlich hat auch keines dieser Werke, die damals in hohen Auflagen erschienen, breites Interesse bei Lesern und Würdigung bei Kulturkritikern über Jahre hinweg gefunden. Die Zeit ging in den meisten Fällen noch schneller über sie hinweg, als sie geschrieben wurden.

Und man kommt zu dem Ergebnis
Nur ein Traum war das Erlebnis
Weil so schließt man messerscharf,
Nicht sein kann, was nicht sein darf.
Christian Morgenstern

Der 17. Juni und die Schriftsteller

Mit den diesem Kapitel vorangestellten Zeilen Christian Morgensterns kommentierte Alfred Kantorowicz die Darstellung der Ereignisse um den 17. Juni 1953, als wenige Tage später in den Medien der DDR ein Versuch ihrer Deutung unternommen wurde[1].

Alfred Kantorowicz – Herausgeber der Zeitschrift »Ost und West« bis zu ihrem Verbot durch die SED-Kulturbürokratie 1949, dann Professor der neuen deutschen Literatur an der Humboldt-Universität in Berlin – genoß damals als Schriftsteller und Wissenschaftler hohes Ansehen. Er galt vielen wegen seiner Standhaftigkeit und Geradlinigkeit als Vorbild. Der SED jedoch war er trotz seiner nicht in Frage zu stellenden kommunistischen Grundhaltung schon früh ein Dorn im Auge.

Wie haben dieser Mann und die damals lebenden Schriftsteller den Aufstand der Arbeiter gegen das Ulbricht-Regime gesehen? Auf welcher Seite standen sie, für wen ergriffen sie Partei? Was tat Alfred Kantorowicz selbst in jenen Tagen? Fand er den Mut und die Kraft, sich mit seinen Berufskollegen gegen die von den Medien verbreitete Legende der von westlichen Provokateuren und Faschisten verführten Arbeiter aufzulehnen? Wie begegneten er und seine Kollegen der Meinungsdiktatur der Parteifunktionäre, die nicht gelten lassen wollten, was Hunderttausende von Menschen gesehen und durchlitten hatten?

Der Befund ist für die Schriftsteller nach heutigem Erkenntnisstand wenig schmeichelhaft. Ihre Worte nehmen sich ärmlich aus »gemessen an Größe und Tragik dessen, was im Juni 1953 geschehen ist«[2].

Nun mag man einwenden, daß einzig gültige Kriterium für einen Schriftsteller sei sein Werk und nicht seine politische Meinung. Dabei ist jedoch zu berücksichtigen, daß auch ein Dichter, greift er in die öffentliche Diskussion ein und bezieht er in einer extremen politischen Situation Position, als Zoon Politikon, als politisches Wesen, handelt und sich demgemäß der allgemeinen Kritik aussetzt. Dies gilt umso mehr, wenn er seine Arbeiten, wie etwa Bertolt Brecht und viele andere Autoren in der DDR, in einem historischen Kontext sieht und mit literarischen Mitteln bewußt politischen Einfluß geltend machen will.

Alfred Kantorowicz berichtete über den Arbeiteraufstand ausführlich in seinem zweibändigen »Deutschen Tagebuch«, das Ende der siebziger Jahre erschien. Zweifellos ist bei einer Würdigung dieses Werkes zu berücksichtigen, daß Kantorowicz erst 25 Jahre später Stellung nahm und die Tage vor und unmittelbar nach dem 17. Juni in der Charité verbringen mußte. Er befand sich in einem schlechten Gesundheitszustand als die Arbeiter auf die Straße gingen, gegen die Erhöhung der Normen in der Produktion und der Preise in der staatlichen Handelsorganisation protestierten. Selbst an das Krankenbett gefesselt, hatte er Mühe, sich ein Bild über den Verlauf des Aufstandes zu verschaffen. In den zahlreichen Gesprächen und durch die Lektüre der parteioffiziellen Medien versuchte er, dem Mangel an persönlichen Eindrücken abzuhelfen. Dabei gelangte er zu der Einsicht, daß nach der Verkündung des Ausnahmezustandes und der um sich greifenden allgemeinen Rat- und Hoffnungslosigkeit nur noch von innen heraus Veränderungen zu einer Reform des politischen Systems führen könnten. Dennoch griff er nach seiner baldigen Genesung nur zaghaft in die öffentliche Diskussion ein. Im »Deutschen Tagebuch« schilderte er, wie er auf der Versammlung der Parteigruppe »Germanistik und Anglistik« in der Humboldt-Universität seine Meinung offen aussprach[3]. Er folgte dem Gefühl, dies den jungen Genossen schuldig zu sein. In seinem Statement setzte er sich mit der offiziellen Lesart der Partei von der Provokation westlicher Agenten auseinander, sprach von der Mitverantwortung der Intellektuellen, die willfährig den »Anweisungen von oben« gefolgt wären, und verlangte, sich auf Stalin berufend, den Kampf der Meinungen, die Freiheit, Kritik zu äußern und der Wahrheit ins Gesicht zu sehen. »Mit Strammstehern und Jasagern, mit ›Untertanen‹ könne man die sozialistische Gesellschaft nicht begründen«[4].

Gewiß setzte er sich mit dieser Auffassung deutlich in Gegensatz zu der sich immer stärker abzeichnenden Meinung des Politbüros. Er bewies Mut, wo offensichtlich andere wie Anna Seghers, Hans Marchwitza, Stephan Hermlin, Johannes R. Becher, Erwin Strittmatter, Willi Bredel, um nur einige Namen zu nennen, in beredtes Schweigen verfielen.

Andererseits bleibt zu bedenken, daß Alfred Kantorowicz diese Kritik hinter verschlossenen Türen äußerte, unter Gleichgesonnenen, auf einer Parteiversammlung der SED an der Humboldt-Universität. Auf eine öffentliche Darlegung seines Standpunktes verzichtete er. Aber gerade darauf wäre es in einer Zeit allgemeiner politischer Orientierungslosigkeit und Schwäche der politischen Führungskader angekommen.

Ulbricht und die SED standen nach dem Tode Stalins mit dem Rücken zur Wand. Sie wußten nicht, welchen Kurs die Nachfolger des verstorbenen Diktators einschlagen würden. Die Übernahme des stalinistischen Wirtschaftsmodells mit dem Ausbau der Schwerindustrie hatte erhebliche Defizite in der Konsumgüterindustrie ausgelöst und eine dramatische Verschlechterung der Versorgungslage verursacht. Nicht nur in der Bevölkerung, sondern auch im Zentralkomitee formierte sich die Opposition. Dies kam den Schriftstellern zugute. Die Mächtigen beugten vor. Am 26. Mai 1953 rügte das Politbüro die Unterentwicklung und Einseitigkeit der Literaturkritik, die Mißachtung wichtiger Neuerscheinungen sowie das vollkommene Fehlen des offenen Meinungsstreits auf dem Gebiet der Literatur«[5]. Eine vorsichtige Öffnung der Doktrin des sozialistischen Realismus kündigte sich an. Der Gängelei der Kulturbürokratie sollte durch eine breit angelegte öffentliche Diskussion in den Medien Einhalt geboten werden.

Auf Geheiß der neuen politischen Führung in Moskau mußte das Politbüro dann am 9. Juni öffentlich ohne Wenn und Aber seine Politik korrigieren. Partei und Staat räumten ein, in der Vergangenheit schwerwiegende Fehler gemacht und insbesondere die Interessen des Mittelstandes und der Intelligenz vernachlässigt zu haben[6]. Das »Neue Deutschland« veröffentlichte diese Bankrotterklärung am 12. Juni, ein bis dahin einmaliger Vorgang. Als sich dann wenige Tage später landesweit der Unwillen der Arbeiter in großen Demonstrationen trotzdem Luft verschaffte, konnte sich die Regierung nur noch mit Hilfe der sowjetischen Panzer im Amte behaupten. Dennoch ging sie aus der Niederlage gestärkt hervor. Ulbricht vermochte sich gegen seine schärfsten Widersacher, Wilhelm Zaisser und Rudolf Herrnstadt, durchzusetzen. Sie traten für eine Entstalinisierung, eine offenere Deutschlandpolitik und einen »Neuen Kurs« in der SED ein. Sie wagten es, gegen Ulbricht zu opponieren, weil sie auf eine Unterstützung ihrer Politik aus Moskau hofften. Entsprechende Signale waren von dort in Ostberlin eingegangen. Die weitergehenden Ziele der streikenden Arbeiter und die Massenaufstände am 17. Juni führten sie jedoch politisch in die Isolierung. Sie fanden weder im eigenen Land bei den zögernden Intellektuellen den notwendigen Rückhalt noch im Kreml, wo man offensichtlich fürchtete, der »Neue Kurs« könne die SED empfindlich schwächen. Statt zu Reformen und einer anhaltenden, langsamen Veränderung des politischen und geistigen Klimas kam es so unerwartet zu einer Stabilisierung der Ulbrichtschen Politik. Ulbricht zögerte keinen Augenblick, die Fäden wieder in die Hand zu nehmen, indem er eine umfassende Reinigung des Parteiapparates von der Basis bis zum Zentralkomitee einleitete. Ideologische Aufweichungen versuchte er zu unterbinden und strafrechtlich zu verfolgen. Besonders augenfällig wurde dies u. a. durch die Absetzung des Justizministers Max Fechner. Dies geschah bereits einen Monat nach der Niederschlagung des Arbeiteraufstandes. Ihm wurde vorgeworfen, sein Amt mißbraucht zu haben, indem er nicht rigoros gegen die Wortführer der oppositionellen Kräfte vorgegangen sei. Seine Nachfolgerin im Amte, Hilde Benjamin, brachte demgegenüber willkürlich unbescholtene Bürger und verdiente Parteigenossen gleichermaßen hinter Schloß und Riegel. Ihre Terrorjustiz half Ulbricht maßgeblich dabei, die von Zaisser und Herrnstadt eingeleitete Fehlerdiskussion zu beenden, noch bevor sie richtig begonnen hatte. So bestand in der DDR trotz eines sich in den osteuropäischen Staaten ausbreitenden Tauwetters ein Klima der Repression und Angst fort. Die SED versuchte, die wirtschaftliche Lebenslage der Menschen zu verbessern, aber sie schränkte den politischen Handlungsspielraum des einzelnen weiter ein.

Den Intellektuellen blieben so vom Tode Stalins bis zur Entmachtung der innerparteilichen Opposition auf der 15. Sitzung des Zentralkomitees Ende Juli nur etwa vier Monate, das politische Tauwetter zu nutzen, um sich von den Fesseln des Dogmatismus zu befreien. Am Beispiel Kantorowicz wird deutlich, wie schwer es dem überzeugten Kommunisten, Spanienkämpfer und dennoch von der SED gedemütigten Autor und Herausgeber fiel, öffentlich für die Sache der Freiheit und gegen die Mächtigen im Sozialismus Partei zu ergreifen, sich ohne Vorbehalte zu erklären. Erst 1957, als er sich weigerte, aus Anlaß des Ungarnaufstandes eine Ergebenheitsadresse an die Staatspartei zu unterzeichnen, kam es zum offenen Zerwürfnis mit der SED. Kantorowicz floh schweren Herzens in die Bundesrepublik. Sein ambivalentes Verhalten, einerseits den repressiven Kurs der Staatspartei entschieden zu mißbilligen, andererseits ihr aber als Mitglied bis zu seiner Flucht treu zu bleiben und in ihrem Loyalitätsgewahrsam zu verweilen, bestimmte 1953 auch das vieler seiner Berufskollegen. Die allermeisten zogen sich zurück und warteten ab. Sie fürchteten wohl, daß ihre Äußerungen von heute morgen gegen sie verwandt werden könnten. Nur ganz wenige riskierten trotz der politisch günstigen Umstände die öffentliche Auseinandersetzung mit der Staatsmacht. Zu ihnen zählte Bertolt Brecht.

Am Vorabend des 17. Juni kehrte er von seinem Landhaus in Buckow aus der märkischen Schweiz nach Berlin zurück, um an einer schon vor längerer Zeit festgelegten Besprechung des Berliner Ensembles über Probleme der laufenden Theaterarbeit teilzunehmen. Zu den ursprünglich geplanten Gesprächen kam es jedoch nicht. Brecht informierte sich über die Vorgänge des Tages. Am 17. Juni schrieb er während einer Betriebsversammlung an den sowjetischen Hochkommissar Semjonow, an Ministerpräsident Grotewohl und den Ersten Sekretär der SED, Ulbricht. Leider ist davon bis heute allein der Brief an die Partei bekannt. Das »Neue Deutschland« veröffentlichte am 21. Juni allerdings nur den letzten Satz, in dem es heißt: »Es ist mir ein Bedürfnis, Ihnen in diesem Augenblick meine Verbundenheit mit der Sozialistischen Einheitspartei Deutschlands auszusprechen, Ihr Brecht«[7]. Die Verkürzung dieses Briefes auf die bloße Ergebenheitsbezeugung sowie der verspätete Abdruck zu einem Zeitpunkt, als der Aufstand von den sowjetischen Panzern bereits niedergeschlagen worden war, vermittelten den Eindruck, als stünde Brecht uneingeschränkt hinter der Regierung Ulbricht und versuche nunmehr, sein Scherflein ins Trockene zu bringen. Im nicht veröffentlichten Teil dieses kurzen Schreibens meldete Brecht jedoch versteckt Kritik an, in dem er die SED aufforderte, nunmehr den Dialog mit den Menschen zu suchen. Er betonte: »Die Geschichte wird der revolutionären Ungeduld der Sozialistischen Einheitspartei Deutschlands ihren Respekt zollen. Die große Aussprache mit den Massen über das Tempo des sozialistischen Aufbaus wird zu einer Sichtung und Sicherung der sozialistischen Errungenschaften führen«[8].

Heute wissen wir, daß die Geschichte die SED ins Unrecht setzte, ihre Praktiken der Gewalt, ihre Terrorisierung der Meinungen hielten dem Freiheitswillen der Menschen nicht stand. Am 17. Juni unterdrückten die Panzer die Stimme des Volkes; am 9. November – 36 Jahre später – riefen die Menschen der Partei zu: »Wir sind das Volk.« Das Volk erwehrte sich der Tyrannei.

Die »große Aussprache mit den Massen«, die Brecht 1953 eingefordert hatte, fand unter dem SED-Regime nie statt. Brecht suchte den Dialog. Er erkannte, daß die Parteifunktionäre schon nach wenigen Jahren der Machtausübung verlernt hatten, mit der Bevölkerung zu sprechen. Sie hatten sich in ihre »Käfige der Ideologie« zurückgezogen und bemerkten dort ihren Realitäts- und Wahrnehmungsverlust nicht[9]. Brecht drückte seine Einschätzung der politischen Lage in nachfolgenden posthum veröffentlichten Zeilen aus:

»Jetzt
Herrschen sie und sprechen eine neue Mundart
Nur ihnen selber verständlich, das Kaderwelsch,
Welches mit drohender und belehrender Stimme gesprochen wird
Und die Läden füllt – ohne Zwiebeln«[10].

Am 23. Juni 1953 erhielt Brecht Gelegenheit, seinen Standpunkt im »Neuen Deutschland« zu erläutern. Diese Möglichkeit wurde ihm eingeräumt, weil er gegen die Zensur seines Briefes an Ulbricht Beschwerde führte. Die Ereignisse hatten sich beruhigt. Dem Staat kam eine Auseinandersetzung mit seinem berühmtesten Dichter nicht gelegen. Zudem brauchte er sie nicht zu fürchten, denn Brecht betonte abermals seine Verbundenheit, nicht jedoch, ohne unmißverständlich eine »große Aussprache über die allseitig gemachten Fehler« einzufordern[11]. In diesem Sinne bestimmte Brecht auch die Diskussion auf der Gesamtvorstandssitzung des Schriftstellerverbandes am 16. Juli. Hier griff er vor allem die für die verfehlte Kulturpolitik Verantwortlichen namentlich scharf an und forderte den Rücktritt von Alexander Abusch, Hermann Axen und Helmut Holzhauer. »Es war wie ein Dammbruch lang angestauter Bitterkeit«, erinnerte sich Kantorowicz. »Dramatiker, Erzähler, Lyriker, Literatur- und Kunstkritiker, auch einige jüngere Nachwuchswissenschaftler unter ihnen, teilten die Erfahrungen mit, die sie auf ihren Gebieten mit stumpfen und rohen Kulturfeldwebeln der Sekretariate, Kommissionen, Redaktionen und anderer Partei-Institutionen gemacht hatten«[12]. Die Mehrheit wollte jedoch, wie Brecht, keinen grundsätzlich anderen, sondern lediglich einen besseren sozialistischen Staat. In diesem Sinne ist auch Brechts ironische Antwort auf seinen Kollegen KuBa (alias Kurt Barthel), den damaligen Sekretär des Schriftstellerverbandes, zu verstehen, der bei den Demonstranten öffentlich anfragte, ob sie sich nicht schämten, ihre einzigen und wahren Freunde, denen sie soviel zu verdanken hätten, niedergeschrien zu haben.

Bertolt Brecht: Die Lösung

Nach dem Aufstand des 17. Juni
Ließ der Sekretär des Schriftstellerverbands
in der Stalinallee Flugblätter verteilen
Auf denen zu lesen war, daß das Volk
Das Vertrauen der Regierung verscherzt habe
Und es durch verdoppelte Arbeit
Zurückerobern könne. Wäre es da
Nicht doch einfacher, die Regierung
Löste das Volk auf und
Wählte ein anderes?

(Quelle) Bertolt Brecht: Die Gedichte in einem Band, Frankfurt a. M. 1988, S. 1009 f.

Man würde Brechts Sarkasmus völlig mißverstehen, brächte man ihn in Zusammenhang mit den Prinzipien westlichen, liberalen Demokratieverständnisses. Er verlangte nach Reformen im System. Die Ereignisse am 17. Juni erschütterten ihn; sie waren ihm zuwider, riefen Zweifel hervor und kamen ihm ungelegen, aber er sah darin »die große Gelegenheit, die Arbeiter zu gewinnen«[13]. Diese Haltung Brechts ist wenig überzeugend. Sie erinnert eher daran, in einer verworrenen Situation nach einem Strohhalm zu greifen, statt zu analysieren, wie es zum Aufstand der Arbeiter kam. Ganz in der Lesart der Partei vertrat Brecht die Auffassung, der Arbeiteraufstand wäre eine von westlichen Banden angezettelte faschistische Konterrevolution gewesen.

Darin folgte ihm Stephan Hermlin in seiner 1954 erschienenen Erzählung »Die Kommandeuse«, in der er den nach seiner Einschätzung faschistischen Charakter des Aufruhrs – ausgehend von Leitartikeln im »Neuen Deutschland« in Szene setzte. Auch Brecht sprach in seinen Kommentaren von »scharfen, brutalen Gestalten der Nazizeit, die man seit Jahren nicht mehr hatte in Haufen auftreten sehen und die doch immer dagewesen waren«[14]. In seinem Arbeitsjournal betonte er deshalb, daß es Aufgaben der Partei gäbe, »die sie unter den gegebenen Umständen, ohne Zustimmung, ja gegen den Widerstand der Arbeiter durchführen mußte«[15]. Das Eingreifen der sowjetischen Armee verurteilte Brecht nicht. Es schien ihm notwendig, um die sozialistische Gesellschaftsordnung zu sichern. Offen bleibt dabei, wie die SED mit dem Einsatz physischer Gewalt und dem blutigen Niederschlagen des Aufstandes die Arbeiter für sich gewinnen sollte. Es war ihr in den vorangegangenen knapp fünf Jahren seit Bestehen der DDR nicht gelungen, wie sollte es jetzt gelingen? Brechts Antwort: Die Provokateure isolieren, ihre Verbindungsnetze zerstören, die Arbeiter schonen, die in berechtigter Unzufriedenheit auf die Straße gingen[16].

Brecht schätzte die Ereignisse im Sommer 1953 falsch ein. Er erkannte nicht oder wollte nicht erkennen, daß mit dem Aufstand der Sozialismus und nicht die »Konterrevolution« gescheitert war. Seiner Sicht der Dinge lag ein theoretisch fundiertes, kompromißloses Klassenkampfdenken zugrunde, das ihm den Blick verstellte. Deshalb glaubte er an die Chance der Partei, die fortschrittlichen Kräfte an sich zu binden und gemeinsam mit ihnen die Reaktionäre zu besiegen, notfalls mit Gewalt, wie die Ereignisse des 17. Juni zeigten. Hinter dieser Dialektik verbarg sich die Entmündigung des Volkes. Brecht entpuppte sich ideologisch als rigoroser Klassenkämpfer, der zunächst stalinistische Methoden in Kauf nahm, um das Ziel der kommunistischen Gesellschaft zu erreichen[17]. Von daher konnte sich wohl für ihn keine andere Deutung des Arbeiteraufstandes ergeben, obwohl er die Fehler der Regierung Ulbricht und der sie tragenden SED sah. Von dieser Position her wird verständlich, warum Brecht einerseits einer der schärfsten Kritiker der Partei war, andererseits das Eingreifen der Besatzungsarmee begrüßte.

Wie Brecht standen auch Stefan Heym, Erich Loest und die wenigen anderen, die sich in diesen bewegenden Zeiten in den Medien äußerten, nicht vorbehaltlos auf der Seite des Volkes

So war Erich Loest daran beteiligt, »als in seinem Bezirksverband eine Resolution formuliert und angenommen wurde, die der Regierung Treue gelobte und versprach, bei der Beseitigung begangener Fehler zu helfen«[18].

Stefan Heym traf sich am 17. Juni mit Kollegen im Haus des Schriftstellerverbandes in Ostberlin. Gemeinsam mit seinem Nachbarn aus der Prominenten-Siedlung in Grünau, dem Leiter der ehemaligen, illegal in Berlin arbeitenden Gruppe des Bundes Proletarisch-Revolutionärer Schriftsteller, Jan Petersen, brachte er eine von KuBa, dem Sekretär des Schriftstellerverbandes der DDR, vorbereitete Resolution zu Fall, die vom Zentralkomitee der SED autorisiert war. Darin sollten die Literaten ihre uneingeschränkte Solidarität mit Partei und Regierung bekunden und dem Regime öffentlich den Rücken stärken. Dazu kam es jedoch nicht, weil die anwesenden Autoren sich nicht über den Wortlaut der Stellungnahme zu einigen vermochten. Heym empörte sich in der ersten Erregung über alle, insbesondere über die Gewerkschaften, die versagt hätten, über die SED, die Arbeiter und über die Deutschen insgesamt. Er fürchtete, daß die DDR wie ein Kartenhaus zusammenbräche und seine Frau und er wieder heimatlos würden. Die Sorge um sein persönliches Wohlergehen bestimmte seine Interessen und Gefühle, nicht die Nöte des Volkes, eher schon der Machtzerfall der Staatspartei[19].

Loest und Heym publizierten ihre Gedanken zum 17. Juni in den Tagen nach dem Aufstand in der »Leipziger Volkszeitung«, im »Börsenblatt für den Buchhandel«, in der »Berliner Zeitung« und in einer Broschüre des Freien Deutschen Gewerkschaftsbundes (FDGB). Beide stimmten der These, der Arbeiteraufstand wäre in erster Linie vom Westen her organisiert und in Szene gesetzt worden, nicht zu. Sie verwiesen auf die seit langem existierende und sich ausbreitende Unzufriedenheit breiter Schichten der Bevölkerung mit der Politik Ulbrichts und betonten die eingetretene Sprachlosigkeit, ja Distanz zwischen Partei und Staat einerseits und den Arbeitern andererseits. Die Legitimation des sozialistischen Herrschaftssystems stellten sie jedoch in ihren zahlreichen Beiträgen nicht in Frage, auch wenn sie eine offene Diskussion über die begangenen Fehler verlangten. Diese hatte die Regierung Ulbricht ja selbst bereits öffentlich eingeräumt. Vor diesem Hintergrund war es plausibel, daß Loest und Heym auf die Forderung zur deutschen Einheit, die von den Demonstranten erhoben worden war, nicht näher eingingen. Ihre Kritik drang eben nicht bis zu den Grundfesten des sozialistischen Staates und seiner Ideologie vor. Die DDR blieb für sie nach wie vor das bessere Deutschland, in dem sie weiter leben wollten, wenn auch einiges der Änderung bedurfte.

Tatsächlich gelang es den Schriftstellern, unterstützt von Intellektuellen wie dem ungestümen Berliner Philosophieprofessor Wolfgang Harich, der in der »Berliner Zeitung« am 14. Juli 1953 hart mit der »Staatlichen Kunstkommission« ins Gericht ging, die SED vorübergehend zu Konzessionen in der Literaturpolitik zu zwingen. Harich bezichtigte einige Funktionäre, »mit ihren entehrenden politischen Unterstellungen eine unerträgliche, geisttötende und herzbeklemmende Atmosphäre« zu erzeugen, die »wertvolle, progressiv gesinnte Intellektuelle der Gefahr aussetzte, charakterlos

Erich Loest schrieb im Börsenblatt vom 4. Juli 1953:

Es wäre den Provokateuren nicht gelungen, Teile der Arbeiterschaft vor ihren Karren zu spannen, wenn nicht von Regierung und Partei, wenn nicht von allen führenden und leitenden Organen innerhalb der Deutschen Demokratischen Republik Fehler von zum Teil ernstem Ausmaß begangen worden wären. Die Zeit, diese Fehler zu untersuchen, ist jetzt gekommen, um so mehr, als diese Fehler nicht etwa mit dem 17. Juni automatisch abgestorben sind, sondern hartnäckig trachten, weiterhin am Leben zu bleiben.

(Quelle) Erich Loest: Durch die Erde ein Riss. Ein Lebenslauf, Frankfurt a. M 1984, S. 216

zu werden und sich mit charakterverderbenden Praktiken abzufinden«[20]. Brecht polemisierte mit den Gedichten »Nicht feststellbare Fehler der Kunstkommission« und »Das Amt für Literatur« ebenfalls gegen die lähmende und schädliche Einflußnahme administrativer Maßnahmen auf Kunst und Literatur.

Doch kaum waren die Rauchwolken der Kritik wieder abgezogen, forderte Ulbricht die Schaffung einer Parteiorganisation der SED im Deutschen Schriftstellerverband und den anderen Verbänden der Künstler[21]. Dahinter stand die Absicht, aufkeimende Kritik einzudämmen und die Künstler über ihre Parteimitgliedschaft in Solidaritätspflicht zu nehmen. Diesem Zweck diente auch die Einrichtung eines Literaturinstituts in Leipzig. Hier sollte fortan der schriftstellerische Nachwuchs literarisch und ideologisch ausgebildet werden. Ulbricht realisierte damit einen Plan, der schon seit Anfang der fünfziger Jahre in der Schublade lag, aber bis zu diesem Zeitpunkt von Johannes R. Becher verhindert werden konnte. Er sah darin den Versuch, Literatur nach der Vorlage des sozialistischen Realismus zu produzieren, so wie man nach Maß einen Anzug zuschneidet. Das Institut erfüllte diesen Auftrag nur zum Teil. Immerhin gingen aus ihm später auch Autoren wie Sarah Kirsch, Heinz Czechowski und Gert Neumann hervor.

Mit der Gründung des Ministeriums für Kultur im Januar 1954 verstand es Ulbricht darüber hinaus, einerseits das heftig kritisierte Amt für Literatur und Verlagswesen sowie die Staatliche Kunstkommission darin zu integrieren, andererseits, indem er Johannes R. Becher als Minister an die Spitze des Hauses stellte, dessen Vorbehalte gegen ein Literaturinstitut abzubauen. Bechers Berufung zum Kulturminister kam sicherlich den Wünschen vieler Schriftsteller entgegen. Er galt ihnen als Hoffnungsträger für eine offenere Literaturpolitik, zu Unrecht, wie sich alsbald zeigen sollte.

So blieb schließlich von den während des politischen Tauwetters erhobenen Forderungen einzelner Schriftsteller nach politischer Reform, nach Dialog und weniger Bürokratie, nichts übrig. Die Schriftsteller und Künstler fügten sich dennoch lautlos. Ulbricht und dem Kulturbund ist weitgehend zuzustimmen, wenn sie im Juli 1953 feststellten, daß die Intellektuellen am 17. Juni, trotz ihrer Kritik, an der Seite der Regierung der DDR standen[22].

Vor diesem Hintergrund ist auch Jochen Ziems Erzählung »Aufruhr« von historisch-literarischem Interesse. Er geht darin, sich einbeziehend, mit der Haltung der Intellektuellen am 17. Juni ins Gericht: »Seit Jahren haben alle auf diesen Tag gewartet, haben ihn herbeigesehnt, jeder hat davon gesprochen, was er tun wird, wenn es soweit ist, wie mutig er sein wird, wie aktiv, wie er seine Nachbarn mitreißen wird, auch die Phlegmatiker, die Feigen, die Zögernden. Und nun war er da, dieser Tag. Und was haben wir aus diesem Tag gemacht?«[23]

Die Intellektuellen taktierten. Zwischen Volk und Staat stehend, konnten sie weder die eine noch die andere Seite nachhaltig beeinflussen. Da sehr viele von ihnen am Ziel einer sozialistischen Gesellschaftsordnung festhielten, taten sie die zurückliegenden Jahre als Irrtum ab. Sie setzten ihre Hoffnung auf einen neuen Anfang und fühlten sich verpflichtet, in dieser Zeit des Umbruchs das in ihren Kräften stehende an ihrem Platze zu tun, um einen abermaligen Rückfall in einen nationalsozialistischen oder stalinistischen Repressionsstaat zu verhindern.

Als sozialistischen Utopisten schien ihnen die Gefahr der Konterrevolution größer als die Fortsetzung des noch nicht überwundenen Stalinismus. Es fehlte ihnen die Einsicht, daß sich mit den menschenverachtenden drakonischen Umerziehungsmethoden des sozialistischen Staates niemals eine freie Gesellschaft würde gründen lassen. Der Zweck heiligte die Mittel eben nicht. Bertolt Brecht ging fehl, wenn er im August 1953 resumierend im »Neuen Deutschland« feststellte, die »kulturellen Errungenschaften unserer Republik sind bedeutend«, und mit den Worten, die »Vorbedingungen sind geschaffen«, versuchte, zur Tagesordnung überzugehen. Auch die folgende Einschränkung, die er damit verband »nicht nur einige Produktionsziffern, sondern die allseitige Produktivität des ganzen Volkes zu steigern«, ging an dem Grundirrtum vorbei, in einem Zwangsstaat ließen sich mit der Kultur »immer besser gebildete Menschen mit neuen, begeisternden Zielen« vom Sozialismus überzeugen[24]. Brechts Versuch, die Fehlerdiskussion im »Neuen Deutschland« zu beenden, den Blick wieder nach vorn zu richten, für die Ideale des Sozialismus und eine »bessere« Zukunft zu werben, mag dem gebeutelten SED-Staat dienlich gewesen sein, der Sache der Kunst und Literatur half er damit ebenso wenig wie den unterdrückten Menschen.

Ulbricht hatte Stalin wieder und wieder gepriesen, dieser Kult am 70. Geburtstag und als Stalin starb – wie mochte Ulbricht das erklären?
Und die Dichter der Stalinhymnen, Becher, KuBa, Hermlin? Überall hingen Bilder, standen Büsten Stalins, Stalinalleen, Stalinplätze, Stalinstadt sogar. Was nun?

Erich Loest

Vom Tauwetter zu neuer Eiszeit

In den Jahren 1953–1958 sahen sich die Intellektuellen, aber auch breite Teile der nachdenklichen Bevölkerung, einem Wechselbad der Gefühle und der offiziellen politischen Meinungen ausgesetzt. Mit dem Tod Stalins im März 1953 begann zunächst das öffentliche Wehklagen über den Verlust eines großen unsterblichen Führers, den Honecker bei den Weltfestspielen der Jugend im August 1951 als »Bannerträger des Friedens in der Welt« und »Lehrmeister der Jugend aller Länder« gepriesen hatte [1].

Die SED versprach in ihrem Kondolenztelegramm, seiner siegreichen Lehre die Treue zu halten und ihre eigenen Reihen ideologisch und organisatorisch zu festigen [2].

Das Präsidium der Akademie der Künste pries Stalin als »großen Lehrer« und »besten Freund unseres Volkes«. Die Mitglieder gelobten, in ihren Arbeiten »die Lehren Stalins zu verwirklichen und ihm, dem Genius des Friedens, die Treue zu halten«. Zu den Unterzeichnern gehörten u. a. die Schriftsteller Johannes R. Becher, Bertolt Brecht, Willi Bredel, Peter Huchel, KuBa, Hans Marchwitza, Anna Seghers, Erich Weinert, Friedrich Wolf und Arnold Zweig. Einige von Ihnen widmeten Stalin eigene Danksagungen. Brecht sah in ihm die Verkörperung der Hoffnung der Unterdrückten von fünf Erdteilen. Bredel nannte ihn den größten Staatsmann nach Lenin. Seghers lobte ihn als großen Ratgeber, Hermlin würdigte seine »Festigkeit, Klugheit, Geduld, in Potsdam und nach Potsdam, gegen Wahnsinnige, Betrüger, Provokateure« [3]. Alle Huldigungen überstrahlte jedoch Johannes R. Becher mit seinem Gedicht »Danksagung«, dessen letzte beiden Strophen lauten:

»Gedenke, Deutschland, Deines Freunds, des besten.
Oh danke Stalin, keiner war wie er
So tief verwandt Dir. Osten ist und Westen
In ihm vereint. Er überquert das Meer.

Und kein Gebirge setzt ihm eine Schranke,
Kein Feind ist stark genug, zu widerstehn
Dem Mann, der Stalin heißt, denn sein Gedanke
Wird Tat, und Stalins Wille wird geschehn«[4].

Auf dem XX. Parteitag der KPdSU, der im Februar 1956 in Moskau stattfand, zerstörte Nikita Chruschtschow den Nimbus dieses »Volkshelden« und »Weltenlenkers«. Seine schonungslose Analyse wurde allen Mitgliedern der kommunistischen Parteien bekannt gemacht. Sie löste gleichermaßen Empörung, Bestürzung und Verwirrung aus. Für viele wurde ein Tabu gebrochen, ein Ideal zerstört. Die kommunistische Welt geriet zeitweise aus den Fugen. Heftige innerparteiliche Diskussionen ermöglichten in Ungarn die Revolution und in Polen einen politischen Machtwechsel. In der DDR formierte sich nach Zaisser und Herrnstadt erneut die Opposition innerhalb der SED, die dieses Mal auch unter den Intellektuellen Rückhalt fand. Hatte Ulbricht im Juni 1953 das Volk mit Hilfe der sowjetischen Panzer niedergerungen, so sagte er drei Jahre später nach dem blutigen Scheitern des Aufstandes in Ungarn insbesondere den Intellektuellen auf breiter Front den Kampf an. Reformen wurden abgelehnt, als gefährlicher Opportunismus und Revisionismus bezeichnet, Widersacher kaltgestellt, die Indoktrination forciert und die Staatssicherheit ausgebaut. Wie kam es dazu?

Nach den Ereignissen um den 17. Juni bemühte sich Ulbricht zunächst darum, Kraftproben zwischen den Intellektuellen und der Staatspartei zu vermeiden. Ging er bei der Säuberung der eigenen Reihen in Staat und Partei rigoros vor, so versuchte er behutsam die ideologische Offensive im geistig kulturellen Leben zurückzugewinnen. Von Otto Grotewohls Versprechen, »mit der unfruchtbaren, kleinlichen Bevormundung und Beengung« in Literatur, Kunst und Wissenschaft Schluß zu machen[5], das er auf der 15. Tagung des Zentralkomitees 1953 abgegeben hatte, war allerdings schon bald nicht mehr die Rede. Im Geiste des sozialistischen Realismus versuchte die SED nach wie vor die Schriftsteller zu gängeln und vor den Karren der Politik zu spannen. Zur Vorbereitung des IV. Schriftstellerkongresses 1956 mobilisierte sie zu diesem Zweck die Bevölkerung.

31 Arbeiter und Funktionäre des VEB Braunkohlenwerks Nachterstedt schrieben in einem »Offenen Brief an unsere Schriftsteller«, was die SED wünschte, aber sich selbst noch nicht wieder zu fordern getraute , um dem geplanten IV. Schriftstellerkongreß einen Orientierungsrahmen vorzugeben. Die Arbeiter verlangten darin mehr Bücher,

- die den Neuaufbau in den Betrieben und auf den großen Baustellen der DDR künstlerisch dokumentieren;
- die über das Schaffen und Leben der Werktätigen berichten und in die volkseigenen Betriebe kommen, um dort ihre Studien zu machen;

– die den neuen Menschen im Sozialismus gestalten und die Rolle der Gewerkschaften als große Klassen- und Massenorganisation der Arbeiter thematisieren, wie es Karl Mundstock in seinem Roman »Helle Nächte« tat[6].

Mit diesem Brief unternahm die SED den Versuch, über die »Stimme des Volkes« die Literaten kulturpolitisch in die Pflicht zu nehmen. Das »Volk« als Leser und Auftraggeber schien in besonderer Weise legitimiert zu sein, ihnen mitzuteilen, welche Literatur gebraucht wird, Zustimmung findet, »reiche und wertvolle Erkenntnisse vermittelt«[7].

Der Plan schlug fehl. Die Schriftsteller ließen sich keine Vorgaben machen. Als sie sich nach fünfmaligem Vertagen endlich im Januar 1956 in Berlin versammeln durften, unternahmen sie den Versuch einer kritischen Würdigung der Nachkriegsliteratur in der SBZ bzw. DDR. Dabei stießen ihre Meinungen hart aufeinander. Wohl nicht zuletzt deshalb hatte die SED diesen Kongreß besonders sorgfältig vorbereitet und so lange zugewartet, bis sie davon ausgehen durfte, daß die stürmischen Attacken gegen leitende Kulturfunktionäre vom Sommer 1953 verklungen waren und sie selbst so stabilisiert war, der Kritik der Literaten offensiv begegnen zu können. Bedenkt man, daß schon einen Monat später, im Februar 1956, der XX. Parteitag der KPdSU stattfand, auf dem Chruschtschow mit Stalin abrechnete, so erwischte die SED gerade noch einen Termin, der ihr nach dem 17. Juni eine abermalige Fehler- und Grundsatzdiskussion ersparte. Im Mittelpunkt der Redebeiträge standen so nicht die Auseinandersetzung um einen neuen Weg zum Sozialismus oder das Stocken der Entstalinisierung von Partei und Gesellschaft, sondern eine Analyse der Gegenwartsliteratur, ihre Standortbestimmung und Entwicklungschancen. Dieses Thema bot allerdings, wie sich zeigen sollte, bereits genug Sprengstoff in sich.

In seiner breit angelegten Eröffnungsrede versuchte Becher zunächst, die Wogen zu glätten, indem er einer dominierenden Rolle der Ideologie in der Literatur eine vorsichtige Absage erteilte, zugleich aber auch auf die Gefahren verwies, in das andere Extrem zu verfallen. Worin er dieses sah, ließ er bezeichnenderweise offen. Vielmehr kam es ihm darauf an, das Klima der Versammlung positiv zu beeinflussen, indem er die Größe der DDR-Literatur rühmte, ihre nationale Sendung betonte und hervorhob, daß ihr die Verpflichtung zufiele, »den Charakter der gesamtdeutschen Literatur wesentlich zu bestimmen«, »die deutsche Literatur wieder zu einer Macht werden zu lassen, zu einer geistigen Großmacht«. In dem ihm eigenen Pathos schreckte er nicht davor zurück, den Dichter als vates, als Seher und Propheten zu bezeichnen und zu verkünden: »Die Eroika unserer Literatur, unsere poetische Neunte, ist im Werden«[8].

Diesem grandiosen Urteil wollte sich insbesondere mancher der namhaften Anwesenden denn doch nicht anschließen. Anna Seghers hielt dem entgegen, daß vieles in der Gegenwartsliteratur dürftig, kleinbürgerlich und wirkungslos sei[9]. Sie kritisierte, daß ihr Fabeln mit echten Konflikten fehlten. Offensichtlich wichen die Autoren »aus verschiedenen Gründen vor ihrer Gestaltung« zurück. Das mache die Bücher arm. Die Belletristik in Westdeutschland sei den DDR-Publikationen häufig an Fabeln und Konflikten überlegen. Anstatt die Wirklichkeit gründlich zu studieren, gingen die Autoren hier umgekehrt vor. Sie suchten in der Realität nach Gegebenheiten, die die Ideologie, aber nicht das tatsächliche Leben illustrierten. Ihre Kritik gipfelte in dem Vorwurf, daß die scholastische Schreibart, so marxistisch sie sich auch gebärde, Gift für die Literatur sei und der Idee des Sozialismus feindlich gegenüberstehe, da sie Erstarrung statt Bewegung, Faulheit statt Initiative bewirke. Den Leser derartiger Bücher erschüttere keine Erregung. »Mit Nachdenken braucht er sich erst gar nicht anzustrengen. Er kennt ja das Schema, nach dem das Buch montiert ist, so gut wie der Autor. Scheinbar nur ist eine Entwicklung da, aber es ist eine Scheinentwicklung. Der in Wirklichkeit schwer zu erkennende, so oft furchtbar gefährdete Weg ist in dem Buch so einfach zu finden, daß sich ein Kind im Dunkeln nicht verirrt. Die Konflikte sind Scheinkonflikte, denn die Leser sind ihrer Lösung von vornherein sicher«[10].

Der Philosoph Ernst Bloch stimmte Anna Seghers Analyse in seinem Redebeitrag zu. Er kritisierte die Tranchierung der Literatur in dem jeweils gültigen Fünf-Jahres-Plan; so würden »wichtige und erzmenschliche Themen, Fragen auf längere Sicht, Affekte und Konflikte mit Tiefgang und Totum, Gehalte also von gleichfalls höchster, nämlich grundsätzlicher Aktualität und Praxis gern oder ungern von der Poesie ausgelassen. Die revolutionären Horizonte (es gibt ja keine anderen) werden dadurch oft matt, die aufgehende Sonne kann zuweilen so reklamehaft – schöngefärbt dreinsehen, als hätte sie amerikanische Zahncreme zu beleuchten oder auch das keep smiling im Urlaub. Leid, Mühe, Sorgen, Hoffnungen, Abgründe in den menschlichen Beziehungen und gerade in den sich wandelnden einer neuen Zeit und ihrer schmerzlichen Geburt sehen sich oft auf ein Betriebssoll reduziert«[11].

Neben dieser Auseinandersetzung um den Schematismus und die Schönfärberei der DDR-Literatur bestimmte die Kontroverse zwischen Walter Ulbricht und Stefan Heym das Geschehen auf dem IV. Schriftstellerkongreß. Heym rügte, daß zu viele Bücher und Stücke gepriesen und gefördert würden, die ideologisch zwar goldrichtig lägen, sonst aber von hölzerner Primitivität wären[12]. Weiter hob er die ungeheuere Last der Verantwortung hervor, die auf den Schultern der Schriftsteller läge. Er widersprach Anna Seghers, die andeutete, daß es manchem Schriftsteller an Mut mangele. »Ich glaube«, erwiderte er, »die Mehrzahl von uns sind keine Feiglinge, wir haben keine Angst vor Kritik und vor dem erhobenen Zeigefinger und den erhobenen Augenbrauen großer und kleiner Päpste«.

Diese Anspielung, aber auch die Deutlichkeit und Unmißverständlichkeit seiner Worte wollte Walter Ulbricht nicht unwidersprochen lassen. Seine Macht auskostend, griff er Stefan Heym persönlich an und wies ihn zurecht: »Es gehört kein Mut dazu, z. B. kritische Äußerungen bei uns zu machen. Was wird bei uns nicht alles an Dummheiten geschrieben und gesagt! Das ist doch nicht das Problem, um das es geht. Dazu gehört kein Mut, sondern Mut gehört dazu, daß wirklich konsequent die großen Ideen, die wir vertreten, durch die Schriftsteller verkündet werden«[13]. Die Anwesenden reagierten mit wohlwollender Heiterkeit aber auch mit Bitterkeit auf Ulbrichts Wortspiel.

Diese Auseinandersetzung zwischen Politik und Literatur erhielt durch die Ereignisse des XX. Parteitages der KPdSU weiteren Nährboden. Zwar wußte zunächst niemand unter den Intellektuellen genau, wohin die neue ideologische Reise gehen würde; auch die SED tappte offensichtlich im Dunkeln. Eine ideologische Kurskorrektur lag seit längerem in der Luft. Sie betraf vor allem Fragen des Personenkults und damit der politischen Führung sowie der wachsenden Zentralisierung und Bürokratisierung des Partei- und Staatsapparates. In zunehmendem Maße übten Politiker und Intellektuelle Kritik am forcierten Ausbau der Repressionsmittel des Staates, der zum Unfrieden in der Gesellschaft beitrug. Ulbricht mußte abermals einlenken. Im »Neuen Deutschland« korrigierte er seine bisherige Haltung zu dem vielgepriesenen Stalin und sprach ihm ab, neben Marx und Lenin zu den Klassikern des Marxismus zu zählen.

Die 3. Parteikonferenz der SED vom 24. bis 30. März 1956 gab der Opposition im Zentralkomitee erneut eine Chance, sich im Zuge der Entstalinisierung gegen Ulbricht zu formieren. Um Karl Schirdewan, den zweiten Mann in der SED, bildete sich eine kleine Gruppe einflußreicher Parteifunktionäre, die wie er eine Revision der bisherigen stalinistischen Politik verlangte. Zu ihnen gehörte auch der bis dahin stets loyale Schriftsteller Willi Bredel, der einräumte, daß es im Zuge der Diskussion um den XX. Parteitag der KPdSU heftige innerparteiliche Auseinandersetzungen gab. Auch er übte Kritik an Ulbrichts Führungsstil, indem er fragte: »Wenn unsere jungen Genossen Stalin Seite für Seite und Wort für Wort in sich aufgenommen haben, ist das dann ihre, und zwar ihre alleinige Schuld? Ist es nicht auch und vor allem unsere Schuld, die der älteren Generation? Das Parteistudium ist doch so, wie Genosse Ulbricht es geschildert hat, kritiklos viele Jahre durchgeführt worden. Wir sollten, so meine ich, jetzt weniger die jungen Genossen dafür auslachen, sondern etwas mehr Selbstkritik üben«[14]. Scharf ging er mit den »schädlichen und hemmenden Folgen des Dogmatismus« auf die Literatur und Kunst ins Gericht, dessen Ursache er in einem sakrosankten Personenkult ausmachte[15].

Das von Repression und Angst beherrschte geistige Klima in der DDR begann sich zu lockern. Dazu trug auch bei, daß über 11000 Personen im zweiten Halbjahr 1956 aus der Haft erlöst und begnadigt wurden, unter ihnen so bekannte ehemalige Parteifunktionäre wie Fechner, Ackermann und Elli Schmidt, die aus politischen Gründen strafrechtlich verfolgt worden waren. Eine politische Rehabilitierung der ehemaligen schärfsten Gegenspieler Ulbrichts, Zaisser und Herrnstadt, erfolgte jedoch ebensowenig wie die Rückgabe politischer Verantwortung an die anderen. Ulbricht behielt die Zügel weiter in der Hand[16]. Aber die Intellektuellen nutzten den erweiterten ideologischen Spielraum geschickt für sich aus. Der engagierte und stets kritische Germanistikprofessor Hans Mayer fragte auf einer Konferenz der Literaturwissenschaftler in Berlin im Mai 1956, auf Stalin und die Doktrin des sozialistischen Realismus anspielend, ob Schriftsteller wirklich Ingenieure der menschlichen Seele seien. »Nach meiner Meinung ist das eine völlig falsche Auffassung. Die menschliche Seele ist kein Gegenstand, an den man einen Ingenieur heranlassen könnte. Die Analogie von Technik und Naturwissenschaft, auf die Arbeit der Schriftsteller angewendet, zieht Verarmung nach sich«[17]. Mayer ließ es jedoch bei dieser massiven Auseinandersetzung mit der Doktrin des sozialistischen Realismus nicht bewenden, sondern warf den Kulturfunktionären indirekt vor, eine »Theorie vom möglichen Nutzen schlechter Literatur« entwickelt zu haben und eine Kunst und Wissenschaft zu protegieren, die mit der Wahrheit häufig auf keinem guten Fuß stünde[18].

Diese mutige Rede verdient auch deshalb besondere Beachtung, weil sie im »Sonntag«, der Wochenzeitung des Kulturbundes, einer breiten Öffentlichkeit zugänglich gemacht wurde. Heinz Zöger war damals ihr Chefredakteur. Unter seiner Leitung entwickelte sich der »Sonntag« zu einem kritischen Organ der reformorientierten Intellektuellen.

Maier nutzte die Bereitschaft des »Sonntag«, auch kritische Stimmen zu Wort kommen zu lassen, ein weiteres Mal, als der Intendant des Deutschlandsenders, Hermann Ley, sich weigerte, seinen Beitrag »Zur Gegenwartslage unserer Literatur« auszustrahlen. Hierin setzte Maier sich mit der Literatur in Ost und West auseinander. Er kam zu dem Ergebnis, daß sie gegenwärtig in beiden Teilen Deutschlands magere Jahre durchlebe. Entscheidend für die Ablehnung Leys dürfte neben der kritischen Grundtendenz des Aufsatzes, die so gar nicht zu Bechers Hochloben auf dem IV. Schriftstellerkongreß paßte, aber auch die Tatsache gewesen sein, daß Mayer die Schriftsteller beschuldigte, eine schematische

Du kannst nicht entfliehen
von Günter Kunert

Lauf in dein Haus und verriegle
Mit bebenden Fingern das Tor

Eile die Treppe hinauf
In dein Zimmer und dreh herum
Den Schlüssel im Schloß

Den Schrank, schwarz und schwer
Von Büchern, Papieren, vrschlissenen Hemden
Rück vor die Tür

Das Fenster, zu durchsichtig
Verhäng mit der Decke, der wollenen, dichten

Mit Lumpen und Lampen
Verstopfe die Ritzen und Risse

Mit dem Messer zerschneide
Die Drähte zum Licht und zum Telefon
Somit zur Welt

Danach verkriech dich
Ins Bett unter das Kissen
Bohre den Schädel

Doch wird durch die Steine, durch Mörtel
Und Steine
Dringen ein Hauch

Doch wird im Dunkel
Aufglimmen ein Licht

Und doch in der Stille
Wird sprechen eine Stimme

Von der betrogenen Unschuld
Von der beschmutzten Güte
Von der mißbrauchten Liebe
Von der gelobten Lüge
Vom begrüßten Betrug

Und wird sprechen die Wahrheit und
Nichts andres als Liebe
Wird sie sprechen von dir

Der Wahrheit kannst du nicht entkommen
Denn sie ist in dir
Gegen deinen Willen

Die dir furchtbar
Willst du sie löschen
Vergehst du mit ihr

(Quelle) Manfred Jäger: Kultur und Politik in der DDR. Ein historischer Abriß, Köln 1982, S. 77.

Darstellung der Wirklichkeit zu versuchen, »die auch dann nicht aufhört, schematisch zu sein, wenn sie geschwätzig von wissenschaftlichem Sozialismus und werktätigen Menschen spricht, vom Volk und angeblicher Volkstümlichkeit«[19].

Daß viele Schriftsteller ähnlich empfanden, belegen die nachfolgenden Zeilen Armin Müllers: »Ich habe meine Nase erst in die Literatur gesteckt, als die Wegschilder der Dogmatiker schon aufgestellt waren. Ich kam blind aus der Vergangenheit, erlebte voller Hoffnung die Veränderungen, erlebte sie aktiv. Ich hatte keine Veranlassung, an der Nützlichkeit der Schilder zu zweifeln. Ich machte mit und war der festen Überzeugung, dem Neuen durch meine Verse zu dienen. Wo, ich bitte euch, hätte der Widerstand, von dem ihr sprecht, herkommen sollen? Manchmal freilich, sehr spät erst, bekam ich Atemnot, fühlte ich mich unglücklich. Ich habe lange Zeit nicht gewußt, warum mir kein Vers mehr gelang. Erst heute weiß ich es«[20]. Auch diese Zeilen erschienen zuerst im »Sonntag«.

Dort konnte ebenfalls Günter Kunerts Gedicht »Du kannst nicht entfliehen« veröffentlicht werden, in dem er seiner Verzweiflung darüber Ausdruck gab, betrogen und mißbraucht worden zu sein. So wie er den Drang in sich spürte, der Wahrheit selbst dann nicht entkommen zu können, wenn sich der eigene Wille dagegen auflehnt, begehrten auch andere junge Dichter wie Heinz Kahlau, Manfred Bieler, Manfred Streubel und Jens Gerlach auf[21]. Kahlau rief in seinem Diskussionsbeitrag auf dem 2. Kongreß Junger Künstler seinen Zeitgenossen entgegen: »Die Kunst braucht die geistige Freiheit, die Kunst braucht Toleranz. Wobei Toleranz für Faschisten und Militaristen ausgeschlossen bleibt. Bis auf wenige Ausnahmen wurden die Künstler zu Ausrufern von Parteibeschlüssen, von

Regierungsverordnungen. Sie machten Kunstwerke über diese oder jene Maßnahme, Begebenheit oder These, rechtfertigten die Fehler und ignorierten die Wirklichkeit. Eine Unzahl von Werken jedoch, deren Schöpfer den Kommunismus für den einzig richtigen Weg der Menschheit halten, liegen in ihren Schränken und werden nicht veröffentlicht. Ich zähle mich zu diesen Künstlern und habe vor zwei Jahren Gedichte geschrieben, die bis heute nicht veröffentlicht worden sind«[22].

Natürlich stießen diese prononcierten Aussagen und dieses persönliche Bekenntnis auf heftige Kritik innerhalb des Schriftstellerverbandes. Aber sie fanden auch die Zustimmung und Unterstützung von Gerhard Zwerenz und von Günter Kunert, der von der Tragik der jungen Schriftsteller schrieb, die »zuviel geglaubt und zu wenig gewußt, zuviel gefühlt und zu wenig gedacht haben ... Der Lyrik, die aus der Retorte und nicht aus dem Leben kam, konnte selbst kein langes Leben beschieden sein«[23].

Literatur, Wissenschaft und Publizistik wandten sich zu einem nicht unbedeutenden Teil von dem Ulbricht-Regime ab. Dabei zogen überzeugte Kommunisten vielfach an einem Strang mit parteilosen Intellektuellen.

Die Philosophie Ernst Blochs, der in Leipzig seit 1949 Ordinarius war und dort sein bedeutendes Werk »Das Prinzip Hoffnung« schrieb, wurde für viele zur gemeinsamen geistigen Quelle. Der ihm zugrunde liegende, »zur Freiheit strebende revolutionäre Funke« sprang Mitte der fünfziger Jahre auf die in Opposition zu Ulbricht stehende geistige Elite über und stimulierte den Versuch, den im Stalinismus erstarrten Sozialismus aus seinen dogmatischen Fesseln zu lösen[24]. Bloch verurteilte den Stalinismus. Er glaubte an einen »Sozialismus der Freiheit, die Theorie der Freiheit ist der Marxismus der Wahrheit«[25]. Diese Sätze, auf der Philosophischen Konferenz der Akademie der Wissenschaften vorgetragen, gewannen für die Opposition programmatische Bedeutung. Sie formierte sich, ohne sich weit verzweigt zu organisieren. An den Hochschulen entstanden kleine Kreise der offenen Diskussion, ohne daß man vielfach voneinander wußte. Von einer gefährlichen Verschwörung, so versuchte es später Hilde Benjamins Willkürjustiz in den Schauprozessen dazustellen, konnte nicht die Rede sein.

Der Opposition gelang es kaum, mit ihren Vorstellungen an die Öffentlichkeit zu treten und breite Bevölkerungsschichten zu mobilisieren. Ohne jede Initiative für sich genommen abwerten zu wollen, war die Gruppe um den Berliner Philosophen Wolfgang Harich und den Leiter des Aufbau-Verlages, Walter Janka, wohl am einflußreichsten. Zu ihr zählten auch der Chefredakteur des »Sonntag«, Heinz Zöger, sein Stellvertreter, Gustav Just, und der Rundfunkkommentator Richard Wolf. Inwieweit sie in Abstimmung mit führenden Mitgliedern der SED handelte und ob sie von Karl Schirdewan, Ernst Wollweber und Gerhart Ziller unterstützt wurde, bleibt bis heute unklar. In jedem Fall fühlte sie sich durch die Opposition in der Führungsspitze der SED ermutigt und angeregt, über einen neuen deutschen Weg zum Sozialismus nachzudenken. Politisch-programmatisch stimmte die wissenschaftlich-kulturelle mit der innerparteilichen Opposition darin überein, den Stalinismus zu überwinden und die Gesellschaft von der Bevormundung der Partei zu befreien. Im einzelnen forderte die Harich-Janka-Gruppe:

»Wiederherstellung der völligen Geistesfreiheit; Schluß mit dem Kirchenkampf, der die Partei von den religiösen Schichten der Bevölkerung isoliert; Herstellung der Autonomie der Universitäten; völlige Herstellung der Rechtssicherheit; Auflösung des Staatssicherheitsdienstes und der Geheimjustiz.

Schaffung einer Regierungsform in der DDR durch ein erweitertes Blocksystem, an dessen Spitze eine reformierte SED steht; Wiederherstellung der völligen Souveränität des Parlaments.

Aufstellung von Einheitslisten des Blockes mit mehreren Kandidaten bei den Wahlen, so daß die Bevölkerung wirklich eine Wahl vornehmen kann; die reformierte SED muß dabei an der Spitze bleiben; durchgreifende Entbürokratisierung der Verwaltung«[26].

Das Scheitern der ungarischen Revolution an den sowjetischen Panzern, die Verfolgung und Inhaftierung der Reformkräfte um den ungarischen Ministerpräsidenten Imre Nagy, der trotz zugesicherter Straffreiheit zum Tode verurteilt und wie viele seiner engsten Freunde hingerichtet wurde, boten Ulbricht wie schon beim Aufstand der Arbeiter im Juni 1953 die Gelegenheit, gegen seine politischen Widersacher vorzugehen. Sein Zorn richtete sich zunächst gegen die geistige Elite. Er ließ die oppositionellen Intellektuellen unmittelbar nach dem gescheiterten Aufstand in Ungarn verfolgen und nach Schauprozessen im Zuchthaus Bautzen oder andernorts inhaftieren. Dabei konnte er durchaus auf einen erheblichen Teil ihm treu ergebener Schriftsteller bauen. Sie hatten eine Resolution des Schriftstellerverbandes zu den Ereignissen in Budapest verhindert, mit der die Ideen des reformorientierten Petöfi-Kreises, insbesondere aber ihrer ungarischen Kollegen Tibor Dery, Julius Hay, Tamas Aczel, Georg Lukács u. a. unterstützt werden sollten.

Die Macht und Bösartigkeit Ulbrichts sowie sein Haß gegen die Intellektuellen zeigten sich besonders in dem Schauprozeß gegen Walter Janka. Ulbricht zwang, wissend um die engen persönlichen Bindungen, Anna Seghers, Eduard Claudius, Willi Bredel, Bodo Uhse, Helene Weigel-Brecht und andere, an dem Prozeß teilzunehmen. Dies geschah auch, um die Abschreckung zu erhöhen. Die anwesenden Schriftsteller blieben stumm. Sie fanden nicht die Kraft, ihren Kollegen und Freund zu verteidi-

Alfred Kantorowicz

Während in Ungarn die Tibor Dery, Julius Hay und offenbar alle anderen Schriftsteller sich im Vertrauen ihres Volkes bewähren und als seine Sprecher hervortreten, tun sich einige unserer Schriftsteller auf ihre Weise unter den Augen ihres Schirmherrn Ulbricht hervor. Die meisten zwar schweigend erschüttert, aber heute finde ich auf der ersten Seite des »Neuen Deutschland« das Foto und den von der hohen Behörde approbierten Ungarnartikel des eisigen Karrieristen Stephan Hermlin. Wo KuBa spricht, kann Hermlin nicht schweigen. Er muß ›dabei‹ sein. Recht so. Natürlich ist er schlauer als der widrige Unhold KuBa. Aber es entlarvt ihn nun endgültig, daß gerade er sich heut so breit im Hetz- und Lügenblatt spreizt.

(Quelle) Alfred Kantorowicz, Deutsches Tagebuch (2. Teil), Berlin 1979, S. 682.

gen. »Ein wenig Mut«, schrieb Janka später, auf Anna Seghers bezugnehmend, »hätte ihrem Ruf nicht geschadet und ihre Position nicht gefährdet. Selbst Ulbricht hätte es nicht gewagt, sie verhaften oder auch nur belästigen zu lassen«[27]. Ihr hohes, auch internationales Ansehen hätte sie geschützt. Anna Seghers beschritt auch in dieser Extremsituation den Weg von einer dem Sozialismus ergebenen Kommunistin zu einer der Wahrheit verpflichteten Schriftstellerin aus persönlicher Feigheit nicht. Sie verriet ihre Ideale an ein korruptes Regime.

Anna Seghers

Als dieses Verhör beendet war, raffte sich Gasko noch einmal auf. Er stieß heraus: »Unsere Idee ist die beste, die Menschen sich jemals ausgedacht haben. Was macht ihr aus dieser Idee, ihr? Sie waren auch noch ein anderer vor drei Jahren! Bei Ihnen ist es doch nicht die Angst. Hat denn das bißchen Macht Sie so schnell verdorben? Hat man Ihnen befohlen, mich schuldig zu finden? Was hat man aus Ihnen gemacht, in drei Jahren! Wollen Sie Ihren Posten nicht verlieren?« Er war abgeführt worden.

(Quelle) Anna Seghers: Der gerechte Richter, in: Sinn und Form, 3/1990, S. 485.

Gewiß kamen ihr Zweifel. Diese verdeutlichten die Erzählung »Der gerechte Richter«, die sie bereits 1957, unmittelbar nach dem Prozeß gegen Janka, niederschrieb. Bezeichnend war jedoch auch hier, daß sie keinen Versuch unternahm, diese kleine Prosaarbeit zu veröffentlichen, sondern sie statt dessen mit ihrem Nachlaß dem Anna-Seghers-Archiv der Akademie der Künste der DDR überließ. Hier wurde sie entdeckt und im 3. Heft der Literaturzeitschrift »Sinn und Form« 1990 veröffentlicht. Anna Seghers' Schweigen wog schwer, weil sie, mit Johannes R. Becher gemeinsam, Janka gebeten hatte, zu Lukács zu reisen, um ihm, der in die Wirrnisse der Revolution geraten war, zu helfen. Ulbricht unterband dies. Jetzt wurde diese geplante Reise Janka vor Gericht zur Last gelegt.

In noch stärkerem Maße als Anna Seghers verriet Becher seine engsten Freunde. Sein Brief vom 10. September 1957 an das Politbüro ist ein erschütternder Beleg dafür. Darin distanzierte er sich von seinen Weggenossen, nachdem diese in den Strudel der Benjaminschen Willkürjustiz geraten oder – wie Lukács – als Mitglied der Regierung Nagy politisch gescheitert waren. Zu seiner persönlichen Entlastung hob Becher in diesem bedrückenden Schreiben hervor, daß er zu keiner Zeit bereit gewesen sei, seine Freundschaft zu Lukács über das Parteiinteresse zu stellen[28]. Da offensichtlich die am Schauprozeß teilnehmenden Schriftsteller ebenso dachten, konnte Janka von ihnen keine Hilfe erwarten. Dies veranlaßte ihn jedoch nicht, seine mitwissenden Freunde zu verraten oder sich ein Geständnis abpressen zu lassen. Er zahlte dafür mit fünf Jahren Zuchthaus, die er in verschärfter Einzelhaft in Lichtenberg und Bautzen zubrachte, bis ihn Ulbricht am 23. Dezember 1960 vorzeitig aus der Haft entließ. Die Ironie der Geschichte wollte es, daß Walter Janka am 1. Mai 1989 von Egon Krenz mit dem Vaterländischen Orden in Gold ausgezeichnet und später rehabilitiert wurde.

Zu Jankas Haftfreunden in Bautzen zählte Ende der fünfziger Jahre Erich Loest. Ihm wurde ebenfalls vorgeworfen, gemeinsam mit Zwerenz, der sich noch rechtzeitig in den Westen absetzen konnte, die verfassungsmäßige Staats- oder Gesellschaftsordnung der DDR untergraben zu haben. Die Urteilsbegründung bekam Loest nie zu lesen. Er wurde zu siebeneinhalb Jahren Zuchthaus verurteilt. Loest berichtete über die Hintergründe seines Schicksals eindrucksvoll in seinem autobiographischen Roman »Durch die Erde ein Riß« und in seiner Erzählung »Zwei Briefe von Rohdewald«. Die freundschaftliche Verbundenheit mit Zwerenz und dem Leiter des Leipziger Kabaretts »Pfeffermühle«, Conrad Reinhold, der mit viel Witz, Ironie und Satire die zögerliche Entstalinisierung aufs Korn nahm, wurde ihm ebenso zum Verhängnis wie seine unverhohlene Sympathie für die Ideen Ernst Blochs.

Auch wenn Ulbricht zum Jahreswechsel von 1956 auf 1957 seine schärfsten Gegenspieler innerhalb der Parteiführung noch nicht ausgeschaltet hatte – dies geschah endgültig erst im Februar 1958 –, gelang es ihm doch, mit einem erneuten Kurswechsel und einer harten Absage an alle Reformgedanken die volle politische Handlungsfähigkeit zurückzugewinnen. Offenkundig wurde dies bereits auf dem 30. Plenum des Zentralkomitees der SED am 30. Januar 1957. Sich an die Intellektuellen wendend, führte er in seinem Referat aus: »Manche unserer Schriftsteller, Journalisten und Künstler sehen noch nicht die Scheidelinie, die die Kritik von den Positionen der sozialistischen Gesellschaft aus von einer den Aufbau des Sozialismus in der DDR untergrabenden und nur für die reaktionären Kräfte vorteilhaften Kritik trennt. Die Vorliebe für Enthüllungen der Fehler in der Vergangenheit und der bestehenden Mängel trübte diesen Kulturschaffenden den Blick ... Bei uns gibt es keine Zensur, und es gibt keine Beschwerden, daß Bücher nicht gedruckt werden. Wir hatten sogar den Zustand, daß in einigen Zeitschriften bzw. Wochenzeitungen, wie z. B. im ›Sonntag‹, die freie Meinungsäußerung der fortschrittlichen Kräfte unterbunden wurde. Wenn in einigen Kreisen behauptet wird, daß wir angeblich die ›Pressefreiheit‹ und die ›Schaffensfreiheit‹ beschränken, wobei sie diese ›Freiheit‹ auf ihre Art verstehen, so antworten wir: Für uns ist die Freiheit keine Abstraktion ... Wir gewähren volle Freiheit für die Entwicklung der sozialistischen Wissenschaft und Kultur in der DDR«[29].

Das Tauwetter endete in einer neuen Eiszeit. Die DDR verlor viele ihrer besten Köpfe. Sie darbten in den Zuchthäusern, verloren ihr Rückgrat, wurden wie Bloch zum Schweigen verurteilt oder kamen in die Bundesrepublik.

Chemie gibt Brot, Wohlstand und Schönheit.

Losung 1958

Greif zur Feder Kumpel, die sozialistische Nationalliteratur braucht dich!

Bitterfelder Losung 1959

Auf dem »Bitterfelder Weg« zur »Ankunft im Alltag«

Als »Bitterfelder Weg« bezeichnete die SED ihr neues kulturpolitisches Programm Ende der fünfziger Jahre. Sie kopierte damit nicht, wie zu Beginn des Jahrzehnts mit dem sozialistischen Realismus, abermals ein sowjetisches Vorbild, sondern schuf eine eigene kulturpolitische Bewegung, ohne jedoch die Doktrin des sozialistischen Realismus aufzukündigen[1]. Die Grundkonzeption ging zurück auf die Forderungen der Arbeiter und Funktionäre des VEB Braunkohlenwerkes Nachterstedt, die noch auf dem IV. Schriftstellerkongreß 1956 kaum beachtet wurden, weil sich die Schriftsteller gegen eine Instrumentalisierung durch die Staatspartei wehrten.

Doch die SED ließ nicht locker. Nachdem es ihr gelungen schien, durch erhebliche Steigerungen in der Industrieproduktion die ärgsten Engpässe in der Versorgungslage zu überwinden und das politische System zu stabilisieren, wollte sie nun endlich auch die Köpfe der Menschen für sich gewinnen. Dazu brauchte sie die Schriftsteller, aber auch die Arbeiter. Mit einer breit angelegten kulturpolitischen Offensive glaubte sie, von der im Keime erstickten Entstalinisierung in Staat und Gesellschaft ablenken zu können, indem sie staatstragende Teile der Gesellschaft auf ein umfassendes neues kulturpolitisches Ziel einschwor. Sie traute sich zu, die Welt der Wirtschaft mit der Welt der Kunst und Literatur, die Welt der Literaten und Künstler mit der Welt der Arbeiter und Bauern auszusöhnen. Diese Synthese von wirtschaftlicher Produktivität und literarisch-künstlerischer Gestaltung einerseits sowie von Literatur, Kunst und Arbeitswelt andererseits sollte der noch jungen Republik zu einem geistigen und ökonomischen Höhenflug verhelfen, wie er im westlichen Teil Deutschlands undenkbar wäre.

Die Verquickung so unterschiedlicher Lebensbereiche, Lebensweisen und Denkprozesse schlug fehl. Ja, sie bewirkte sogar das Gegenteil dessen, was die SED erreichen wollte. Zwar leitete sie, wie intendiert, die

Bertolt Brecht kehrte im Oktober 1948 aus dem Exil nach Berlin zurück und nimmt an einem Empfang des Kulturbundes teil. Foto Jürgens

Bertolt Brecht mit Johannes R. Becher auf dem Empfang zum IV. Jahrestag der Gründung der DDR im Amtssitz des Präsidenten Wilhelm Pieck am 7. Oktober 1953. Foto Jürgens

Bertolt Brecht empfängt vom Präsidenten Wilhelm Pieck am 7. Oktober 1951, dem Geburtstag der DDR, in der Deutschen Staatsoper die Urkunde zum Nationalpreis I. Klasse. Foto ADN

Unter dem Motto: »Die Bücher von heute sind die Taten von morgen« (Heinrich Mann) stand der IV. Deutsche Schriftstellerkongreß, der im Januar 1956 in Berlin stattfand. Am Rednerpult befindet sich Stephan Hermlin.

Foto ADN

Der Schriftsteller Eduard Claudius spricht zu dem Auditorium auf dem IV. Deutschen Schriftstellerkongreß, der im Januar 1956 in Berlin stattfand. Im Präsidium folgen seiner Ansprache der Minister für Kultur und Friedenspreisträger Johannes R. Becher, der Erste Sekretär des Zentralkomitees der SED, Walter Ulbricht, sowie der Nationalpreisträger Willi Bredel (V. r. n. l.). Foto ADN

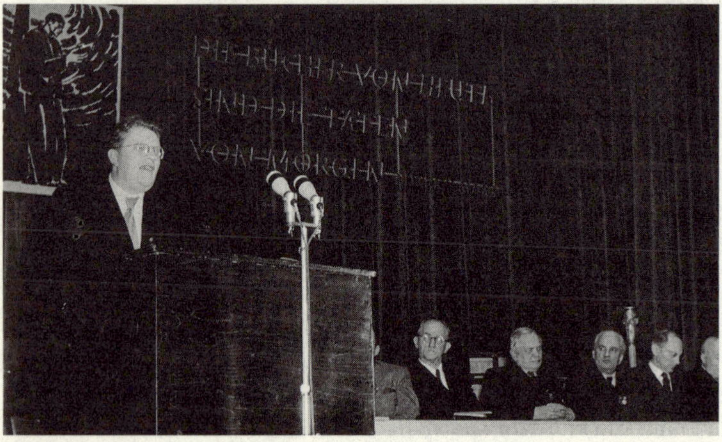

Der Schriftsteller KUBA (alias Kurt Barthel) verliest eine Grußadresse des Zentralkomitees der SED an den IV. Deutschen Schriftstellerkongreß am 9. Januar 1956. Foto ADN

Der Minister für Kultur, Johannes R. Becher, mit seiner Frau im Gespräch mit dem Ersten Sekretär des Zentralkomitees der SED, Walter Ulbricht auf dem IV. Deutschen Schriftstellerkongreß anläßlich eines Empfangs für die in- und ausländischen Delegierten am 14. Januar 1956.

Foto ADN

Delegierte des IV. Deutschen Schriftstellerkongresses waren auch Arbeiter aus den sogenannten Volkseigenen Betrieben der DDR. Die Schriftstellerin Alex Wedding und der Dichter KUBA (alias Kurt Barthel) unterhalten sich mit Arbeitern aus dem Braunkohlewerk Nachterstädt, dem Kraftwerk Klingenberg und aus der Max-Hütte. Foto ADN

Arnold Zweig während seiner Ansprache auf dem IV. Deutschen Schriftstellerkongreß im Januar 1956 in Berlin. Foto ADN

Der Erste Sekretär des Zentralkomitees der SED, Walter Ulbricht, spricht am letzten Tag des IV. Deutschen Schriftstellerkongresses in Berlin zu den Delegierten. Foto ADN

Die Präsidentin des Deutschen Schriftstellerverbandes, Anna Seghers, im Präsidium der Delegiertenkonferenz am 8. Februar 1957 in Berlin mit Bodo Uhse (l.) und Hans Marchwitza. Foto ADN

Der Erste Sekretär des Zentralkomitees der SED, Walter Ulbricht, unterhält sich auf der Bitterfelder Konferenz mit dem Schriftsteller Gustav von Wangenheim und dem ehemaligen Leipziger Theaterintendanten und späteren stellvertretenden Kulturminister Hans Rodenberg.

Foto ADN

Während einer Pause unterhalten sich auf der Bitterfelder Konferenz die Schriftstellerin Regina Hastedt, der Schriftsteller Jan Koblowitz, der Abteilungsleiter für Volksbildung und Kultur der Bezirksleitung der SED in Karl-Marx-Stadt, Theo Schlötzer mit Arbeitern aus den sogenannten Volkseigenen Betrieben. Foto ADN

Der Schriftsteller Bruno Apitz signiert seinen berühmt gewordenen Roman »Nackt unter Wölfen« anläßlich der Eröffnung der Internationalen Buchkunstausstellung 1959 im Leipziger Schauspielhaus.

Foto ADN

Der Nachwuchsautor Werner Bräunig spricht auf der Bitterfelder Konferenz 1959 zu den anwesenden fast 300 »schreibenden Arbeitern und Bauern« und etwa 150 Schriftstellerkollegen. Foto ADN

dritte Phase der Literaturentwicklung in der DDR ein, gab ihr allerdings ein völlig anderes Gesicht, als von den Kulturfunktionären geplant worden war.

Nach der durch Vielfalt und Toleranz gekennzeichneten literarischen Sammlungsbewegung in den ersten Nachkriegsjahren, der dogmatischen und muffigen Enge des sozialistischen Realismus seit Gründung der DDR gerieten nun mit der geforderten Synthese in immer stärkerem Maße die Darstellung der Arbeitswelt und des Berufsalltags, die sozialistische Gesellschaftsordnung und die Menschen, die in ihr lebten, unmittelbar in das Blickfeld des literarischen Betrachters. Wie kam es dazu?

Nach der erneuten Niederlage reform-sozialistischer Ideen in Ungarn und der tiefen Verunsicherung, die der XX. Parteitag der KPdSU bei der Intelligenz ausgelöst hatte, ging es der SED nunmehr darum, ideologische Klarheit zu schaffen und mit Querdenkern wie Georg Lukács, Ernst Bloch oder Hans Mayer abzurechnen. Dies geschah auf der Kulturkonferenz der SED im Oktober 1957. Die Schriftsteller wurden hier nicht persönlich angegriffen, aber ihnen wurde von Alexander Abusch mit Sätzen wie: »Dort, wo wir nicht sind, da ist der Feind«[2] oder in unserem kulturellen Leben ist künftig alles »auszumerzen«, »was unserer gemeinsamen sozialistischen Sache schadet«[3], unmißverständlich der Weg gewiesen. Die Sprache allein war verräterisch. Abusch beließ es jedoch nicht dabei, sondern forderte die Autoren auf, sich »mit dem Leben unserer Menschen in den volkseigenen Betrieben, in den Maschinen – Traktoren – Stationen und in den landwirtschaftlichen Produktionsgemeinschaften tief vertraut« zu machen[4]. Die Schriftsteller sollten nun endlich das »gute Buch« über die brennenden Gegenwartsprobleme schreiben und beweisen, daß sie nicht länger Erscheinungen bürgerlicher Dekadenz in ihren Arbeiten aufsäßen.

Die Abrechnung mit den Reformideen blieb unwidersprochen, aber nicht ohne Wirkung. Den ehemaligen Vorsitzenden des Schriftstellerverbandes, Bodo Uhse, veranlaßte sie zur Selbstkritik. Sein Blick sei getrübt gewesen, weil er den Feind aus den Augen verloren habe, gestand er reumütig ein[5].

Auf dem V. Parteitag ergänzte Ulbricht die Forderungen der Kulturkonferenz dahingehend, daß nicht nur die Schriftsteller in die Produktion gehen sollten, sondern umgekehrt auch die Arbeiter und Bauern »die Höhen der Kultur stürmen und von ihnen Besitz ergreifen« sollten[6]. Beide Überlegungen flossen unmittelbar in die Bitterfelder Konferenz ein, zu der der Mitteldeutsche Verlag anstelle seiner jährlich einmal stattfindenden Autorenkonferenz Schriftsteller, Künstler, Vertreter der Gewerkschaften und Verbände sowie Arbeiter einlud. Die politische Prominenz war ebenfalls anwesend. Die Veranstaltung fand im Kulturpalast des

Ulbricht auf der Bitterfelder Konferenz

Wie die Erfüllung unseres Volkswirtschaftsplanes auf alle Sphären der Kultur wirkt und immer bessere Voraussetzungen dafür schafft, die wachsenden kulturellen Bedürfnisse aller Werktätigen zu befriedigen, so wirkt sich umgekehrt die Bereicherung unseres kulturellen Lebens befruchtend und belebend auf die produktive Tätigkeit unserer Werktätigen aus.

(Quelle) Elimar Schubbe (Hrsg.): Dokumente zur Kunst-, Literatur- und Kulturpolitik der SED (1946–1970), Stuttgart 1972,5.577.

Elektrochemischen Kombinats in Bitterfeld statt, weil hier das Zentrum der chemischen Industrie der DDR entstand. Der Wahl des Tagungsortes fiel programmatische Bedeutung zu. Ulbricht machte dies in seinem ausführlichen Referat deutlich, indem er unterstrich, daß die Aufgaben der Schriftsteller in unmittelbarem Zusammenhang mit »der Lösung der ökonomischen Hauptaufgabe« stünden. Sie bestehe darin, das wirtschaftliche Niveau in Westdeutschland nicht nur zu erreichen, sondern zu übersteigen. In Kunst und Literatur sah er einen »Produktionsfaktor«, der die Werktätigen zu größeren Leistungen beflügeln und damit zur Beschleunigung der ökonomischen Entwicklung maßgeblich beitragen sollte[7].

Mit der Aufforderung an die Arbeiter und Bauern, zur Feder zu greifen oder auf andere Art und Weise künstlerisch tätig zu werden, versuchte Ulbricht, insbesondere die Schriftsteller durch ihre potentiellen Leser unter Druck zu setzen. Er verfuhr dabei frei nach dem Motto, wenn nun nicht bald Romane, Erzählungen und Gedichte über die sozialistische Arbeitswelt von heute entstehen, dann werden sie die Werktätigen eben selber schreiben. Als Vorbild diente ihm dabei die »Bewegung der schreibenden Arbeiter« aus den zwanziger Jahren der Weimarer Republik, als Genre vor allem das Brigade-Tagebuch[8]. Es hält alltägliche Geschehnisse am Arbeitsplatz, in der Fabrik oder andernorts fest und schildert die Beziehung der Menschen dort in ihrem natürlichen Umgang miteinander.

Bedingt durch eine massive staatliche Förderpolitik und Werbung der Kulturfunktionäre kam es zur Gründung zahlreicher »Zirkel schreibender Arbeiter«, die vorwiegend im Rahmen von Reportagen und Tagebüchern über ihr schriftstellerisches Niveau Zeugnis ablegten. Vereinzelt taten sich einige auch als Dichter und Romanautoren hervor. Zu nennen wären hier u. a. Horst Salomon, Werner Bräunig und Martin Viertel, die alle drei Wissmuth-Kumpels waren.

Die der Bitterfelder Initiative entspringenden zahlreichen Veröffentlichungen gingen im wesentlichen auf die politische Vorgabe der Verlage und die enge Zusammenarbeit ihrer Lektoren mit den »Zirkeln schreibender Arbeiter« zurück. Damit sich der Dilettantismus einigermaßen in Grenzen hielt und die ideologische Absicht nicht fehlschlug, bekamen die schreibenden Arbeiter und selbsternannten »Dichter« Leitfäden für ihre »Produktion« an die Hand. Sie wurden später in überarbeiteter Fassung im »Handbuch für schreibende Arbeiter« veröffentlicht[9].

Die Hoffnung, auf diesem Wege Arbeiter zu tüchtigen Schriftstellern und zu einer ideologisch zuverlässigen Quelle der »sozialistischen Nationalliteratur« heranzubilden, erfüllte sich jedoch nicht. Die Prophezeiung des »Neuen Deutschland« vom 27. Februar 1960, binnen kurzem 100000 und mehr Menschen zu haben, »die sich in Wand- und Betriebszeitungen, in den Kreisseiten unserer Presse, in Agitprop-Szenen und Laienspielen mit den Problemen ihres Betriebes und ihrer LPG auseinandersetzen«, traf allenfalls als Momentaufnahme zu[10]. Die Anfangseuphorie reichte nicht weit.

Noch weniger erfüllte sich die Erwartung, die aus den Zirkeln hervorgehende Literatur würde »schneller und unmittelbarer wirken, als das Werk eines Berufsschriftstellers es je könnte«. »Die neuen großen Themen«, hieß es, »werden schneller in die Literatur eingeführt werden, als wenn wir das nur den Schriftstellern allein überließen«[11].

Die Zeitschrift »Neue Deutsche Literatur« kam im gleichen Jahr zu einer anderen Bewertung. »Wenn das so weitergeht«, heißt es dort mit Bezug auf eine Schriftenreihe, in der eifrig Gestalten der Arbeiterklasse porträtiert wurden, wird man wohl bald »eine vollständige Liste der Berufe und Berufszweige in der DDR anfertigen können. Schon jetzt haben Chemiearbeiter (und zwar verschiedenster Spezialzweige), Dreher, Eisenbahner, Bergleute, Elektrotechniker, Molkereiangestellte, Bauarbeiter usw. ihre Autoren gefunden. Die an sich erfreuliche Feststellung schließt allerdings eine gewisse Kritik ein: Das Auge der Autoren ist zuweilen noch zu krampfhaft auf einen einzigen Betrieb oder gar eine einzige Abteilung gerichtet. Solche ›Askese‹ lähmt leicht die schöpferische Phantasie. Einige junge Schriftsteller scheinen im Zeitalter der Luniks und Sputniks derartig unter der Anziehungskraft der Erde zu leiden, daß sie kaum den Kopf zu heben und nur den eigenen Lebenskreis zu überblicken vermögen. Das führt, auch in kürzeren Arbeiten, die natürlich eine gewisse Beschränkung auferlegen, zu künstlerischer Ärmlichkeit und Trockenheit. Schweißtriefend – Phantasie könnte gefährlich sein! – sieht man sich gleichsam von Handlungspartikel zu Handlungspartikel. ›Ich schreibe ein Buch über Molkereiarbeiter!‹ Also nur nicht nach rechts und links gucken«[12].

Es erwies sich schnell, daß der »Bitterfelder Weg« zwar einen stimulierenden Beitrag zu leisten vermochte, das kulturelle Interesse der Menschen zu fördern, nicht aber über eine Massenbewegung willfährige und zugleich begabte Schriftsteller heranbilden konnte. Auch die Promotoren einer »sozialistischen Nationalliteratur«, sollte sie nicht an Plattitüden und der Tyrannei der persönlichen Erfahrungen ersticken, lernten zu erkennen, daß sie den zur Feder greifenden Kumpel nicht brauchte, ja dieser sogar die literarische Entwicklung hemmte. So kam es bereits auf den großen Kulturkonferenzen 1960 zu förmlichen Korrekturen der Bitterfelder Losungen. Insbesondere zu erwähnen ist hier die Entschließung des Zentralkomitees der SED und des Deutschen Kulturbundes. Sie sprach von Schwierigkeiten und ungeahnten Problemen. Dabei ging es vor allem um den Verfall des künstlerischen Niveaus, um eine Generalaussprache über die literarische Qualität der »neuen Werke«. Diese Aussprache muteten die Kulturpolitiker den Schriftstellern zu, die sie ein Jahr zuvor noch vom Sockel stoßen wollten, kameradschaftlich mit den schreibenden Arbeitern zu führen. Diesen wurde die neue Rolle des ungebetenen Stoffsammlers für die großen literarischen Arbeiten der neuen Zeit zugewiesen[13]. Der »Bitterfelder Weg« war damit in einem wesentlichen Punkt gescheitert. Bitterfeld wurde zu keinem zweiten Weimar.

Unter den bereits erfolgreichen Schriftstellern artikulierte dies auf eindrucksvolle Weise Franz Fühmann. Bereitwillig war er den Aufforderungen gefolgt, seinen Schreibtisch zu verlassen und in die Produktion zu gehen. Es zog ihn in die Warnow-Werft nach Warnemünde. Seine bisherige Arbeit als Schriftsteller beurteilte er selbstkritisch. Er bereute sie nicht, aber er kam zu der Einsicht, daß unterdessen eine neue Republik entstanden sei, »mit neuen Städten und Genossenschaften und Werften und Werken, eine Republik, von der ich nichts kannte außer ihren Autobahnen und Konferenzsälen und dem Abklatsch der Wirklichkeit auf Rotations- und Schreibmaschinenpapier«[14]. Diese politische Grundeinstellung hatte keinen Bestand. Fühmann schrieb über seine Erfahrungen auf der Warnow-Werft mit »Kabelkran und Blauer Peter« eine wenig überzeugende Reportage, auch wenn die damalige DDR-Kulturpolitik mit Lob nicht geizte. Denn es gelang ihm nicht, sich in das Leben der Arbeiter einzufühlen; er blieb nur Besucher, Außenseiter. Sein erster Eindruck von der Werft war der »eines phantastischen Gesichts«[15]. Sie trat ihm als unnahbares Gebilde gegenüber. Er fand ebensowenig eine Beziehung zu ihr wie zu den Arbeitern, die dort ihrem Beruf nachgingen.

Als Kulturminister Hans Bentzien (1961–1966) ihn zur Vorbereitung der II. Bitterfelder Konferenz einlud, schilderte Fühmann ihm offen und vorbehaltlos seine Schwierigkeiten mit dieser Konzeption und bekannte freimütig, daß er den großen Betriebsroman nicht schreiben könne. Ferner kritisierte er, daß zahlreiche literarische Arbeiten nur protegiert würden, weil sie dem Parteiinteresse dienten. »Es muß aufhören«, schrieb er dem Minister, »jede thematisch begrüßenswerte, doch künstlerisch amorphe

Fühmann schrieb Bentzien

Ich halte es aber in meinem Fall für falsch, dies Bemühen rein quantitativ fortzusetzen: Man geht in eine Brigade und noch in eine und noch in eine und noch – dabei kommt nicht viel heraus. Denn zwei Gebiete jenseits der erwähnten Grenze werde ich beim besten Willen nicht mehr erobern können: das weite Land der Erinnerung an Herkunft, Familie, Schule, Lehrzeit, erste Liebe, erstes Glück, erstes Leid, an jene Dimension also, die jedes Stück Literatur braucht, um nicht flach zu bleiben. Zum zweiten liegt »jenseits« der weite Bezirk der allgemein-menschlichen Gefühle, die im literarischen Werk nur dann glaubhaft gestaltet werden können, wenn man sie in ihrer, durch die gesellschaftliche Spezifik geprägten Individualität zeigt. Die aber kenne ich nicht, und ich komme »von außen« zu wenig in sie hinein; es langt zu einer politischen Debatte, aber nicht zu einer künstlerischen Gestaltung. Was zum Beispiel empfindet ein Mensch, der weiß, daß er sein Leben lang so ziemlich dieselbe Arbeit für so ziemlich dasselbe Geld verrichten wird, als beglückend und was als bedrückend an eben dieser Arbeit; wo bringt sie ihm Reize, wo Freude, wo Leid, in welchen Bildern, auf welche Weise erscheint sie in seinem Denken und Fühlen, usw. usw. Ich weiß es nicht und kann es nicht nachempfinden, und der Arbeiter spricht, obwohl er mein Freund ist, nicht darüber, weil es für ihn die allerselbstverständlichsten Dinge sind, so selbstverständlich, daß man die Frage danach gar nicht versteht, weil man die Antwort eben in Fleisch und Blut hat, nicht im Mund.

(Quelle) Franz Fühmann: Wandlung – Wahrheit – Würde. Aufsätze und Gespräche 1964–1981, Darmstadt/Neuwied 1985, S. 10f.

Arbeit als ›Meisterwerk‹ oder ›erneuten Beweis für unsere noch nie dagewesene Literaturblüte‹ zu feiern. Es muß aufhören, daß einer für Pfusch und Murks noch honoriert wird. Wir müssen uns echte Maßstäbe künstlerischer Leistung erarbeiten. Wir müssen die Erkenntnis durchsetzen, daß ein bewußtes Hinarbeiten auf Spitzenprodukte kein Großzüchten von Stars ist. Wir müssen allen Versuchen einer Nivellierung und Gleichmacherei entgegenwirken«[16].

Dennoch hielt die SED weiter an der Grundidee der Bitterfelder Bewegung fest. Für den 24. und 25. April 1964 lud ihre ideologische Kommission, die sich seit dem VI. Parteitag 1963 für die Lenkung der Literatur verantwortlich wußte, zu einer 2. Bitterfelder Konferenz abermals in den Kulturpalast des elektrochemischen Kombinats ein. Auch wenn diese Einladung gemeinsam mit dem Kulturministerium ausgesprochen wurde, signalisierte sie den Schriftstellern und Künstlern schon über den Veranstalter, daß es um eine neue politische, ideologische Ausrichtung der Kulturpolitik gehen würde. So kam es auch. Ulbricht hob zwar in seiner mehrstündigen Rede die historische Bedeutung der 1. Konferenz hervor, dankte den arrivierten Schriftstellern für ihr Engagement und zeigte Verständnis dafür, daß sie beim »Durchforschen der Wirklichkeit« auf »Mängel und Unzulänglichkeiten vielerlei Art« gestoßen seien[17].

Viele Schriftsteller waren, wie Franz Fühmann, dem Aufruf der Partei 1959 gefolgt und hatten Kontakt mit der Berufs- und Arbeitswelt aufgenommen. Sie fanden sich auf den großen »Bauplätzen der Republik« und in den großen »landwirtschaftlichen Genossenschaften« ein. In den Brigaden lernten sie das Leben der Arbeiter und Bauern näher kennen. Dort erfuhr auch Brigitte Reimann, deren 1961 erschienener Romantitel »Ankunft im Alltag« der Bitterfelder Literatur programmatische Bedeutung verlieh, daß es um das »Heldentum« der Arbeiter nicht zum besten bestellt war. Ihnen schien die Lohntüte wichtiger als der Aufbau der sozialistischen Gesellschaftsordnung. Diese Eindrücke faßte sie im »Neuen Deutschland« unter der Überschrift: »Entdeckung einer schlichten Wahrheit« zusammen. Dort heißt es: »Ich fand das Heldentum, das ich erwartet hatte, in ihrer Arbeit, in den acht oder mehr Stunden in der Werkhalle oder auf dem Gelände. Allmählich merkte ich aber, daß viele nicht über ihre Lohntüte hinausblickten, daß es Streit wegen der Prämien gab, daß Solidaritätsmarken ganz gedankenlos geklebt wurden..., daß Tüftler, von denen ich glaubte, sie opferten ihre Abende um der Sache willen, in Wahrheit auf den materiellen Gewinn spekulierten, daß auf Versammlungen anders geredet wurde als unter vier Augen, und... daß die Wünsche und Ziele sich bei vielen in der Ansammlung von unerläßlichen Requisiten eines gehobenen Lebensstandards erschöpften. Der Fernsehapparat muß sein, der Kühlschrank und, als Krone des ganzen, der Trabant. Wie ist es möglich, daß Menschen, die im Betrieb Aktivisten und Neuerer sind, zu Hause die Filzlatschen anziehen und sich begnügen?«[18]

Dieser Praxisschock bewirkte zwar, wie es die SED sich erhofft hatte, eine stärkere Bearbeitung der Gegenwartsthemen in der Literatur, zugleich legte er aber bloß, daß die Ideen und die von oben vorgegebene Parteilinie zur politischen Praxis und den nackten Tatsachen in kräftigem Widerspruch standen. Ulbricht forderte deshalb: »Ein Künstler, der die Wahrheit und das Ganze im Auge hat, kann nicht vom Blickpunkt eines empirischen Beobachters all diese Erscheinungen schaffen, auch nicht vom Blickpunkt eines einfachen Mitarbeiters. Er braucht unbedingt auch den Blickwinkel des Planers und Leiters«[19]. Mit diesem Perspektivwechsel der Schriftsteller von der »Froschebene der Arbeiter und Bauern« zur »Königsebene der Planer und Leiter« versuchte er abermals, Literatur und Kunst auf die neuen politisch-ökonomischen Erkenntnisse einzuschwören.

Mit dem Scheitern des Siebenjahrplans (1959–1961) nach nicht einmal einem Drittel der vorgesehenen Laufzeit hatte die SED auf dem VI. Parteitag das »Neue Ökonomische System der Planung und Leitung der Volkswirtschaft« verkündet, um mit Hilfe der wissenschaftlich-technischen Ressourcen die Volkswirtschaft wieder in Schwung zu bringen[20]. Den Schriftstellern fiel fortan die Aufgabe zu, die »konfliktreiche Darstellung des sozialistischen Menschen, der ›zum allseitig gebildeten, geistig und moralisch hochstehenden Beherrscher von Natur und Gesellschaft, von Wissenschaft, Technik und Produktion‹ wird« in ihren Arbeiten zu verkünden[21]. Dies war eine eindeutige Absage an die Tradition der Arbeiterkorrespondenten-Bewegung der Weimarer Zeit, an die Bitterfeld anzuknüpfen versuchte. Der literarische Spielraum erweiterte sich, als gegenüber der bisherigen Auffassug des positiven Helden im sozialistischen Realismus den Schriftstellern und Künstlern nunmehr von höchster Stelle eingeräumt wurde, auch die tiefen menschlichen Konflikte, Erfolg und Versagen, Sieg und Niederlage, Liebe und Haß in einer Person zu illustrieren. »Für uns ist der sozialistische Realismus aber kein Dogma«, stellte Ulbricht fest, und vergaß »mehr« hinzuzufügen, »keine Ansammlung von Vorschriften, in die man das Leben zu pressen habe«[22].

Neben der Alltags- und Berufsthematik erhielt damit der subjektive Faktor bei der Schilderung der Wirklichkeit durch den Schriftsteller eine zentrale Bedeutung.

Zwar verwies Ulbricht darauf, daß der Künstler »von einer klaren marxistischen Sicht her« die Gegenwart zu thematisieren habe[23]. Was dies jedoch angesichts der evident gewordenen Diskrepanz zwischen deklamiertem Anspruch der Partei und erfahrener Realität der Literaten in den Betrieben konkret bedeuten würde, erahnten die Parteigewaltigen nicht. Sie setzten unverändert auf die Parteidisziplin und vergaßen dabei, daß kritisches Denken, wenn es erst einmal durch eigene Erfahrungen abgestützt worden ist, sich nicht so schnell wieder abschaffen läßt, sondern wie von selbst seine Kreise zieht.

Die »Ankunft im Alltag« destabilisierte die Bitterfelder Utopie und damit die sozialistische Ideologie. Ganz in diesem Sinne setzte Christa Wolf auf der 2. Bitterfelder Konferenz ein Zeichen. Sie forderte ihre Kollegen auf, ruhig einmal über das Abweichende zu schreiben, gegen den Strich zu bürsten, wenn die Alltagserfahrung es erforderte.

Die Zeit der didaktischen Literatur im Dienst der Partei neigte sich für viele dem Ende zu. Mit der »Ankunft im Alltag« begannen »die Meinungsverschiedenheiten über konkrete Sachen: Was ist denn Wahrheit?« fragte Christa Wolf das Auditorium in Bitterfeld. »Und was ist die Wahrheit der Kunst, die statistische, die soziologische, die agitatorische? Was kann man den Lesern an Problematik und Konflikten zumuten?«[24]

Aus der von der Partei vorgegebenen Perspektive des »Planers und Leiters« stellte sich zweifellos für die Schriftsteller auch diese Frage. Als entscheidender für die Zukunft erwies sich jedoch, was sie sich bei der Darstellung der Realität und der darin mitschwingenden Kritik an der Partei letztendlich auch selbst zumuten wollten.

Zwischen Wand- und Widersprüchen
Machen sie es sich bequem
Links ein Sofa, rechts ein Sofa
In der Mitte ein Emblem.

Kurt Bartsch

Utopieverlust durch Realitätsnähe

Mit dem Bau der Berliner Mauer am 13. August 1961 löste das Ulbricht-Regime bei der Bevölkerung eine tiefe Identifikationskrise aus. Davon betroffen waren auch die eingefleischten älteren Kommunisten, die bisher aus innerer Überzeugung dem Ulbricht-Regime die Treue gehalten hatten. Allen Erklärungsversuchen zum Trotz begannen sie daran zu zweifeln, daß ein Staat, der die in ihm lebenden Menschen mit Beton und Stacheldraht in Gewahrsam hielt, wirklich der bessere deutsche Teilstaat wäre. Viele verloren spätestens an diesem Tag die Illusion, ein zukünftiges vereintes Deutschland könnte ein sozialistisches sein. Die Mehrzahl der DDR-Bürger sah sich durch diesen Willkürakt der letzten ihr noch verbliebenen Freiheit beraubt, durch den Schritt von Ost- nach West-Berlin einen Schlußstrich unter die Diskriminierung im sozialistischen Alltag zu ziehen und, wie vor ihnen 2,5 Millionen Menschen, überzusiedeln.

Die Schriftsteller zeigten öffentlich kaum Verständnis für die Reaktionen der Menschen. Dies spiegelte sich nicht nur in ihrem Schweigen wider, mit denen die meisten von ihnen auf den Bau der Mauer reagierten, sondern auch in ihren literarischen Arbeiten der nachfolgenden Jahre. Sie begnügten sich mit Anspielungen und Andeutungen, wo ein klares Bekenntnis der Ablehnung am Platze gewesen wäre, wenn man nicht der SED-Propaganda glaubte, wonach die Mauer zum Schutze des Sozialismus und zur Wahrung des Friedens notwendig gewesen sei.

Die Schriftsteller standen nach dem 17. Juni ein weiteres Mal fast ausnahmslos auf der Seite der Staatspartei. Mit dem Bau der Mauer witterten viele die Chance, nun endlich, da das letzte Schlupfloch gestopft war, das Volk in einem großen Dialog zum Sozialismus zu bekehren. Heiner Müller sprach es offen aus: »Wir waren für diese Maßnahme, um dann über alles offen reden zu können«[1]. Sein Schriftstellerkollege Otto Gottsche, ehemals enger Vertrauter von Walter Ulbricht, erfaßte die Situation mit seinen Worten treffender: »Wir werden jeden an dieser Mauer zerquetschen«[2].

Die Mauer wurde zu einer Grenze des Todes; sie eröffnete nicht den Dialog zwischen Staat und Volk. Vielmehr mußten sich die DDR-Bürger nun – ohne Wenn und Aber – auf ihr begrenztes Lebensumfeld mit ihren spezifischen Lebensverhältnissen hin ausrichten. »Ein Abschweifen des Denkens und Vorstellens nach draußen wurde zwecklos, jedermann war regelrecht gezwungen, sich mit den Alltagsproblemen und Widersprüchen an Ort und Stelle auseinanderzusetzen«[3]

Dies galt auch für die Schriftsteller. Ihre Stimme erhielt zusätzliches Gewicht, soweit es gelang, die Befindlichkeiten der Menschen wenigstens andeutungsweise ins Wort zu bringen. Offen ließ sich nach wie vor nicht über alles reden, aber der Dialog zwischen Autor und Leser gewann eine neue Qualität. Er wurde zu einem wichtigen Medium des Gedankenaustausches in aller Stille, in einer Gesellschaft, der man sich nicht mehr entziehen konnte. So verstärkte der Bau der Mauer die Bitterfelder Vorgabe, darüber zu schreiben, wie sich die Menschen im Sozialismus eingerichtet hatten.

Dabei gingen die Initiatoren und Interpreten davon aus, daß es analog zu den großen Themen aus der jüngsten Vergangenheit auch möglich sein müsse, über die Darstellung der Gegenwart die sozialistische Überzeugung der Menschen zu stärken. Bruno Apitz mit »Nackt unter Wölfen« (1958) und Dieter Noll mit »Die Abenteuer des Werner Holt« (1960) hatten – bei aller Verschiedenheit des Sujets und der epischen Gestaltung ihrer nicht nur in der DDR erfolgreichen Romane – »in der Schilderung der faschistischen Vergangenheit den Leser durch Identifikationsprozesse zum Bejahen der gesellschaftlichen Realität in der DDR« eingeladen. Sie taten dies, indem sie weitgehend auf Klischees verzichteten und die Sprach- und Handlungsgestaltung so anlegten, daß nicht allzu plakativ und aufdringlich das parteipolitische Anliegen herauszuhören war[4].

Warum sollte das, was hier im Vergangenheitsstoff gelungen war, nicht auch in der Gegenwartsthematik möglich sein? Zwar hätte Uwe Johnsons Roman »Mutmaßungen über Jakob«, der sich mit der deutsch-deutschen Wirklichkeit im Jahre 1956 auseinandersetzte und 1959 nur im Westen im Buchhandel erscheinen durfte, den Parteigewaltigen deutlich machen können, daß die differenzierte Beschäftigung mit der deutschen Teilung und ihren vielfältigen Auswirkungen auf den Lebensinhalt und Lebenssinn des einzelnen, aber auch der Gesellschaft insgesamt, eine Fülle von Fragen, Ungereimtheiten, Widersprüchen, Mutmaßungen und Wahrheiten zutage förderte, die einen über das bisherige Maß hinausgehenden ideologischen Erklärungsbedarf erzeugten. Offensichtlich gingen die Kulturfunktionäre jedoch davon aus, daß die Schriftsteller die Wirklichkeit weitgehend mit den Augen der Partei sehen würden. Als Beispiel und Vorbild diente ihnen dabei Regina Hastedts Brigadetagebuch »Die Tage mit Sepp Zach«. Im Klappentext zu diesem Buch, das

Marta Nawrath:

Die Klappenschlägerin im Konzert

Die Partei sagt: Die Arbeiterklasse
muß die Höhen der Kultur erstürmen.
Arbeiterklasse, das bin auch ich.
Also ging ich und kaufte mir
eine Karte für das Konzert.

Anfangs spielte ich mit dem Schloß
meiner kleinen glitzernden Tasche.
Sie war neu – alles war neu –
auch, daß ich im Konzert saß,
ich, eine Klappenschlägerin.

Ob die Frau, die neben mir saß,
weiß, was das ist? Sie liest Noten
wie andre die Zeitung.
Ob sie weiß, wie genau mein Einsatz
klappen muß, damit die Kohle rollt?

Im Programm steht »Allegro« und »Andante«.
Ich weiß nicht, was das ist,
aber ich werde es morgen wissen.
Ob sie morgen weiß, was eine
Klappenschlägerin ist?

Nicht wichtig. Wichtiger, daß ich lerne,
was ein Allegro ist. Nein, auch nicht wichtig.
Wichtig allein, daß die Musik
mich mitnahm aufs Meer, in den Sturm
und in den stillen Garten.

Ich fuhr nicht mit der Straßenbahn,
ich nahm auch keinen Wagen –
obwohl ich mir das manchmal leisten kann –,
ich ging den langen Weg nach Haus zu Fuß.
Und um mich war Musik.

Mein Herz schlug kräftig und schnell,
als wenn ich einen Berg erstiegen hätte,
einen Berg mit wunderbarer Aussicht.

(Quelle) Marta Nawrath: Mein Lied ist laut. Gedichte, Halle 1960, S. 54f.

1959 erschien, hieß es: »Sepp Zach – mehrfacher Aktivist und Held der Arbeit – und seine Kumpel aus dem ›Karl-Liebknecht-Schacht‹ hatten eine Menge zu erzählen. Und das wurde nun aufgeschrieben. Lebendig und anschaulich beschreibt die Autorin Leben und Arbeit unserer Bergarbeiter. Das Buch ist u. a. dadurch so wertvoll, weil es die Entwicklung, den revolutionären Kampf und schließlich die sozialistische Bewußtseinsbildung der Kumpel zeigt«[5].

Bitterfeld löste eine Flut affirmativer Literatur aus; sie kennzeichnete das Bemühen, die von der SED vorgegebene Realitätsdeutung zu bestätigen und ihre Beschlüsse zu illustrieren. Dies gilt insbesondere für die auf dem V. Parteitag der SED 1958 verkündeten »Zehn Gebote der sozialistischen Moral«, die vorschrieben, wofür sich der sozialistische Mensch einzusetzen hatte und wie er selbst zu einem »allseitig gebildeten, charakterfesten und körperlich gestählten Menschen« heranreifen sollte[6].

Zum verlegerischen Zentrum dieser Literatur wurde der Mitteldeutsche Verlag in Halle. Hier erschien u. a. Marta Nawraths Gedichtsammlung »Mein Lied ist laut« (1960). Mit dem Gedicht »Die Klappenschlägerin im Konzert« griff sie unmittelbar eine der Bitterfelder Losungen, »die Höhen der Kultur« zu erstürmen, auf, so wie es in der Kongreßhalle damals auf riesigen Lettern zu lesen stand.

Mit »Treffpunkt heute«, den »Deubener Blättern«, der mehrbändigen Anthologie »Ich schreibe« entstanden spezielle Reihen der Bitterfelder Literaturbewegung. Wurden diese Arbeiten auch damals hoch gelobt, so gerieten sie doch schnell in Vergessenheit. Heute dienen sie allenfalls noch als Illustrationsmaterial dafür, welche Kuriositäten eine Literatur hervorzubringen imstande ist, die es sich zur Aufgabe macht, zwischen Utopie und Wirklichkeit ein harmonisches Bild einer konfliktgeladenen Gesellschaft auszumalen.

Bedeutung bis heute bewahrten sich jedoch die literarischen Arbeiten, die das von der SED vorgegebene Wissen nicht über die persönliche Erfahrung stellten, mit der Schriftsteller von den »Bauplätzen der Republik« zurückkehrten.

Während in der Phase des sozialistischen Realismus in vielen Werken eine Deckungsgleichheit in der Perspektive des Helden mit der politischen Perspektive der SED zum Ausdruck kam, so begann sich mit der von Ulbricht in Bitterfeld geforderten Hinwendung zur Arbeitswelt und dem später zugestandenen Recht auf Subjektivität die Realitätswahrnehmung und -deutung in der Literatur mehr und mehr von der Realitätsdarstellung in der Politik abzuheben. Der Praxisschock bei der »Ankunft im Alltag« löste bei einigen Autoren einen Utopieverlust aus. Bitterfeld geriet zur »Probe auf die Wahrheit des sozialistischen Ideals in der Gegenwart«[7]. Diese »Probe auf die Wahrheit« provozierte die Frage bei Schriftstellern und Lesern gleichermaßen, inwieweit Ideologie und Realität noch miteinander in Einklang zu bringen wären.

Von der Literatur ging in dem Umfange eine »befreiende« Wirkung aus, wie sie den Mut fand, das subjektiv Erfahrene auszusprechen, gerade dann, wenn es im Gegensatz zu dem von der SED vorgegebenen »objektivierten« Gesellschaftsbild stand. »Weder utopische Vorwegnahme noch harmonisierende Gleichsetzung, sondern kritische Reflexion des Möglichen in intensiver Auseinandersetzung mit dem Wirklichen ergibt sich aus den erläuterten Voraussetzungen als Aufgabe der Literatur«[8]. Indem die Schriftsteller ihre persönlichen Erfahrungen thematisierten, wurden diese zu einer öffentlichen Angelegenheit, die Partei und Staat herausforderten, weil sie befürchten mußten, das öffentliche Bewußtsein könnte sich dadurch gegen sie wenden.

In einem totalitären Staat wurden der »kritischen Reflexion des Möglichen« allerdings schon früh Grenzen gesetzt. In dem Maße, wie in der Literatur der Glaube an die Utopie schwand und sie sich der mit Händen zu greifenden und an Widersprüchen reichen Realität zuwandte, setzte sie sich zwangsläufig der einschränkenden Wirkung der Zensur aus. Obwohl die Schwierigkeiten, in einem totalitären Staat ein Refugium für die Literatur aufzubauen und zu behaupten, allseits bekannt waren, versuchten einige Autoren, ein Stück weit zumindest, diesen Weg zu beschreiten. Sie taten dies, wie Ulbricht es gefordert hatte, in der Regel »von einem klaren marxistischen Standpunkt« aus und glaubten wohl nicht zuletzt deshalb, es vermeiden zu können, zwischen die Mühlsteine der Parteidisziplin und ihrem eigenen, sich neu formierenden Selbstverständnis als Chronisten der Gegenwart zu geraten.

Mit dem Fortschreiten auf dem »Bitterfelder Weg« und den tastenden Versuchen, aus der Perspektive des Alltags, des Hier und Heute, des Du und Ich, die Gegenwart zu deuten, überschritten einige Literaten die nicht näher definierte Toleranzgrenze der sozialistischen Obrigkeit und gerieten mit ihr in Kollision.

Die drei Gattungen der Literatur – Lyrik, Dramatik und Epik – waren davon, wenn auch in unterschiedlichem Maße, gemeinsam betroffen. Sie wurden zum Gegenstand intensiver öffentlicher Diskussionen in den Medien und im Schriftstellerverband. Sie lösten heftige Auseinandersetzungen hinter verschlossenen Türen in den Gremien der Partei aus.

Lyrik

Zu Beginn der sechziger Jahre machte auf zahlreichen Lyrikabenden und mit einigen kleineren Publikationen und Anthologien eine neue Generation von Dichtern auf sich aufmerksam, die bis dahin kaum in Erscheinung getreten war. Zum größten Teil während der nationalsozialistischen Schreckensherrschaft geboren, gehörten sie jedoch nicht mehr zu der Generation, die am Zweiten Weltkrieg aktiv teilnahm. In die DDR wuchsen sie als junge Menschen hinein, schlossen dort ihre Schul- und Studienzeit ab und erlernten einen Beruf. Zu dieser Generation der Nachgeborenen, die als erste überwiegend vom Sozialismus geprägt wurde, gehörten u. a. Reiner Kunze, Rainer Kirsch, Wolf Biermann, Volker Braun, Bernd Jentzsch, Sarah Kirsch, Heinz Czechowski, Karl Mickel und Elke Erb. Sie fanden in den einige Jahre älteren Lyrikern Georg Maurer und Adolf

---

Die neue Lyrikgeneration

> Insbesondere die Generation derer, die als junge Menschen in den sozialistischen Staat hinwinwuchsen und das Neue als das ihre mit Enthusiasmus begrüßten, ist, zur Enttäuschung der führenden Alten, welche diesen Staat unter Schmerzen schufen, zu einem kritischen Selbstbewußtsein erwacht, sieht sich in gesellschaftliche Zwänge und Forderungen verstrickt und setzt sich zur Wehr. Die Lyrik ist die Gattung, in der solcher Protest die prägnanteste Gestalt gewinnt. Die Lyrik müßte ihr konstituierendes Element aufgeben, verzichtete sie auf die ihr gemäße monologische Grundstruktur, ließe sie sich davon abbringen, zuallererst Stimme des souveränen Ichs zu sein.

(Quelle) Werner Brettschneider: Zwischen literarischer Autonomie und Staatsdienst. Die Literatur in der DDR, Berlin 1980, S. 221f.

Endler ihre Mentoren. Ihre Arbeiten zeichneten sich dadurch aus, daß sie sich einer politischen Auftragslyrik bewußt verweigerten. Sie suchten und fanden ihre eigene Ausdrucksform. Dabei gerieten sie in Gegensatz zu arrivierten älteren Kollegen, die, vom sozialistischen Realismus geprägt, sich einer kritischen Bestandsaufnahme der nach ihrem eignen Verständnis in der sozialistischen Gesellschaftsordnung angekommenen DDR verweigerten. Vordergründig ging es dabei wieder einmal um das Verhältnis von Inhalt und Form, tatsächlich aber um die andere politische Dimension der neuen Lyrik, um das Recht auf Subjektivität gegenüber einer politisch vorgegebenen, angeblich zwangsläufigen gesellschaftlichen Entwicklung. Volker Braun brachte das gewandelte Selbstverständnis für seine ungeduldig gewordene Generation in den Zeilen zum Ausdruck:

»Wir pauken nicht mehr nach dem alten Marsch,
sondern denken beim Lernen der neuen Lieder
...
Es ist Zeit,
daß wir alle dazulernen
und die Verbotsschilder der Vorurteile zerbrechen« [9].

Der ritualisierten, kollektiven Anpassung, in der das Ich im Wir, das Individuum in der Gesellschaft aufging, setzte diese Generation ihre ganz persönlichen Erfahrungen entgegen.

»Du hast das Recht, du zu sein, und ich bin ich:
Und mit keinem verbünden wir uns, der nicht er selber ist,
Unverwechselbar er im Haß, im Lieben, im Kampf« [10].

Auch diese trotzigen Zeilen dichtete Volker Braun. Unabhängig davon, ob ihnen unter ästhetischen Gesichtspunkten ein Rang beizumessen wäre, trafen sie doch das politische Empfinden großer Teile seiner Generation, die sich von der SED zu distanzieren begann und ihr Selbstbewußtsein und Selbstverständnis immer weniger aus den ideologischen Vorgaben der Partei herleitete.

Die neue Dimension dieser Lyrik zeigte sich am auffälligsten in dem ihr zugrunde liegenden, sich wandelnden Menschenbild. Betrachten wir in diesem Zusammenhang die nachfolgenden Zeilen von Günter Wünsche, der zwar ebenfalls zu der zwischen 1930 und 1940 geborenen Generation zählte, aber mit seinem Gedicht »Rehabilitierung des Ich«, auch wenn der Titel anderes vermuten läßt, ganz im Pathos der Verlautbarungslyrik, so wie sich die SED den Preis- und Lobgesang auf die sozialistische Welt wünschte, verblieb.

Wünsche rehabilitiert in der ersten Strophe das wiederentdeckte »Ich«, indem er es als zu Unrecht gescholten, geschmäht und denunziert bezeichnet. Er tut dies jedoch nicht, um damit Individualität und Subjektivität zu rechtfertigen. Vielmehr sieht er den Menschen als »Glied einer Kette«, als Teil des Kollektivs auf dem Weg zur kommunistischen Gesellschaft, in die er sich wie selbstverständlich einfügt. Die Zeile »Wir bogen dich zu Gliedern einer Kette« versinnbildlicht auf plastische Weise die Einvernahme des einzelnen. Davon heben sich Wolf Biermanns Zeilen aus dem Gedicht »Rücksichtslose Schimpferei« in seiner 1965 im Verlag Wagenbach erschienenen Anthologie in mehrfacher Hinsicht ab. Das »Ich« setzt sich hier bewußt in Gegensatz zu Partei und Kollektiv. Es weigert sich, vom »Glück der neuen Zeit« zu singen. Ja, es klagt an und mahnt. Es zieht sich nicht resigniert zurück und will sich nicht von irgend etwas und irgendwem einbinden lassen, schon gar nicht von einem schief liegenden Kollektiv.

Günter Wünsche: Rehabilitierung des Ich

Gescholtenes, geschmähtes, denunziertes Ich,
wir schalten dich des Individualismus, der ist
eine Verkrüppelung des Hirns durch Aussperrung,
wir schmähten dich des Hochmuts, der ist
Ersatz für gestohlene Potenz,
wir denunzierten dich der Kollaboration mit den Krupp und Stinnes.

Gescholtenes, geschmähtes, denunziertes Ich,
wir bogen dich zu Gliedern einer Kette, reichend
von der Elbe bis zum Pazific, mit der erdrosselten wir
das Untier Kapitalismus, mit der zerrissen wir
den gigantischen Kadaver zu nützlichem Dung, mit der spannten wir
den Bogen für die Schußfahrt in den Kosmos.

Gescholtenes, geschmähtes, denunziertes Ich,
der klirrende Werktag in der gigantischen Kette schlug dir
den Schorf vom Antlitz, ließ dein Hirn in harmonischen Windungen
wachsen,
öffnete deine Keimdrüsen springbrunnengleich. Daher verleihen wir
deinen Namen dem Menschen des befreiten Jahrtausends,
dem kommunistischen Menschen.

(Quelle) Gerhard Kluge: Die Rehabilitierung des Ich, in: Poesie und Politik. Zur Situation der Literatur in Deutschland, hrsg. v. Wolfgang Kuttenkeuler, Stuttgart 1973, S. 233f.

Wolf Biermann: Rücksichtslose Schimpferei

. . . Ich will keinen sehn!
Bleibt nicht stehen!.
Glotzt nicht!
Das Kollektiv liegt schief

Ich bin der Einzelne
das Kollektiv hat sich von mir
isoliert.
Stiert mich nicht so verständnisvoll an!
. . .

(Quelle) Wolf Biermann: Nachlaß 1, Köln 1977, S. 77.

»Durch eine andersartige, intensivere Bewußtheit und Personalisierung« unterscheiden sich die Arbeiten der jungen Generation »von einer gleichmacherischen, vom Individuellen völlig absehenden Glorifizierung des sozialistischen Menschen«. Sie bezeugen eine bis dahin »seltene Intensität der Selbstreflexion und Selbstprüfung« und vermitteln auf diese Weise in gewissem Umfange eine »Neuentdeckung der Subjektivität des Menschen«, der sich immer weniger »als Repräsentant seiner Klasse oder des ›Staatsvolkes‹ der DDR sieht und sich kaum noch an die Kampfgenossen wendet«[11]. Dabei ging es den jungen Lyrikern nicht um eine Überwindung der sozialistischen Gesellschaftsordnung, sondern um ihre Fortschreibung. Sie wollten es sich nicht, wie viele ältere Kollegen, zwischen »Wand- und Widersprüchen« bequem machen. Ankunft bedeutete für sie nicht Stillstand, Sozialismus nicht blindes Vertrauen in den Einparteienstaat.

Rainer Kirsch: Meinen Freunden, den alten Genossen

Wenn ihr unsere Ungeduld bedauert,
Und uns sagt, daß wir es leichter hätten,
Denn wir lägen in gemachten Betten,
Denn ihr hättet uns das Haus gemauert.

Schwerer ist es heute, genau zu hassen
Und im Freund die Fronten klar zu schalten
Und die Unbequemen nicht zu meiden
Und die Kälte nicht in's Herz zu lassen.

Denn es träumt sich leicht von Glückssemestern;
Aber Glück ist schwer in diesem Land.
Anders lieben müssen wir als Gestern
Und mit schärferem Verstand.

Und die Träume ganz beim Namen nennen,
Und die ganze Last der Wahrheit kennen.

(Quelle) Gerhard Kluge: Die Rehabilitierung des Ich, in: Poesie und Politik. Zur Situation der Literatur in Deutschland, hrsg. v. Wolfgang Kuttenkeuler, Stuttgart 1873, S. 223f.

Rainer Kirschs Gedicht »Meinen Freunden, den alten Genossen« erzählt von diesem Generationenkonflikt und dem ihm zugrunde liegenden Utopieverlust der Nachgeborenen. Ihnen reicht der Traum vom sozialistischen Glück nicht, die Realität interessiert sie, und die vermittelt ein anderes Bild, »die ganze Last der Wahrheit«.

Sartre zur Einheit der Kultur

Die Kultur ist von Menschen und für Menschen gemacht. Sie gegen sie verteidigen heißt, die Kultur in ein Idol verwandeln, den Menschen seinem Produkt entfremden... Es ist nicht meine Aufgabe, daß zu sagen, sondern vielmehr die Aufgabe aller: Anthropologen, aller Schriftsteller, aller Künstler, die die Spaltung der Kultur kennen, jene Spaltung, welche so genau der Atomspaltung gleicht; ihre Aufgabe ist es, die Explosion zu verhindern, sie müssen Mittel und Wege suchen, um der Welt der Ideen und der Formen ihre Einheit, ihre fruchtbaren Widersprüche, ihren friedlichen Wettbewerb und letzten Endes ihre schöpferische Kraft wiederzugeben... Die dialektische Einheit der nationalen Kultur erfordert die Einheit der Kultur in der Welt und wird sie hervorbringen.

(Quelle) Jean Paul Sartre: Die Abrüstung der Kultur, in: Sinn und Form 5–6/1962, S. 813f. (Übertragen von Stephan Hermlin).

Der Drang, aus der stalinistischen Enge der bisherigen Kulturpolitik auszubrechen, der neue Ton und der Selbstbehauptungswille dieser Lyrik riefen erneut Disziplinierungsmaßnahmen der Partei hervor. Auch der bis dahin stets loyale, ja beflissene Stephan Hermlin bekam dies zu spüren. Er hatte am 11. Dezember 1962 in der Berliner Akademie der Künste jungen Lyrikern ein interessantes Forum geboten und die z. T. noch unbekannten Dichter der Öffentlichkeit vorgestellt. Knapp vier Monate später übte Hermlin Selbstkritik. Er betonte zwar, daß er nach wie vor zu den vorgetragenen Arbeiten stehen würde, aber den Fehler beging, die Aussprache schlecht zu leiten. Ferner teilte er den Lesern des »Neuen Deutschland« zu seiner Rechtfertigung mit, daß er in den zurückliegenden Jahren in ganz Europa mit Schriftstellern und Intellektuellen diskutiert und sich mit ihnen häufig als ihr Feind auseinandergesetzt habe. Damit wollte er deutlich machen, daß er kein Revisionist, kein Anhänger einer ideologischen Koexistenz sei, weder im Innern des Landes, in der DDR, noch im Ausland. Hermlin setzte sich mit dieser Aussage jedoch in Gegensatz zu früher vertretenen Auffassungen, lag es doch noch nicht lange zurück, da er einen Vortrag von Jean-Paul Sartre für die Literaturzeitschrift »Sinn und Form« – der letzten von Peter Huchel zusammengestellten Ausgabe – übersetzt hatte, in dem es um die Koexistenz der Kulturen, »um die Einheit der Kultur in der Welt«, trotz ihrer »fruchtbaren Widersprüche« ging.

Wolf Biermann, dessen bis dahin unveröffentlichte Gedichte er auch vortrug, nannte er ein »sehr großes Talent«, um das er sich weiter kümmern wolle [12]. Biermann war die Mitgliedschaft in der SED kurz zuvor verwehrt worden. Hermlin empfahl ihm, der Partei dennoch zu helfen. Es käme nicht darauf an, irgendeinem utopischen Sozialismus anzuhängen, sondern den real existierenden, von der SED unter Führung von Walter Ulbricht geschaffenen Sozialismus zu festigen und auszubauen. Mit diesen Aussagen setzte er sich unmittelbar in Gegensatz zu den Autoren, deren Arbeiten er noch vor nicht allzu langer Zeit präsentiert hatte. Er verleugnete seine ursprünglichen Intentionen, als er erkannte, daß sie auf Widerstand im Partei- und Staatsapparat stießen. In der Februar-Ausgabe 1962 der SED-Zeitschrift »Einheit« wurde ihm vorgeworfen, abstrakten oder dekadenten Kunstwerken den Boden bereitet zu haben, »die in unserer sozialistischen Wirklichkeit keine Grundlagen haben und dem Volk nicht dienen«[13].

Ähnlich lautete die politische Begründung, die zur Absetzung Peter Huchels als Chefredakteur von »Sinn und Form« 1962 führte. Diese Literaturzeitschrift war den doktrinären Kulturfunktionären seit langem ein Dorn im Auge. Die Wochenzeitschrift »Die Zeit« nannte sie zutreffend »eine stille Enklave des Liberalismus in einer lauten Welt des Dogmatismus«[14]. Kurt Hager – zuständig für alle ideologischen Fragen im Politbüro – hatte es sich zum Ziel gesetzt, diese »stille Enklave« zu beseitigen. Er warf ihr vor, daß sie unter Huchels Leitung seit ihrem Bestehen im Jahre 1949 nicht eindeutig zugunsten der DDR Stellung bezog und »unter Berufung auf eine gesamtdeutsche Aufgabe« einer bürgerlichen Kompromißideologie frönte[15]. Diese Kritik ehrte Huchel. Er wußte es zu verhindern, auch wenn er hier und da, etwa bei der Stalin ein Denkmal setzenden Ausgabe im Jahre 1953, Kompromisse einging, daß diese Litera-

---

Peter Huchel schreibt Arnold Zweig am 4. Februar 1963
Die Frage, wie wir uns überhaupt in den nächsten Jahren durchschlagen sollen, stand niemals drohender vor uns. Rütten & Loening hat meinen Gedichtband zurückgestellt (»es muß erst Gras über die Affäre wachsen«), und meine Frau kann nur hin und wieder ein paar hundert Mark durch Übersetzungen zum Lebensunterhalt beisteuern. Mein Verleger, Dr. Bermann Fischer, hat mich mit der Familie für einige Monate in sein leerstehendes Haus nach Camaiore eingeladen, er möchte helfen, scheint sich aber nicht im klaren zu sein, daß es nicht bei einer »geistigen Entmündigung« allein geblieben ist. Unausgesprochenes Reiseverbot, unausgesprochenes Rundfunkverbot, unausgesprochenes Publikationsverbot, schließlich vollständige Isolierung – selbst mein Lektor von S. Fischer, Dr. Klaus Wagenbach, der mich vor einigen Tagen aufsuchen wollte, erhielt diesmal vom Schriftstellerverband keinen Passierschein mehr für Wilhelmshorst.

(Quelle) Ernst Wichner/Herbert Wiesner (Hrsg.): Zensur in der DDR. Geschichte, Praxis und ›Ästhetik‹ der Behinderung von Literatur, Berlin 1991, S. 57.

turzeitschrift in den Strudel der Parteipolitik abglitt. Huchel blieb seinem Selbstverständnis als Dichter und verantwortungsbewußter Herausgeber treu. Ludwig Renn und Stephan Hermlin kündigten mit dem Ausscheiden Huchels ihre Mitarbeit im Redaktionsbeirat auf, als Bodo Uhse die Edition übernahm. Huchel ahnte, daß seine Demission schwerwiegende Folgen haben würde. Die SED nahm ihm nicht nur das Amt des Chefredakteurs, sie setzte ihn darüber hinaus bis zu seiner Ausreise in den Westen 1971 einer erniedrigenden Isolation und Schweigepflicht aus. Sein im Verlag Rütten & Loening geplanter Gedichtband durfte nicht mehr erscheinen. Während Hermlin nur vorübergehend für sein Verhalten politisch in die Isolation geriet und nicht existentiell bedroht wurde, weil er Selbstkritik übte, blieb Huchel persona non grata. Die Staatspartei demütigte einen der ganz großen Nachkriegslyriker. Ein politisches Bekenntnis konnte sie jedoch auf diese Weise nicht erzwingen. Huchels – zuletzt in »Sinn und Form« publizierte – Verse sind Zeugnis einer tiefen Trauer, Resignation, Enttäuschung, ja Verzweiflung. Er sah einen wesentlichen Teil seines Lebenswerkes in Frage gestellt. Das berühmt gewordene Gedicht »Der Garten des Theophrast« endet mit den Zeilen:

»Ein Ölbaum spaltet das mürbe Gemäuer
Und ist noch Stimme im heißen Staub.
Sie gaben Befehl, die Wurzel zu roden.
Es sinkt dein Licht, schutzloses Laub«[16].

Dramatik

Von den drei Gattungen der Literatur fiel es dem Drama am schwersten, seine Eigenständigkeit gegenüber der Politik zu behaupten. Das liegt im wesentlichen darin begründet, daß es im Gegensatz zur Lyrik und zum Roman nicht primär im privaten Raum seinen Leser sucht, sondern in die Öffentlichkeit drängt, eben ins Theater. Die dramatische Literatur braucht die Bühne, die Schauspieler, den Dramaturgen, das Publikum wie die Partitur, das Orchester, den Dirigenten und die Zuhörer. Sie lebt nicht vom Text allein, sondern ebenso von der Inszenierung und dem gesellschaftspolitischen Kontext, in dem sie steht und in den sie sich einbringt. Das Theater vermag öffentlicher und damit politischer zu wirken als alle anderen Formen der Literatur.

Gerade diese Eigenschaften waren es, worin die Kulturpolitiker der SED die Chance sahen, das Theater zur politisch-ideologischen Umwälzung der Gesellschaft einzusetzen. Sie nutzten es vierzig Jahre lang als ein Medium der sozialistischen Volkserziehung und – je nach politischer Opportunität – auch als ein ideologisches Führungsinstrument, mit dem Kurskorrekturen begründet und popularisiert werden konnten. Selbst Bertolt Brecht, National- und Stalinpreisträger, erfuhr, wie stark die Politik in die Theater hineinregierte. Er beklagte, daß die Bühnen in der DDR zu den wenigen in Europa zählten, die seine Stücke nicht spielten [17].

Dieser Befund des Jahres 1956 ist deshalb um so erstaunlicher, weil Brecht in der DDR selbst kein dramatisches Werk mehr abschloß, seine Themen folglich auch nicht DDR-spezifischer Natur sein konnten und schon gar nicht auf eine unmittelbare Einflußnahme der Kulturpolitik zurückgingen. Darüber hinaus fühlte sich Brecht in weitgehender Übereinstimmung mit den politischen Zielen des Ulbricht-Regimes. Wenn er mit seiner Arbeit dennoch auf Ablehnung stieß, so deshalb, weil seine Dramen und auch einige seiner Inszenierungen den gesellschaftlichen Konflikt nicht leugneten, nicht beschönigten, sondern ihn in der dramaturgisch notwendigen Deutlichkeit von seinem sozialistischen Standpunkt aus auf die Bühne brachte.

Die Thematisierung gesellschaftlicher Antagonismen, die den Zuschauer zum Nachdenken anregen sollte und nicht zwangsläufig in eine Belehrung einmündete, fügte sich nicht in das von der SED vorgegebene harmonische Gesellschaftsbild, wie es in der stalinistischen Phase entwikkelt wurde. Mit der kulturpolitischen Absage an Bühnenstücke, die soziale Konflikte, vom Entwurf des Dramatikers bis zur Umsetzung im Spiel, aufgriffen, blieb dem Theater kaum Spielraum, als gesellschaftskritische Instanz in der Öffentlichkeit zu wirken. Die Folge war das Entstehen einer Flut affirmativer Stücke, die auch im Detail nur selten zum Kern der Probleme und damit zur Wahrheit vorstießen. Zwischen 1945 und 1961 sind in der SBZ/DDR etwa zweihundert neue Stücke ostdeutscher Autoren zur Aufführung gelangt [18]. Der größte Anteil darunter fiel den heiteren Werken zu. Schwank und Komödie kamen ohne die Thematisierung der großen gesellschaftlichen Probleme aus und standen damit kaum in der Gefahr, die Kritik der Partei auf sich zu ziehen. Die Gründe für ihr Entstehen sah die offiziöse DDR-Literaturgeschichte in den veränderten sozialen und ökonomischen Bedingungen im Sozialismus. »In dem Maße, wie mit der Stabilisierung der Arbeiter- und Bauern-Macht Selbstbewußtsein und Selbstsicherheit der Werktätigen wuchsen, war es möglich, heiter von den Fehlern der eigenen Vergangenheit Abschied zu nehmen, die Machenschaften des Klassengegners satirisch zu entlarven und die Hemmnisse beim Aufbau der Gesellschaft mit dem Lächeln des Siegers zu überwinden. Die sozialistisch-realistische Komödie vermag so nicht nur das neue Lebensgefühl der Werktätigen zum Ausdruck zu bringen, sondern auch ihr Bedürfnis nach sinnvoller und vergnüglicher Unterhaltung besser zu befriedigen«[19].

Die Theaterbesucher empfanden »die Hemmnisse beim Aufbau der Gesellschaft«, ob sie sie »mit dem Lächeln des Sieges« überwanden, steht in Frage. Die Theater jedenfalls erlebten seit Mitte der fünfziger Jahre einen gravierenden Besucherschwund, obwohl der Staat den Theaterplatz kräftig subventionierte, die Intendanten intensive Werbung betrieben und Karten kostenlos an verdiente Arbeitsbrigaden abgegeben wurden. Die Menschen in der DDR waren es leid, sich auch in der Freizeit von der Obrigkeit belehren, belügen oder auch nur vergnügen zu lassen, damit sie die Last des Alltags besser ertrügen.

Die Bitterfelder Bewegung sollte wieder neuen Schwung in das erstarrte Theaterleben bringen. Nach dem zweckorientierten Unterhaltungstheater mit politischer Einfärbung sollte mit der Thematisierung der Berufs- und Arbeitswelt wieder die Wirklichkeit als Prozeß dargestellt werden dürfen, soweit dieser seine Entwicklung aus den an der Oberfläche liegenden – also nicht ins Grundsätzliche gehenden – Widersprüchen in der Gesellschaft bezog. In das Zentrum des dramaturgischen Geschehens rückte damit »das Befragen der Realität selbst als einer widersprüchlichen Einheit vergangenheits- und zukunftsorientierter Kräfte«[20]. Die Verständigung über die Realität des Hier und Heute wurde zum Thema des Dramas, die Dialektik entscheidendes Stoff-, Form- und Gestaltungsprinzip[21].

Die Umsetzung dieser kulturpolitischen Vorgabe mußte zwangsläufig, je besser sie gelang und je mehr darin die tatsächlichen Probleme und Konflikte in der Gesellschaft zur Sprache kam, den Widerspruch der Obrigkeit hervorrufen. Denn nach wie vor bestand der Anspruch der Partei fort, »bei der Gestaltung der Wirklichkeit die Wahrheit der Epoche« widerzuspiegeln[22]. Ob dies gelungen war oder nicht, darüber befand nach wie vor allein die SED. Sie entschied, was wirklichkeitsgerecht und wahrheitsgetreu war.

So leitete Bitterfeld trotz der veränderten kulturpolitischen Ziele keinen nennenswerten Wandel in der Dramaturgie der DDR ein. Die meisten Dramen, die Ende der fünfziger Jahre bzw. Anfang der sechziger Jahre geschrieben wurden, können »als Beispiele einer nichtdialektischen Dramaturgie des Positiven gesehen werden, die hauptsächlich dazu bestimmt waren, eine unumstrittene, positive Selbsterkenntnis des modernen Lebens in der DDR zu spiegeln«[23]. Lediglich die Arbeiten von Hartmut Lange »Marski« (1962/63), die in der DDR aber weder gedruckt noch gespielt werden durften, Heiner Müllers Bühnenstücke »Klettwitzer Bericht« (1959), »Die Umsiedlerin oder Das Leben auf dem Lande« (1961) und das nach den Motiven des Romans »Spur der Steine« von Erik Neutsch entstandene Schauspiel »Der Bau« (1965) sowie Peter Hacks Drama »Die Sorgen und die Macht« (1985–1962) hoben sich davon ab.

Sie sind alle in Zusammenhang mit der Bitterfelder Literaturbewegung zu sehen und gingen zum Teil unmittelbar aus ihr hervor.

Am stärksten in die Schlagzeilen geriet »Die Sorgen und die Macht«. Dabei tat Hacks nur, was die Partei von ihm erwartete. Angeregt durch die Aufforderung Ulbrichts, die »Baustellen der Republik« kennenzulernen und darüber zu schreiben, studierte er im Bitterfelder Revier den Berufsalltag in der Brikettfabrik Hermann Falke. Daraus gewann er den Stoff für sein Stück, dem er als Titel mit leicht ironisierendem Unterton ein Ulbricht-Wort voranstellte. Der Staatsratsvorsitzende hatte einmal darauf hingewiesen, daß der, der die Macht, auch bestimmte Sorgen habe[24]. Sorgen bereitete Hacks nun die Aufführung seines Stückes selbst. Er, der seinen Schritt von München zum Brecht-Ensemble nach Ost-Berlin, wo er ab 1955 tätig war, später mit den Worten begründete, lieber beim Aufbau des Sozialismus helfen zu wollen als sein »literarisches Vermögen in gequälter und unproduktiver Opposition gegen einen faschistischen Kulturapparat zu verzetteln«[25], erfuhr nun, wie es einem deutschen Schriftsteller ergehen konnte, der trotz eines ausgeprägten marxistischen Weltbildes in Konflikt mit stalinistischen Kulturbürokraten geriet.

Sein Drama, das erste von vieren, welches sich nicht mit der Historie beschäftigte, sondern ganz konkret Widersprüche seiner sozialistischen Gesellschaft zum Gegenstand wählte, überstand schon die Probeaufführung am Deutschen Theater in Berlin nicht. Es wurde zur weiteren Bearbeitung an die Bühne der Bergarbeiter in Senftenberg verwiesen. Doch auch in der Provinz regte sich Kritik. Eine bereinigte Fassung mußte geschrieben werden. Die dritte kam dann schließlich 1962 dort zur Aufführung, wo sie zuvor gescheitert war, am Deutschen Theater. Hacks war inzwischen zum Dramaturgen und Theaterdichter des Deutschen Theaters avanciert. Dennoch verschwand »Die Sorgen und die Macht« nach einem halben Jahr intensiver öffentlicher Diskussion wieder aus dem Spielplan. Dabei war der Autor durch die Glättung ungeliebter Textpassagen und seiner öffentlichen Rechtfertigung des Baus der Berliner Mauer 1961 der Obrigkeit weit entgegengekommen. Doch dies alles half nichts, die, die sich Sorgen um die Macht machten, konnten Hacks' Analyse der Gegenwart nichts abgewinnen. Sie nahmen ihm nicht nur das Drama, sodnern auch seinen einträglichen Posten am Theater. Wie kam es dazu, und worum ging es in dem Stück?

Die Handlung ist schnell erzählt. Der Brikett-Arbeiter Max Fidorra verdient viel Geld, weil er und seine Kollegen das Plansoll regelmäßig übererfüllen. Jedoch geht dies zu Lasten der Qualität. Die minderwertigen Briketts gelangen in eine Glasfabrik und beeinträchtigen dort die Produktion. Die Glasarbeiterin Hede Stoll verdient wenig, weil die Maschinen laufend stillstehen.

»Durch Schuld Fidorras, ist Fidorra reich
Auf Kosten Stolls. Doch Zeit und Änderung kommt«[26]

heißt es im Prolog. Die Brikett-Arbeiter steigern die Qualität. Dies geht zu Lasten der Quantität. Nun profitieren die Glasarbeiterinnen.

»Doch auf Betrug verzichtend, verzichten die
Brikett-Kumpel auf Lohn. Das geht drei Monat',
Dann geht das nicht mehr. Das Gewicht des gern
Gebrachten Opfers nimmt beim Tragen zu.
Müd' werden die Beschlüsse, wach die Triebe.
Und bloß von neuem bricht's klirrend und blutig,
Und jeder muß jetzt seinen Kopf festhalten,
Denn weniger wird nicht genommen als
Sein Kopf und ganzes Denken. Hie, gut, hie viel.
Und viel, viel, viel, schreit die Regierung, der's
Um Katarakte geht von Energie;
Sie murmelt auch von Qualität was, aber
Lobt dich für Menge. Gute Gründe pflastern
Den Weg des Irrtums. Wohin geht Fidorra?
Fidorra Max ist arm. Hede Stoll reich«[27].

Diese nicht gelösten, systembedingten Widersprüche belasten die privaten Beziehungen zwischen Max und Hede, deren Liebe durch die materiellen Rahmenbedingungen gefährdet wird.

In dieser einfachen Fabel thematisiert Hacks die Grundprobleme und systemimmanenten Schwierigkeiten der sozialistischen Planwirtschaft. Auch wenn das Drama zum Schluß einen versöhnlichen Ausgleich zwischen den Interessen der beiden voneinander abhängigen Produktionsbetriebe und den Liebesleuten aufzeigt, bleibt doch der Mangel dieses Wirtschaftssystems mit seinen weitreichenden Folgen im Alltag gegenwärtig. Die Lösung verweist in das weite Land der Utopie, weil sie den konkreten Erfahrungen der Menschen widerspricht. An anderer Stelle heißt es dazu:

». . . Kollegen, Kommunismus, wenn ihr euch
Den vorstell'n wollt, dann richtet eure Augen
Auf, was jetzt ist, und nehmt das Gegenteil.
Denn wenig ähnlich ist dem Ziel der Weg.
Nehmt soviel Freuden, wie ihr Sorgen kennt,
Nehmt soviel Überfluß wie Mangel jetzt
Und malt euch also mit den grauen Tinten
Der Gegenwart, der Zukunft buntes Bild«[28].

Die Kritiker warfen Hacks eine spießbürgerliche, vulgär-marxistische, pseudo-dialektische Position vor. Die »führende Rolle der Partei« fände keine angemessene Würdigung, die dramaturgische Anlage des Stückes sei falsch und führe zu einer Verzerrung der schönen »Wahrheit unserer Zeit«[29]. Grau und schwer würde die Gegenwart gezeigt. Im Grunde genommen erzöge »das Stück zu einer widerwilligen Betrachtung unserer Zeit«, übte sich der Schriftstellerverband in Kollegenschelte. Die Menschen verfielen in Passivität und Resignation. »Das Schauspiel orientiert nicht nach vorn und kann, insgesamt gesehen, die Menschen nicht für unsere Aufgaben mobilisieren«[30].

Hacks fand zwar auch bei einigen wenigen Kulturkritikern und Kollegen zaghafte Unterstützung. Diese reichte jedoch bei weitem nicht aus, das Bühnenstück in Berlin oder andernorts im Spielprogramm zu halten. Ein Theaterstück, das die wirklichen Probleme und Krisensymptome der sozialistischen Gesellschaft aus dem Alltag auf die Bühne brachte und deshalb damit rechnen konnte, daß es breite Zustimmung in der Öffentlichkeit findet, kam der Obrigkeit auch dann nicht gelegen, wenn es eine bessere Zukunft versprach.

Dahinter verbarg sich wohl die Sorge, daß die Realität auf Dauer die Menschen stärker als die Utopie präge. Zweifellos verliert diese an Kraft, wenn sie offensichtlich in krassem Gegensatz zur Wirklichkeit steht. Diese Gefahr sahen die Zensoren. Das an dem Drama von Hacks »Die Sorgen und die Macht« statuierte Exempel signalisierte den Dramatikern, Intendanten und Dramaturgen schon zu Beginn der Bitterfelder Bewegung, daß dem Schauspiel, gerade weil es dazu prädestiniert war, keine Chance eingeräumt werden sollte, dem »Leben in Lüge« auf der Bühne das »Leben in Wahrheit« gegenüberzustellen[31].

Epik

»Eine Literatur, die nicht die Luft der ihr zeitgenössischen Gesellschaft ist, die der Gesellschaft nicht ihren Schmerz und ihre Unruhe übermitteln kann, die nicht dann, wenn es notwendig ist, vor den drohenden sozialen und moralischen Gefahren warnen darf – eine solche Literatur verdient nicht die Bezeichnung Literatur, sondern allenfalls die Bezeichnung Kosmetik«[32]. Dies schrieb Alexander Solschenizyn in einem offenen Brief an den sowjetischen Schriftstellerkongreß 1967. Die der Bitterfelder Bewegung zuzurechnende Prosa vermochte einem hohen Anspruch, wie ihn Solschenizyn formulierte, sicherlich nicht gerecht zu werden. Vielmehr unternahm sie erste Gehversuche, um sich aus den Fesseln des vormundschaftlichen Staates zu lösen. Sie war nicht kritische, freie Instanz, die Staat und Gesellschaft die Wunden der Zeit aufzeigte und konnte es wohl in einem totalitären Regime nur unter großen Opfern sein; aber sie präsentierte sich – sieht man einmal von weniger ernst zu nehmenden affirmativen Arbeiten wie etwa Max Walter Schulz' Roman »Wir sind nicht Staub im Wind« (1962) ab – auch nicht mehr als Auftragsliteratur. Darin unterschied sie sich augenfällig von den Romanen der fünfziger Jahre. Diese kennzeichneten die Darstellung und Propaganda einer grundsätzlichen Interessenharmonie zwischen den positiven Helden und den »fortschrittlichen«, d. h. mit der Staatspartei sympathisierenden Teilen der Bevölkerung, zwischen diesen und der Partei sowie zwischen Autor, Partei, Staat und Volk.

Die Wirklichkeit in dieser Literatur orientierte sich an einer Utopie, die die Ideologie der SED prophezeite. Sie entsprang nicht der Wahrnehmung des Autors und entsprach auch nicht den Erfahrungen der Menschen. Die Bitterfelder Romanliteratur versuchte, die Kluft zwischen der Wirklichkeit im Roman und der Wirklichkeit im Leben zu schließen. Auch wenn sie noch nicht zu den fundamentalen Fragen vorstieß, gelang es ihr doch in vielen Details, den kleinen Sorgen und Nöten des Alltags Ausdruck zu verleihen. Über die Vermittlung persönlicher Erfahrungen und Eindrücke machte sie die Wahrheitsfindung zu ihrem Thema[33].

Mit dem Verzicht auf Heroisierung rückten Menschen in das Blickfeld, die in dem Maße an Glaubwürdigkeit gewannen, wie sie sich – eigenständig im Denken und Fühlen, im Handeln und Urteilen, im Lieben und Hassen – den Herausforderungen des täglichen Lebens stellten. Mit ihnen konnten sich die Leser eher identifizieren als mit den holzschnittartigen Heroen, die in ihrem »einsamen und aufopferungsvollen Kampf« keine Mühen scheuten, »dem Sozialismus zum Siege« zu verhelfen.

Die Bitterfelder Prosa entwickelte sich zu einem Seismographen kleiner sozialer und politischer Verwerfungen. Die Kritik im Detail, das Aufzeigen und Benennen kleinerer und auch größerer Mißstände sollten jedoch nicht darüber hinwegtäuschen, daß die Helden und damit wohl auch die Autoren auf der Seite des Sozialismus standen. Ihnen lag nicht einmal der tiefsitzende Zweifel eines Trotzalledem, sondern wohl eher die verständnisheischende Überzeugung zugrunde, daß mit dem eingeleiteten »umfassenden Aufbau des Sozialismus« nicht alle Probleme gelöst sein konnten. Dies bestätigte Anlage und Ausgestaltung der »Neuen Helden«.

Der Journalist Robert Iswall zieht in Hermann Kants überaus erfolgreichem Erstlingsroman »Die Aula« (1964) eine positive Bilanz über die zurückgelegte Wegstrecke der DDR. Er steht hinter der politischen Grundsatzentscheidung, im sowjetisch besetzten Teil Deutschlands eine sozialistische Republik aufzubauen. Auch wenn es hier und da noch hapert, die Bundesrepublik ist für ihn keine Alternative. Eine Reise nach Hamburg, in seine Heimatstadt, macht ihm dies deutlich. Er fühlt sich dort fremd und deplaziert. Iswall, Mitglied der SED, will den Sozialismus voranbringen, weil er es als gelernter Elektriker über die Arbeiter- und Bauern-Fakultät zu einem angesehenen Journalisten und Kritiker gebracht hat.

Die Flucht der Mutter und der Schwester in den Westen sowie das Beharrungsvermögen orthodoxer Parteifunktionäre werden zwar kritisch angemerkt, aber als Bagatellen beiseite geschoben.

Wenn Kant sich darüber wunderte, daß sein Roman bei den Kulturfunktionären ein so positives Echo fand[34], so lag dies darin begründet. Robert Iswalls Kritik an den Entfaltungsmöglichkeiten des Menschen in der sozialistischen Gesellschaft erreichte nirgendwo eine ins Grundsätzliche gehende Tiefe. Sie blieb immer Camouflage, ein Spiel mit ironisierender Kritik im Dienst der Legitimation des Ulbrichtschen Sozialismus.

Auf den ersten BLick völlig anders scheint die zentrale Gestalt in Erwin Strittmatters Dorfroman »Ole Bienkopp« (1963) einzuordnen zu sein. Der Nationalsozialismus und die Schrecken des Krieges veranlassen Bienkopp, der bis dahin im Dorf als Eigenbrötler und Sonderling galt, aus seiner Isolierung herauszutreten und unter den veränderten politischen und sozialen Verhältnissen der fünfziger Jahre an der Durchsetzung der Kollektivierung der Landwirtschaft aktiv mitzuwirken. Dabei stößt er auf vielfachen Widerstand. Zunächst hat er sich mit den alten Kräften im Dorf auseinanderzusetzen, dem Sägemüller Ramsch und dem Großbauern Serno, die ihre herausgehobene Stellung nicht aufgeben wollen. Aber Bienkopp setzt sich durch. Er gründet eine Landwirtschaftliche Produktionsgenossenschaft (LPG), um soziale Ungerechtigkeit zu verhindern. Doch sein Tatendrang und Initiativgeist schaffen ihm neue Probleme: dieses Mal mit der Partei, der Bürgermeisterin des Ortes, Frieda Simson, und dem Parteisekretär Wunschgetreu. Der eigensinnige, vorwärtsdrängende, zum LPG-Vorsitzenden avancierte Bienkopp schert sich nicht um die Anweisung der Behörden. Er geht weiter seinen Weg, auch gegen die bürokratischen Hemmnisse der Partei. Am Ende stirbt er, vereinsamt, bei der Arbeit, weil er ohne die Hilfe der Partei und des Staates seiner Aufgabe nicht gerecht werden kann.

Strittmatter kritisiert in diesem Roman Bürokratismus und Dogmatismus der SED, aber auch Ole Bienkopp, dessen Tatendrang »nach der anarchischen Seite« hin ausschlägt[35]. Die Kritik an Partei und Staat ist hart. Sie wird jedoch dadurch relativiert, daß der seiner Zeit vorauseilende Bienkopp auf bürokratische Hemmnisse und dogmatische Kader trifft, die mit dem Erscheinen des Romans nach offizieller Lesart als überwunden gelten. Bienkopps Zukunftspläne seien danach politische Realität geworden[36]. Die Sympathie und Identifizierung des Lesers mit dem »Neuerer« Ole Bienkopp hielt sich die Partei selbst ein Stückchen zugute, weil sie den von ihm beschrittenen Weg trotz der beschriebenen Hemmnisse weiter gegangen ist. So notiert die DDR-Literaturgeschichte wie selbstverständlich: »Sowohl die Spontanität und das Einzelgängertum Bienkopps als auch die bürokratische Leitungspraxis seiner Gegner, die doch seine Freunde sein müßten, sind unter den neuen Bedingungen anachronistisch geworden«[37].

Vielschichtiger und damit glaubwürdiger gestaltet Christa Wolf die Heldin Rita Seidel in ihrer Erzählung »Der geteilte Himmel« (1963). Die Autorin schildert die Liebesgeschichte der Pädagogikstudentin Rita mit dem Chemiker Manfred Herrfurth. In der Beziehung dieses Paares spiegelt sich das Schicksal der deutschen Teilung wider. Manfred verliert sein Vertrauen in die sozialistische Gesellschaftsordnung. Dogmatismus, Schlendrian, aber auch persönliche Enttäuschungen verstärken seine pessimistische Einstellung zum Leben und lösen schließlich seine Entscheidung aus, nach Westberlin zu ziehen. Rita besucht ihn zwar dort, kehrt aber zurück. Sie verläßt Manfred. Sie opfert ihr persönliches Lebensglück, obwohl sie im Innersten noch nicht davon überzeugt ist, sich für das »bessere Deutschland« entschieden zu haben. Der Zweifel an der sozialistischen Gesellschaftsordnung und die Aufkündigung ihrer Liebe verursachen ihren körperlichen Zusammenbruch. In einer Phase tiefer Depression unternimmt sie sogar einen Selbstmordversuch, den sie überlebt.

Christa Wolf erzählt diese Geschichte rückblickend. Im Krankenbett läßt Rita die Stationen ihres Lebens noch einmal Revue passieren. Mit ihrer Genesung wächst ihre Überzeugung, sich instinktiv richtig entschieden zu haben. Ihre »Genesung versinnbildlicht ihre gesellschaftliche Gesundung«[38]. Prolog und Epilog kontrastieren diesen Entwicklungsgang. So klingen zu Beginn der Erzählung durchaus pessimistische, schwermütige Töne an, wenn es dort heißt:

> »Die Leute, seit langem an diesen verschleierten Himmel gewöhnt, fanden ihn auf einmal ungewöhnlich und schwer zu ertragen, wie sie überhaupt ihre plötzliche Unrast zuerst an den entlegendsten Dingen ausließen. Die Luft legte sich schwer auf sie, und das Wasser – dieses verfluchte Wasser, das nach Chemie stank, seit sie denken konnten – schmeckte ihnen bitter. Aber die Erde trug sie noch und würde sie tragen, solange es sie gab«[39].

Diese Resignation wird überwunden. Rita spürt neue Kraft, weil sie sich dem »Sog der Leere« erfolgreich entzogen und in den »Sog einer großen geschichtlichen Bewegung« eingebracht hat.[40] Der Epilog bestätigt es. Rita hat ihre Krise gemeistert; sie vertraut im Gegensatz zu Manfred auf einen Schutz, Menschlichkeit und Wärme vermittelnden Sozialismus:

»Rita macht einen großen Umweg durch die Straßen und blickt in viele Fenster. Sie sieht, wie jeden Abend eine unendliche Menge an Freundlichkeit, die tagsüber verbraucht wurde, immer neu hervorgebracht wird. Sie hat keine Angst, daß sie leer ausgehen könnte beim Verteilen der Freundlichkeit. Sie weiß, daß sie manchmal müde sein wird, manchmal zornig und böse. Aber sie hat keine Angst. Dies wiegt alles auf: Daß wir uns gewöhnen, ruhig zu schlafen«[41].

Bei aller Unterschiedlichkeit der hier porträtierten Helden verbindet sie auch einiges:
- sie stehen, Für und Wider abwägend, letztendlich auf der Seite des Sozialismus und vertrauen auf seine humane Ausgestaltung;
- sie sammeln ganz persönliche Erfahrungen und Eindrücke, indem sie die Wirklichkeit, so wie sie sie subjektiv erleben, durchdringen. Dies geschieht im Berufsalltag, aber auch in der privaten Sphäre in Gesprächen und Konflikten;
- sie bringen Defizite und Hemmnisse der sozialistischen Gesellschaftsordnung zur Sprache, die besonders im Berufsalltag sichtbar werden;
- sie vermeiden die Wirklichkeit grob verzerrende, entstellende Pauschalierungen und Klischees. Scharz-Weiß-Zeichnungen, auch gegenüber der Bundesrepublik, bleiben weitgehend aus.

Dies trifft auch für andere Helden der Romane dieser Zeit zu, etwa für den Brigadier Balla in Erik Neutsch »Spur der Steine« (1964), für die Malerin Elisabeth Arendt in Brigitte Reimanns »Die Geschwister« (1963) oder für Tom Breitsprecher in Karl-Heinz Jakobs »Beschreibung eines Sommers« (1961).

Dennoch, oder je nach politischem Standort auch gerade deshalb, lösten diese Arbeiten in der ersten Hälfte der sechziger Jahre eine heftige Diskussion aus. Dabei ging es nur am Rande um literarische Fragen. Im Mittelpunkt stand die politische Aueinandersetzung mit einzelnen Motiven dieser der Bitterfelder Bewegung zuzurechnenden Literatur. Am stärksten zeigte sich dies bei Christa Wolfs Roman »Der geteilte Himmel«. Nur über die Verleihung des Nationalpreises gelang es, so paradox es klingen mag, dieses Buch davor zu schützen, daß seine weitere Publikation verboten wurde. Was waren die Gründe dafür? Aufschluß darüber gibt eine vom Mitteldeutschen Verlag zusammengestellte, 300 Seiten umfassende Dokumentation gibt eine vom Mitteldeutschen Verlag zusammengestellte, 300 Seiten umfassende Dokumentation über die öffentliche Auseinandersetzung mit »Der geteilte Himmel«[42]. Kollegen, Literaturwissenschaftler und Kulturfunktionäre warfen der Autorin vor,

- das vorherrschende Lebensgefühl der Menschen in der DDR nicht richtig – nämlich zu negativ – gestaltet zu haben;
- die Realität zu verzerren, indem die negativen Seiten des Lebens im Sozialismus betont, die großen Errungenschaften demgegenüber aber verschwiegen würden; die Folge sei, gewollt oder nicht, die Propagierung einer dekadenten Lebensauffassung;
- die großartigen Leistungen der SED nicht deutlich genug zum Ausdruck zu bringen, indem mit Wendland, Schwarzenbach, Meternagel »verkorkste« Gesellen gestaltet würden, deren Verhältnis zur Partei in eine Schieflage geraten sei;
- die Teilung der Nation in zwei deutsche Staaten nicht als Folge des Klassenkampfes zwischen Imperialismus und Sozialismus zu begründen, sondern sie statt dessen als eine Art schicksalhafter Fügung, der die Menschen machtlos ausgeliefert seien, zu behandeln.

Diese und ähnlich gelagerte Vorwürfe mußten sich auch die anderen genannten Autoren gefallen lassen. Die Partei meldete sich zu Wort, weil die Motive dieser Bitterfelder Literatur Sand in das Getriebe der sozialistischen Weltbildproduktion streuten. Während in Medien, Wissenschaft und Bildung nach wie vor die heile Lehre vom schönen, blühenden Leben im Sozialismus verkündet wurde, schickte sich diese Literatur an, sie zumindest partiell in Frage zu stellen. Sie gestaltete Menschen, die in Ansätzen eigene Gedanken und Vorstellungen formulierten und versuchten, sich auf diesem Wege aus ihrer von der SED zugewiesenen Objektrolle langsam und mühsam zu lösen. Die Literatur entwickelte sich zur Stütze des einzelnen gegen Staat, Partei und Kollektiv. Auch wenn sie vielfach noch nicht zur Wahrheit fand und Kosmetik blieb, gelang es ihr doch in zunehmend stärkerem Maße, den Schein mit der Wirklichkeit zu konfrontieren.

Unsere DDR ist ein sauberer Staat.
Erich Honecker

Das Tribunal

Die Lösung der Literatur aus den Fesseln des Dogmatismus wurde auf zahlreichen Symposien, bei internationalen Schriftstellerbegegnungen und in politisch-philosophischen Abhandlungen eingefordert und der eingeschlagene Weg argumentativ abgestützt. So rief 1962 in Moskau Jean-Paul Sartre alle Künstler auf, die Spaltung der Kultur zu überwinden und nach Mitteln und Wegen zu suchen, »um der Welt der Ideen und Formen ihre Einheit, ihre fruchtbaren Widersprüche, ihren friedlichen Wettbewerb und letzten Endes ihre schöpferische Kraft wiederzugeben«[1]. In Liblice bei Prag trafen sich ein Jahr später Schriftsteller und Literaturwissenschaftler, Philosophen und Kulturfunktionäre aus Anlaß des 80. Geburtstages von Franz Kafka. Sein Werk durfte nach wie vor in den meisten sozialistischen Staaten nicht publiziert werden. Seine Darstellung der Entfremdung des Menschen gegenüber einer immer mächtiger werdenden, autoritären Bürokratie galt den sozialistischen Dogmatikern als Vision des Stalinismus[2]. Mit seiner Rehabilitierung bot sich die Möglichkeit, wie es der österreichische Reformsozialist Ernst Fischer thematisierte, die »Deformation des Kommunismus«[3] offenkundig werden zu lassen, denn mit den Erstarrungserscheinungen innerhalb des Partei- und staatlichen Leitungsapparates bestünden krasse Formen der Entfremdung fort. Zu einem ähnlichen Ergebnis gelangte Robert Havemann, Professor am Physikalisch-Chemischen Institut der Ostberliner Humboldt-Universität. Er forderte in seinen Vorlesungen »Dialektik ohne Dogma«, deren Thesen sich wie ein Lauffeuer ausbreiteten, mehr Toleranz, Offenheit, Aufgeschlossenheit, Bereitschaft zum Dialog und ein für allemal, die sterile Rechthaberei der Parteidogmatiker zu überwinden. Er sah darin eine Grundvoraussetzung, um im Sozialismus Demokratie zu verwirklichen. Dazu gehörte nach seiner Auffassung auch die Freiheit der Meinungsäußerung und Meinungsbildung. »Wir müssen eine breite Auseinandersetzung über alle Fragen der Zeit herbeiführen«[4], klagte er.

Havemanns Reformideen, die eine erhebliche Anzahl insbesondere jüngerer DDR-Autoren ermutigten, fanden ihren Widerhall in zahlreichen Gedichten, Erzählungen und Romanen, vor allem in der gesellschaftskritischen Auseinandersetzung mit den Entscheidungsstrukturen der Partei auf der unteren Ebene, im Betrieb oder in den Kreisen und Gemeinden.

Soweit heute bekannt ist, verstärkte das internationale Schriftsteller-Kolloquium, das vom 1. bis 5. Dezember 1964 in Ostberlin stattfand, diese Kritik. Neben einem verspäteten Bericht des Chefredakteurs der »Neuen Deutschen Literatur«, Wolfgang Joho, der nur einige Ausschnitte aus der Debatte aufgriff, gelangten lediglich die Stellungnahmen von Stephan Hermlin und Stefan Heym an die Öffentlichkeit. Beide erschienen im Westen. Heym konstatierte »eine große geistige Unruhe« unter »einer merkwürdig glatten, profillosen Oberfläche«. Ein »Dunst der Heuchelei« breite sich aus, weil die Menschen privat anders als öffentlich sprächen. »Wir dürfen die Schmerzen nicht fürchten, die es kostet, sich zur Wahrheit hindurchzufinden«, appellierte er an das Auditorium und ebenso an die Reformkräfte der Partei.[5] Auch Hermlin geizte in diesem geistigen Umfeld nicht mit Kritik und bezichtigte den Dogmatismus, die Weltliteratur in zwei großen Schubladen unterzubringen, »der sozialistischen, die ein kleines Unterfach mit der Aufschrift ›progressiv‹ besitzt, und der spätbürgerlichen. Die Einteilung ist provisorisch, denn ein Zwischenfall, etwa eine politische Erklärung, kann dazu führen, daß ein als sozialistisch geführter Schriftsteller aus seinem Fach verschwindet«[6]. Ferner geißelte er die Zensur. Er nannte Namen: Peter Huchel, Günter Kunert, Paul Wiens – ihre neuen Gedichtbände durften in der DDR nicht erscheinen. »Dies sind Dinge, die man nicht rechtfertigen kann«[7].

Der SED blieben bei dieser breit angelegten und den Kern treffenden Künstler- und Intellektuellenschelte im Grunde genommen nur zwei Wege. Entweder sie machte sich die Kritik zu eigen und überwand Dogmatismus und Schematismus, oder sie mußte mit Gewalt den Deckel auf dem Topf halten, in dem es merklich brodelte. Ihr konnte nicht verborgen bleiben, daß sich hier eine politisch wichtige Gruppe zu Wort meldete und sich der Manipulation des Systems zu entziehen suchte. Besonders gefährlich erschien ihr dabei wohl die Tatsache, daß deren Denken auf die Lebenswelt des Alltags Auswirkung haben könnte. Als Stefan Heym seinen Aufsatz »Die Langeweile in Minsk« international publizierte, u. a. auch in der westdeutschen Wochenzeitung »Die Zeit«, und darin abermals scharf den Machtmißbrauch der SED angriff, kam es auf dem 11. Plenum des Zentralkomitees der SED 1965 zu einem öffentlichen Tribunal.

Heym hatte das »Allerheiligste« in Frage gestellt – den Führungsanspruch der Staatspartei. »Jedes Zeitalter hat seine Sprecher«, analysierte er, »die die Ängste und Hoffnungen der Menschen zum Ausdruck bringen. Im grauen Altertum waren das die Propheten. Heute, in der Ära des Atoms und der Revolution... scheinen Schriftsteller und Naturwissenschaftler diese Funktion zu übernehmen. Die Gesellschaft hat diesen Tatbestand anerkannt: In den technisch fortgeschrittenen Ländern gehören die Schriftsteller und Naturwissenschaftler zu der am meisten geehrten und am meisten verfolgten Kategorie der Menschen.« Beim Schriftsteller »ist es das Wort, das ihm seine Macht gibt und seine Verantwortung auferlegt. Millionenfach multipliziert durch die modernen Massenkommunikationsmittel hat dieses flüchtige Wort neue Dimensionen erhalten, eine neue Qualität«[8].

Ulbricht, Honecker, Hager und die anderen Vertreter im Politbüro mußten dies als gezielte Ohrfeige und als Anmaßung der Intellektuellen gegenüber »der historisch gesetzmäßigen Führung der Arbeiterklasse« durch die Partei verstehen. Heym bat zwar in diesem Beitrag auch um Verständnis, in dem er mit leicht vernehmbarem ironischem Unterton darauf verwies, daß der Umgang mit der Macht noch ungeübt und neu sei. Dies änderte aber nichts daran, daß hier jemand aus den eigenen Reihen – Ulbricht und andere Vertreter der politischen Prominenz hatten sich schon bei Stefan Heym Rat geholt – es wagte, die Führung in Staat und Partei öffentlich zu brüskieren. Das Politbüro entschied sich, die besonders unter den Schriftstellern und Filmproduzenten sichtbar werdende Opposition im Keim zu ersticken.

Václav Havel zur Opposition:
Als »Opposition« kann man auch all das betrachten, was eine indirekte politische Wirkung in dem bereits mehrfach angesprochenen Sinne hat oder haben kann, also alles, wodurch sich das posttotalitäre System – als solches, vom Standpunkt der nackten Interessen seiner »Eigenbewegung« aus – bedroht fühlt und wodurch es – als solches – wirklich bedroht wird. Von diesem Standpunkt aus ist eigentlich jeder Versuch um ein »Leben in Wahrheit«, von der Weigerung des Gemüsehändlers, das vorgeschriebene Spruchband im Schaufenster auszustellen, bis zu einem frei geschriebenen Gedicht, Opposition; also alles, womit die wirklichen Intentionen des Lebens die Grenzen überschreiten, die ihnen von den Intentionen des Systems aufgezwungen worden sind.

(Quelle) Václav Havel: Versuch, in der Wahrheit zu leben, Reinbek 1989, S. 44.

Erich Honecker übernahm dabei die Rolle des Zuchtmeisters, während sich Ulbricht eher im Sinne einer wohlverstandenen Arbeitsteilung zurückhielt. Nach dem Motto »Unsere DDR ist ein sauberer Staat. In ihr gibt es unverzichbare Maßstäbe der Ethik und Moral, für Anstand und gute Sitte« bezichtigte er die Intellektuellen, halbanarchistische Lebensgewohnheiten und einen spießbürgerlichen Skeptizismus zu vertreten[9]. Persönlich griff er Wolf Biermann scharf an, weil dieser im Velag Wagenbach in Westberlin seine Anthologie »Die Drahtharfe« publiziert hatte. In zynisch geschriebenen Versen verrate Biermann nicht nur seinen Staat,

»sondern auch Leben und Tod seines von den Faschisten ermordeten Vaters«[10]. Die Auseinandersetzung mit Biermann und seine öffentliche Diffamierung bereitete Klaus Höpcke vor, der später vom Feuilletonredakteur zum stellvertretenden Kulturminister avancierte. Im »Neuen Deutschland« schrieb er wenige Tage vor dem 11. Plenum einen vernichtenden Beitrag über den in der DDR verstummten Liedermacher. Er warf ihm vor, »die dürftigen Postulate des bürgerlichen Individualismus« zu verteidigen und »gehässige Strophen« gegen den »antifaschistischen Schutzwall und unsere Grenzsoldaten erklingen zu lassen«. »Er gießt im Mantel der Ironie Haß über sie aus«, schimpft er weiter. »Ist es etwa Zufall, daß solche Verse ausgerechnet in Westberlin gedruckt werden?« fragte er seine Leser[11]. Sie konnten nicht mit nein antworten und darauf hinweisen, daß Biermann seine Texte gerne in der DDR veröffentlicht hätte, wenn es ihm ermöglicht worden wäre.

Neben Biermann bekam auch Heiner Müller, der Erik Neutschs Roman »Spur der Steine« zu dem Bühnenstück »Der Bau« umgearbeitet und darin nicht mit Anspielungen auf das Errichten der Berliner Mauer gegeizt hatte, den Zorn der unduldsamen Staatspartei zu spüren. Ebenso erging es Werner Bräunig, weil er in der »Neuen Deutschen Literatur« das Kapitel »Rummelplatz« aus seinem geplanten Roman »Der Eiserne Vorhang« vorgestellt hatte. Daraufhin wurde das Erscheinen des Romans verboten, bevor er überhaupt richtig fertiggestellt worden war.

Wie kam es dazu? Bräunig hatte in plastischen Farben die Schwierigkeiten beim Abbau des Urans in den Bergwerken des Erzgebirges geschildert, die anhaltende Demontage wichtiger Industrieanlagen durch die Sowjetunion angesprochen und ein insgesamt erschütterndes Bild der Zustände in den Aufbaujahren der DDR in dieser Region ausgemalt. Unmittelbar vor Beginn des 11. Plenums rechtfertigte er sich im »Neuen Deutschland« gegenüber den Vorwürfen, die sein Kollege Horst Salomon und aus den Revieren vier Wismut-Kumpel erhoben. »Es geht mir nicht um eine bloße Darstellung der Schwierigkeiten – das wäre mir kein vollgültiger Realismus«, hob er hervor, »es geht mir um die Überwindung der Schwierigkeiten, dargestellt in aller mir möglichen Ehrlichkeit und Deutlichkeit. Wie anders sollten Wert und Größe unserer Gegenwart sichtbar werden«[12].

Ehrlichkeit und Deutlichkeit gefielen den Zensoren im Politbüro jedoch nur dann, wenn sie dazu beitrugen, den Sozialismus farbenfroh und strahlend zu gestalten. Schockierende Details und eine ungeschminkte Darstellung des schweren Anfangs in der Wismut-Region empfanden sie als Zerrbild der Realität. Sie paßten nicht in die Vorstellungswelt von der DDR als einem »sauberen Staat«, der viel auf »Anstand und gute Sitte« hielt. Honecker erklärte Werner Bräunig zur Unperson – ein Los, das

Otto Grotewohl zu Heyms Buch über den 17. Juni
Der Tag X verdient nach meiner Ansicht nicht diese schwerwiegende Bewertung. Er war eine Episode, die keinerlei entscheidenden Umschwung hervorgerufen hat... Die Überbewertung der sogenannten Fehler, welche ›die Regierung selbst zugegeben‹ hat, führt zu falschem Ausgang und falschem Schluß... Darf man angesichts des unerhörten Opferwillens und Bewußtseinswachstums der Arbeiter und Bauern irgendwelche Zweifel über die Richtigkeit unserer Politik führen? Das bremst und hält uns zurück. Darum sehe ich keine Notwendigkeit für dieses Buch.

(Quelle) Stefan Heym: Nachruf, München 1988, S. 656.

dieser mit Stefan Heym teilte. Nur wurde Heym vorgeworfen, gutgemeinten Rat nicht anzunehmen. Statt dessen verbreite er in Zeitschriften ein falsches Bild vom Sozialismus und benutze sein Auftreten in Westdeutschland, um seinen Roman über den 17. Juni 1953 einer breiten Öffentlichkeit anzukündigen. In der DDR sei dieses Werk wegen seiner völlig falschen Darstellung der tatsächlichen Ereignisse von den Behörden nicht zugelassen worden. Heym hatte sich intensiv um eine Drucklegung bemüht, korrigiert und geglättet. Auf Anregung Robert Havemanns sandte er sogar führenden Leuten in Partei und Staat das Manuskript mit der Bitte um Stellungnahme zu. Es half alles nichts.

Das Buch durfte nicht erscheinen. Die SED sah sich und ihren Staat darin diskreditiert. So publizierte es Heym Jahre später unter dem Titel »5 Tage im Juni« im Westen Deutschlands; ursprünglich lautete die Überschrift »Der Tag X«.

Honecker rügte auch die von der DEFA im laufenden Jahr produzierten Filme. Dabei wandte er sich besonders gegen die Verfilmung des bereits in der Hauptverwaltung Verlage und Buchwesen abgelehnten Manuskripts »Das Kaninchen bin ich« von Manfred Bieler und gegen den Film »Denk bloß nicht, ich heule«, der sich kritisch mit der Meinungsfreiheit in der Schule auseinandersetzte. Insgesamt wurden 1965 zwölf DEFA-Filme verboten oder schon in der Produktion abgebrochen. Honecker verschonte bei diesem Tribunal weder die Sendungen des Deutschen Fernsehfunks noch die Programme im Hörfunk, in denen einseitig Beat-Musik propagiert wurde[13]. Fast alle Redner stimmten in diese harsche Kritik ein. Sie setzten nur die Akzente etwas anders. Lediglich der stellvertretende Minister für Kultur, Günter Witt, versuchte zu relativieren. Als der für das Filmwesen im Ministerium Verantwortliche bemühte er sich darum, seine Überlegungen verständlich zu machen, die ihn zur Produktion dieser kritischen Filme veranlaßten. Letztlich schwenkte er aber doch auf die

Parteilinie ein und übte Selbstkritik. »Heute muß ich feststellen, daß damit eine Entstellung unserer Partei und eine entstellte Darstellung unserer Wirklichkeit von mir zugelassen wurde und daß durch die dann erfolgende prinzipielle Kritik der Parteiführung zunächst die Möglichkeit einer Frontbildung gegen die Partei unter den Kulturschaffenden zugelassen wurde«[15].

Als Kandidatin des Zentralkomitees kam auf diesem Tribunal auch Christa Wolf zu Wort. Sie verteidigte Bräunig vor dem Vorwurf, eine antisozialistische Haltung mit der Publikation seines Textes in der »Neuen Deutschen Literatur« eingenommen zu haben; sie raffte sich allerdings weder dazu auf, die Freiheit in Literatur und Kunst zu verteidigen, noch distanzierte sie sich von der schroffen Maßregelung der anderen. Letzten Endes nahm sie die politische Repression, die von diesem 11. Plenum ausging und die verheerende Auswirkungen für die Betroffenen hatte, stillschweigend – vielleicht auch Zähne knirschend – in Kauf. Aber dabei beließ sie es nicht, sie polemisierte auch kräftig mit. So verurteilte sie den Film »Denk bloß nicht, ich heule« und beklagte, daß die Jugend, wie hier im Film gezeigt, ihren eigenen Geschmack, Lebensstil entwickelte und, die Vorbildfunktion der Kriegsgeneration in Frage stellend, einen anderen Weg zu gehen versuchte. »Die Jugend wird entideologisiert, wird entpolitisiert«, analysierte sie. »Wir schmeißen ihr den Beat an den Kopf, anstatt sie mit geistigen Problemen so vollzustopfen, daß sie gar nicht anders kann als nachzudenken, wozu sie lebt, wozu sie hier lebt«[15]. Damit schien sie von Honeckers Position nicht weit entfernt. Es hätten auch seine Worte sein können.

Christa Wolf lud Verantwortung auf sich, weil sie sich der Solidarität mit ihren Kollegen, denen Unrecht geschah, verweigerte und ein politisches System an herausgehobener Stelle unterstützte, das die Menschen zwang, in Lüge und Unfreiheit zu leben.

Wer aufgrund dieses Fehlverhaltens zu einer pauschalen Verurteilung der Autorin neigt, sollte jedoch den repressiven Geist, den dieses Tribunal beherrschte, in Rechnung stellen und berücksichtigen, daß nur wenige Menschen in diesen Stunden des Machtmißbrauchs die Kraft und den Mut aufgebracht hätten, das zu sagen, was notwendig gewesen wäre: nicht mit mir – ich kündige der Staatspartei die Gefolgschaft.

Mit dem 11. Plenum unternahm die SED den bis dahin massivsten Versuch, Schriftstellern und Künstlern klar zu machen, daß für sie der ideologische Anspruch des sozialistischen Realismus unverändert fortgelte und die Darstellung der Realität in Literatur und Kunst nicht im Gegensatz dazu stehen dürfe. Der Vorstand des Deutschen Schriftstellerverbandes unter Leitung von Anna Seghers schloß sich dieser Beurteilung an und bewertete die kritisierten Arbeiten als destruktive Bestrebungen, die das

Ziel hätten, künstlerisch und politisch »eine Linie auszuarbeiten und durchzusetzen, die der Politik und Kulturpolitik von Staat und Partei entgegengesetzt sei«[16]. Der Schriftstellerverband machte sich damit zum Büttel der Staatspartei und diskreditierte Autoren aus den eigenen Reihen, statt sie zu verteidigen. Das 11. Plenum löste nicht nur unter den betroffenen, des Verrats bezichtigten Schriftstellern eine tiefe und anhaltende Vertrauenskrise aus. Es machte auch deutlich, daß selbst unter den sozialistischen Schriftstellern die gemeinsame Position zu grundlegenden Fragen der Kulturpolitik verlorengegangen war. Das über Jahre, trotz aller Schwierigkeiten, letzten Endes immer noch tragfähige Bündnis zwischen Geist und Macht nahm durch dieses Tribunal schweren Schaden. Der Partei gelang es immer weniger, die Poeten von ihrem Kurs zu überzeugen. Die von Adolf Endler und Karl Mickel im Mitteldeutschen Verlag herausgegebene Anthologie »In diesem besseren Land. Gedichte der Deutschen Demokratischen Republik seit 1945« setzte bereits im Jahr nach dem Plenum ein deutliches Zeichen dafür, daß ein nennenswerter Teil unter den Lyrikern nicht weiterhin gewillt war, die eigene Wahrnehmungsfähigkeit zugunsten der politisch verordneten Perspektive zurückzustellen. Sie konfrontierten ihre ganz persönlichen Erfahrungen und Deutungen mit den kollektiven Parolen und setzten damit den ständigen »Schönwettermeldungen der Staatspartei« ihre eher pessimistischen, kritischen, traurigen Wahrheiten als provozierende Geste entgegen. »Nicht um eine bloße Individualperspektive war es ihnen getan, die das Recht auf subjektive Erfahrungen und Empfindungen einfordert, sondern um eine literarische Authentizität, bei der das lyrische Subjekt gerade als ein einzelnes, individuelles jene Wahrheit noch zu verbürgen weiß, deren ideologisches Monopol längst nicht mehr für bare Münze genommen wurde«[17].

Mit der Infragestellung des Wahrheitsmonopols der Staatspartei versuchten einige Schriftsteller, ein eigenes, vom Marxismus/Leninismus geprägtes Weltbild zu entwickeln. Vor diesem Hintergrund erstaunte es nicht, daß Endler und Mickel bewußt darauf verzichteten, Vertreter der parteifrommen Verlautbarungslyrik wie Helmut Preißler, Bernhard Seeger, Walter Stranka und Max Zimmering in der Anthologie zu berücksichtigen[18].

Das Tribunal löste die Probleme zwischen Partei und Literatur nicht; im Gegenteil, es förderte das Zerwürfnis unter den Schriftstellern.

Bald danach ging der Riß mitten durch das Lager der engagierten sozialistischen Autoren hindurch. Dies offenbarte sich für jedermann sichtbar 1968, als die Romane von Christa Wolf »Nachdenken über Christa T.« und Anna Seghers »Das Vertrauen« erschienen.

Sie sah nicht nur eine andere Wirklichkeit –
sie sieht auch Wirklichkeit anders.
Christa Wolf über Anna Seghers

Zwei Wege zur Wirklichkeit?

Im gesellschaftlichen Bereich kündigen sich Zäsuren langfristig an. Sie kommen selten abrupt, auch wenn der Zeitgenosse dies häufig so sieht. Dies gilt ebenso für die Entwicklung der Literatur. Wenn dennoch das Jahr 1968 als ein Wendepunkt in der DDR-Literatur empfunden wird, so deshalb, weil mit den Romanen von Christa Wolf »Nachdenken über Christa T.« und Anna Seghers »Das Vertrauen« zwei herausragende Dichterpersönlichkeiten zu ganz unterschiedlichen Bewertungen der sozialistischen Gesellschaftsordnung gelangten. Dies war um so erstaunlicher, als beide der SED als Mitglieder angehörten und hohe parteiamtliche Funktionen innehatten: Christa Wolf bis 1967 als Kandidatin des Zentralkomitees der SED und Anna Seghers über viele Jahre als Präsidentin des Schriftstellerverbandes der DDR. Beide Autorinnen leiteten als Marxisten ihr literarisches Selbstverständnis und ihre weitreichenden gesellschaftlichen Zielvorstellungen aus der Lehre vom dialektischen und historischen Materialismus ab und sahen in der Literatur ein Medium zur Erziehung des Volkes. Als Chronisten ihrer Zeit wollten sie ihren literarischen, aber auch politischen Beitrag dazu leisten. Ihr Einsatz für den Sozialismus, für den Aufbau einer neuen Gesellschaftsordnung im sowjetisch besetzten Teil Deutschlands entsprang der Vorstellung, damit die allein mögliche und glaubwürdige radikale Alternative zum nationalsozialistischen Unrechtsstaat ins Werk zu setzen. Sie traten für ein sozialistisches Gesellschaftsmodell ein, weil sie glaubten, es würde das vom Nationalsozialismus infizierte Volk entgiften und läutern. Die DDR war und blieb für Anna Seghers und für Christa Wolf der prinzipiell gerechtere und humanere Staat in Deutschland.

Dennoch trennten sich ihre Wege – literarisch wie politisch. Anna Seghers mied trotz ihrer KPD-Mitgliedschaft in ihren großen literarischen Arbeiten der Weimarer Republik, aber auch noch in der Zeit des Exils, bewußt eine politisch-tendenziöse Prosa, da sie keine »Rosa Luxemburg der Literatur« werden wollte. In ihrem Spätwerk verlor sie allerdings mehr und mehr die Distanz zur Politik. Sie wurde auch als Dichterin zu einer unkritischen Parteigängerin. Christa Wolf hingegen löste sich in den sechziger Jahren aus den Verstrickungen der SED. Zumindest literarisch ging sie eigenständige Wege. Dem widerspricht auch die Tatsache nicht,

Christa Wolf zur Zerstörung des »Prager Frühlings«

1. Die erbitterten Kämpfe, in denen die Widersprüche unseres Jahrhunderts sich ausdrücken, lassen nach meiner Überzeugung nur eine Lösung zu: den Sozialismus.
2. Wer diese Lösung mit allen Mitteln verhindern, wer sie rückgängig machen will, dort, wo sie gefunden wurde, wer die Bombenopfer in Vietnam sind, die gesellschaftlichen Hintergründe der Ermordung Martin Luther Kings verschweigt, die reale neonazistische Gefahr in Westdeutschland bagatellisiert, der rede nicht von Freiheit, Demokratie und Menschlichkeit.
3. Meine Wünsche für die sozialistische Tschechoslowakei können nur von der Übereinkunft ausgehen, die zwischen der UdSSR und CSSR geschlossen wurde. Die Entwicklung zeigt: Es besteht Hoffnung, daß die politische Vernunft sich durchsetzen wird.

(Quelle) Jürgen Serke: Was man mit Worten machen kann, in: Die Welt vom 3. Mai 1990.

daß sie in ihrem politischen Urteil bei grundlegenden Fragen, wie etwa zum »Prager Frühling« und zum Überfall der Truppen einiger Warschauer-Pakt-Staaten auf die CSSR, dem Ulbricht-Regime folgte und diesem zweifellos nützte. Mit »Nachdenken über Christa T.« schuf sie – ganz im Gegensatz zu Anna Seghers in »Das Vertrauen« – ein Werk, in dem sie die bestehenden gesellschaftlichen Konflikte aus ihrer subjektiven, im Alltag geprägten und bestätigten Perspektive schilderte, während Anna Seghers in der Rolle der Staatsdichterin diese als große Epochenkonflikte aufzeigte, um den Siegeszug des Sozialismus zu demonstrieren.

Christa Wolfs ursprüngliche Nähe zu Anna Seghers, die durch die Aufzeichnungen vieler Gespräche und Begegnungen belegt ist, gründete in der übereinstimmenden Vorstellung darüber, was Literatur bewirken kann. Aber spätestens mit dem Erscheinen der beiden genannten Arbeiten gingen ihre Ansichten darüber auseinander, was sie bewirken soll.

Die Jüngere, Christa Wolf, distanzierte sich von ihrem rund dreißig Jahre älteren Vorbild, weil sie die Wirklichkeit anders sah und daraus Konsequenzen für ihre Literatur zog. Christa Wolf beschrieb ihr Verhältnis zu ihrer Nestorin, nachdem sie sich von ihr zu lösen begonnen hatte, so: »Ihre Zeit fließt anders, sie trägt ihr andere Beispiele zu, beschlossenere Schicksale. Sie sah nicht nur eine andere Wirklichkeit – sie sieht auch Wirklichkeit anders. Ein pädagogischer Rückhalt in manchen ihrer Bücher ist unverkennbar... Maßvoll sein, wer wünschte es sich nicht? Sie hat, vielleicht überraschend für sie selbst, ihr Maß gefunden.

Das wird man nicht ›edle Einfalt und stille Größe‹ nennen... können. Doch auf seinem Grund liegen unbezweifelbare und unbezweifelte Gewißheiten«[1].

Diese Gewißheiten sind für Christa Wolf offensichtlich mehr und mehr verlorengegangen, während sie sich für Anna Seghers mehr und mehr bestätigten, wie sich in den nachfolgend gegenüberzustellenden Arbeiten offenbart.

In »Das Vertrauen« berichtet Anna Seghers über die politische, soziale und wirtschaftliche Entwicklung im geteilten Deutschland im Schlüsseljahr 1953. In den Mittelpunkt der Handlung rückt sie das Stahlwerk Kossin in der DDR, das vor der Enteignung der Familie Bentheim gehörte. Diese zog sich mit der ehemaligen Kossiner Werksleitung nach Westdeutschland ins Rheinland zurück, um dort die Bentheimer Stahlwerke fortzuführen. Die Autorin knüpft damit zeitlich und örtlich an ihr bereits 1959 erschienenes Buch »Die Entscheidung« an, indem sie im wesentlichen die Schicksale der Menschen weiter verfolgt, die sie bereits dort vorstellte. Steht in »Die Entscheidung« der Wiederaufbau des Stahlwerks in den Jahren 1947 bis 1951 im Vordergrund, erschwert durch die Flucht zahlreicher Ingenieure und Arbeiter sowie angeblicher westlicher Sabotageversuche, so schildert sie in dem Roman »Das Vertrauen« die Prüfung der Menschen, wie sie sich aus ihrer Sicht mit dem Tod Stalins und dem Aufstand der Arbeiter am 17. Juni 1953 ergab. In der Rezension von Wolfgang Joho in der »Neuen Deutschen Literatur« heißt es dazu: »Das Buch handelt von den Gedanken, Entscheidungen, Taten einfacher Menschen unserer Republik und von dem mancherlei Anfechtungen ausgesetzten und sich schließlich bewährenden Vertrauen, das sie in die mühsam erkämpfte, von außen und auch von innen bedrohte sozialistische Gesellschaft setzen. So wenig zufällig das Wort ›Entscheidung‹ auf dem Titelblatt des ersten Bandes stand, so wenig ist das Wort ›Vertrauen‹ von ungefähr über den zweiten gesetzt: Der Kampf um das Vertrauen in den ersten sozialistischen Staat in der deutschen Geschichte ist Leitmotiv und zentrales Anliegen dieses Buches«[2].

Nach ihrem eigenen Bekenntnis wollte Anna Seghers mit diesen beiden thematisch unmittelbar zusammenhängenden Arbeiten ihren Lesern deutlich machen, daß sich niemand, ohne Schaden zu nehmen, dem Sozialismus entziehen könne und jeder für sich vor die Frage gestellt sähe: »Für wen, gegen wen bist du?«[3] Ging es ihr in »Die Entscheidung« noch ganz wesentlich darum, den Kampf gegen etwas zu schildern, nämlich gegen den »Klassenfeind«, so rückte nunmehr der Einsatz für etwas in den Mittelpunkt des Geschehens. Anna Seghers ließ durch die Charakterisierung der Personen und deren kommentierenden Aussagen keinerlei Zweifel darüber aufkommen, wofür sie eintrat: Der Aufbau einer sozialistischen Gesellschaftsordnung war für sie die Erfüllung des Lebens schlechthin[4].

Dabei schreckte sie nicht davor zurück, ein überwiegend positives Bild von Stalin zu zeichnen, etwa wenn es heißt: »Sein Name bedeutet gewiß für uns das Wichtigste«, oder: »Wir haben den teuersten Menschen verloren, den wir besitzen«[5]. Zudem suggerierte sie den Eindruck, weltweit wäre um den Verlust dieses »bedeutenden Staatsmannes« getrauert worden. Diese tendenziöse, die Wahrheit verfälschende Darstellung wird auch nicht dadurch aufgehoben, daß der Leser erfährt, der Leiter des Kossiner Werkes, Ulsperger, sei willkürlich in ein stalinistisches Lager während seines Exils in der Sowjetunion eingesperrt worden.

Ebenso unkritisch, der Parteilinie folgend, stellte Anna Seghers auch den Arbeiteraufstand am 17. Juni 1953 dar. Die Demonstranten wurden nach dem Schema des sozialistischen Realismus als faschistoide Typen oder verführte Dummköpfe bezeichnet. Als klug, tapfer und aufopferungsvoll beschrieb sie die Personen, die auch in dieser schwierigen Situation treu an der Seite der Partei standen. Die tatsächlichen Ursachen, die in der ganzen Republik zum Aufstand führten, wurden verschwiegen. Der Leser sollte nicht erfahren, daß sich das Volk im Staat der Arbeiter und Bauern gegen ein stalinistisches Regime erhoben hatte und es nur mit Hilfe der sowjetischen Panzer gelang, den Sturz der Regierung Ulbricht zu verhindern.

Der heutige Betrachter fragt sich, ob Anna Seghers selbst an das glaubte, was sie schilderte, verriet sie doch als Geheimnis ihrer Schreibweise, Situationen genau und klar so wiederzugeben, wie sie wirklich waren[6].

Demgegenüber läßt Christa Wolf mit »Nachdenken über Christa T.« den Leser daran teilhaben, daß sie große Schwierigkeiten hat, die erlebte Geschichte der fünfziger und frühen sechziger Jahre wahrheitsgetreu wiederzugeben. Wo Anna Seghers Antworten ohne Wenn und Aber gibt, wirft sie zweifelnde Fragen auf. Sie fordert kein Vertrauen ein, sie will statt dessen Nachdenklichkeit hervorrufen. Ihr geht es um Reflexion, nicht um eine beweisführende und beispielsetzende Handlung. So ist die Fabel dieser Geschichte schnell erzählt. Eine junge Frau, 35 Jahre alt, stirbt an Leukämie. Die Autorin schildert ihr Leben wenige Jahre nach dem Tode, weil sie sich ihr eng verbunden weiß. Die Stationen des Lebens der Ich-Erzählerin – von der Schulzeit, über die Jahre im Krieg, die Flucht über die Oder, das Studium der Germanistik, die Gründung einer Familie, die Rolle als Mutter, bis zum Rückzug in die mecklenburgische Provinz, um dort lesend, meditierend und schreibend über die Grundfragen der Zeit nachzusinnen – decken sich nicht zufällig mit dem Lebensweg der Autorin. Christa, der gemeinsame Vorname, deutet die enge geistige

Verbundenheit zwischen der verstorbenen Freundin und der Chronistin ihres Lebensweges an. Ihr früher Tod wird zum Schreibimpuls, der die Frage nach dem Sinn des Lebens aufwirft.

Christa Wolf will gemeinsam mit dem Leser Erinnerungs- und Trauerarbeit leisten. Sie regt an, über den eigenen, bisher beschrittenen Weg nachzudenken: »Was ist das: Dieses Zu-sich-selber-Kommen des Menschen?« lautet denn auch, ein Becher-Wort zitierend, das dem Buch vorangestellte Motto. In dem Versuch, ganz sie selbst zu sein, nimmt Christa Wolf eine andere Wirklichkeit wahr, eine Realität, die in krassem Gegensatz zu dem steht, welche die Partei- und Staatsführungen verheißen. Nicht Lebensfreude, Hoffnung, Gewißheit und Zuversicht wie Anna Seghers vermittelt T.'s Nachdenken, sondern Resignation, Depression, Zweifel und Pessimismus. »›Für den Arzt ist der Fall klar‹«, zitiert Marcel Reich-Ranicki in seiner Rezension, »›Todeswunsch als Krankheit, Neurose als mangelnde Anpassungsfähigkeit an gegebene Umstände‹«, um kommentierend fortzufahren: »Sagen wir klar: Christa T. stirbt an Leukämie, aber sie leidet an der DDR«[7].

Wo die Schriftstellerin Christa Wolf dem Leser etwas mitteilen möchte, nähert sie sich ihm nicht in der Haltung des Besserwissers wie Anna Seghers, sondern sie bindet ihn in ihr Bemühen um Wahrhaftigkeit ein. Ausgangspunkt ihres literarischen Schaffens kann deshalb nicht wie bei ihrem früheren Vorbild die Doktrin des sozialistischen Realismus sein, der das Vertrauen in die Macht und die Weisheit der Beschlüsse der Staatspartei zugrunde liegt, sondern ihre eigene, ganz persönliche Wahrnehmung und Deutung der Realität. »Prosa, die wieder wirken wollte«, bekennt sie in ihrem 1968 entstandenen Essay »Lesen und Schreiben«, »mußte sich einer neuen Realität auf neue Weise bemächtigen, mußte unter anderem beginnen, sich von der zum Klischee erstarrten, aus Ersatzstücken gefertigten Fabel alter Provenienz zu trennen«[8].

Indem sie eine Außenseiterin der sozialistischen Gesellschaft zur »Heldin« wählt, versucht Christa Wolf, die Entfremdung des einzelnen von der real existierenden Gesellschaft aufzuzeigen. »Mir steht alles fremd wie eine Mauer entgegen«, schreibt Christa T. ihrer Schwester. »Ich taste die Steine ab, keine Lücke. Was soll ich es mir länger verbergen: Keine Lücke für mich.«[9] Und an anderer Stelle heißt es aus der Erzählerperspektive: »Christa T., sehr früh, wenn man es heute bedenkt, fing an, sich zu fragen, was denn das heißt: Veränderung. Die neuen Worte? Das neue Haus? Maschinen, größere Felder? Der neue Mensch, hörte sie sagen und begann, in sich hineinzublicken. Denn die Menschen waren nicht leicht zu sehen hinter den überlebensgroßen Papptafeln, die sie trugen, und an die wir uns, was sehr merkwürdig ist, schließlich sogar gewöhnten. Für die wir dann zu streiten anfingen: Wer würde heute noch an sie erinnern, wenn sie wirklich ganz und gar draußen geblieben und nicht auf vielen Wegen in uns eingedrungen wären? So daß nicht mehr sie uns mißtrauten, sie und die schrecklich strahlenden Helden der Zeitungen, Filme und Bücher, sondern wir uns selber: Wir hatten den Maßstab angenommen und – beklommen, erschrocken – begonnen, uns mit jenen zu vergleichen. Es war dafür gesorgt, daß der Vergleich zu unseren Ungunsten ausfiel. So entstand um uns herum, oder auch in uns, was dasselbe war, ein hermetischer Raum, der seine Gesetze aus sich selber zog, dessen Sterne und Sonnen scheinbar mühelos um eine Mitte kreisten, die keinen Gesetzen und keiner Veränderung und am wenigsten dem Zweifel unterworfen war«[10].

Christa Wolf schildert Menschen, die den ernsthaften Versuch unternehmen, den »hermetischen Raum« zu durchstoßen, die nicht länger hinter »überlebensgroßen Papptafeln« verschwinden wollen, sondern zu sich selbst finden, die nicht länger Schräubchen in einem mehr schlecht als recht funktionierenden Getriebe sein wollen. Sie förderte die Emanzipation des Menschen, in einem Gesellschaftssystem, das darauf angelegt war, jede sich regende Individualität und Andersartigkeit im Kollektiv zu ersticken. Christa T. hat gelebt. Sie starb, weil das System ihre Persönlichkeit erdrückte.

Völlig andere Wesenszüge prägen die Figuren in Anna Seghers' Roman »Das Vertrauen«. Sie entwickeln sich nach Plan. Der Leser ahnt schon früh, welche Rolle ihnen in der zukünftigen Gesellschaft zugewiesen wurde. Die Charakterzüge bleiben starr, unecht, sie wirken aufgesetzt, sie sind nicht durch das Leben gezeichnet, sondern werden von der Erzählerin vorgegeben. Die Menschen verhalten sich rollenbewußt, als gute und schlechte Repräsentanten der sozialistischen Welt. Sie leben in einem »hermetischen Raum« und richten sich dort bereitwillig ein. Diejenigen allerdings, die nicht hineingehören, werden ausgewiesen und spielen dann keine Rolle mehr, weil sie dem gesellschaftlichen Fortschritt im Wege stehen[11].

Christa Wolf kontrastiert die Doktrin des sozialistischen Realismus mit einem Konzept, für das sie den Schlüsselbegriff »subjektive Authentizität« wählt. Sie will nicht eine vorgegebene Wirklichkeit, den »hermetischen Raum«, widerspiegeln, sondern sie sucht gemeinsam mit dem Leser eine Wahrheit »jenseits der wichtigen Fakten der Welt«, wie sie die Naturwissenschaften liefern[12], aber auch jenseits einer Ideologie, die für sich in Anspruch nimmt, die volle Wirklichkeit erfassen zu können. »Das geschilderte Leben soll weder verklärt werden, noch Vorbildcharakter haben, sondern ein Überprüfen von Lebenseinstellungen und -erfahrungen bewirken«[13].

Während Anna Seghers sozialistisch realistische Schreibweise ihr den

Weg zur Wirklichkeit versperrt, gelang es Christa Wolf, sich ihr anzunähern, indem sie von vornherein einen ganz persönlichen Zugang zur Realität suchte. Sie blieb glaubwürdig, weil sie sich mit ihren Wahrnehmungen und Deutungen dem Leser stellte, während Anna Seghers dekretiertes, als objektiv ausgegebenes Wissen literarisch unkritisch weitergab.

Christa Wolfs Erzählung »Nachdenken über Christa T.« löste in der DDR ein nachhaltiges Echo aus. Die meisten Literaturkritiker im Osten Deutschlands lehnten sie jedoch wegen ihrer pessimistischen Lebenssicht scharf ab; demgegenüber wurde sie in den westlichen Medien fast überschwenglich gefeiert. Auch wenn das Buch in der DDR in der ersten Auflage nur eine geringe Verbreitung fand, so verschob es doch die »Grenze des Sagbaren« und ermutigte andere Autoren, Christa Wolfs Beispiel zu folgen. Während Anna Seghers' sozialistisch realistische Schreibweise immer weniger Nachahmung fand, obwohl ihr Buch »Das Vertrauen« in den Medien als epochales Werk gefeiert wurde, setzte sich Christa Wolfs Erzählweise der »subjektiven Authentizität« immer mehr durch und wurde in den siebziger Jahren bestimmend für weite Teile der DDR-Literatur.

So bleibt als einziges Refugium relativ unverstümmelten Sprechens die Literatur... Die Literatur ist der alleinige Tummelplatz abweichender Ansichten von der Welt und der einzige Platz, wo der Leser noch berücksichtigt findet, was ihn wirklich angeht und bewegt.

Günter Kunert

Die Fakten des Alltags und das Prinzip Hoffnung

Die SED hat die Gefahren frühzeitig erkannt, die von einer Literatur ausgehen, die zu einem »Tummelplatz« von der Parteilinie abweichender Ansichten wird. Mit der Darstellung nur schwer lösbarer gesellschaftlicher Konflikte und dem Aufzeigen vielfältiger Probleme des Alltags vermochte sie der vorhandenen Unzufriedenheit der Menschen Ausdruck zu geben und konnte auf diese Weise zu einem Kristallisationspunkt emanzipatorischer Tendenzen werden, die sich einer staatlichen Einflußnahme und Beherrschung weitgehend entzogen. Diese latente Systemkritik und die Sorge um ihre Wirkung veranlaßten die Staatspartei auf dem VI. Schriftstellerkongreß im Mai 1969, auch die bis dahin geschonte Christa Wolf öffentlich zu ermahnen. Dem Vizepräsidenten des Schriftstellerverbandes Max Walter Schulz fiel diese Aufgabe zu. Anna Seghers, die damalige Präsidentin, schob ihn offensichtlich vor, um ihre persönliche Beziehung zu Christa Wolf nicht zu belasten. »So wie die Geschichte nun einmal erzählt ist«, Schulz bezog sich auf »Nachdenken über Christa T.«, »ist sie angetan, unsere Lebensbewußtheit zu bezweifeln, bewältigte Vergangenheit zu erschüttern, ein gebrochenes Verhältnis zum Hier und Heute und Morgen zu erzeugen«[1]. Genau das, was Max Walter Schulz hier seiner Kollegin vorhielt, wurde zum Programm eines großen Teils der DDR-Literatur in den siebziger und achtziger Jahren. Sie wollte die Lebensgewißheit bezweifeln, weil ihr die Tugend des politisch mündigen Bürgers unterentwickelt zu sein schien. Sie wollte die als bewältigt erklärte Vergangenheit erschüttern, weil Vergangenheit niemals bewältigt werden kann und in der DDR nicht ernsthaft der Versuch unternommen worden ist, die Auseinandersetzung mit dem Nationalsozialismus und Stalinismus bis in die Gegenwart hinein zu führen. Sie wollte ein geborchenes Verhältnis zum Hier, Heute und Morgen erzeugen, weil der sozialistische Staat die offensichtlichen gesellschaftlichen Spannungen und Brüche bagatellisierte oder mit der Verheißung auf eine bessere Zukunft zudeckte.

Von der DDR-Literatur ging in dieser Zeit ein aufklärerischer Impuls aus. Sie versuchte, einen Beitrag dazu zu leisten, den Bürger aus seiner Unmündigkeit zu befreien. Der Wahlspruch der Aufklärung, sapere aude[2], die Rückbesinnung des einzelnen auf seine eigene Wahrnehmung und Wirklichkeitserfassung, kennzeichnete im Ursprung das Anliegen vieler Autoren. Ihre prononcierte Subjektivität führte zu einer Rehabilitierung des Alltäglichen. Dabei verlagerte sich der thematische Schwerpunkt vom Berufsalltag in den privaten Bereich der Familie und zur Entwicklung der Persönlichkeit des einzelnen. Viele Schriftsteller wollten nicht länger einen von der Kulturpolitik vorgegebenen inhaltlichen Rahmen ausfüllen und dabei der politischen Perspektive der Partei vorbehaltlos folgen. Da sich die großen Themen zur politischen Entwicklung des Sozialismus gerade dort der Darstellung entzogen, wo sie kritisch danach fragten, was bisher auf diesem Wege erreicht worden ist und wie es weitergehen sollte, rückte der Mensch als gesellschaftliches Wesen, aber stärker noch in seiner widerspruchsvollen Individualität, in das Blickfeld des Interesses. Was sich unter Berücksichtigung der Zensur im Großen nicht sagen ließ, sollte wenigstens im Kleinen, im Detail angesprochen werden. Dabei ließ der Mikrokosmos häufig Defizite im gesamtgesellschaftlichen Bereich erkennen. Die Berücksichtigung dieser Rahmenbedingungen der Literatur in einem poststalinistischen Regime erklärte jedoch den Wandlungsprozeß nicht hinreichend. Dazu zählte einerseits, daß sie nicht länger »als nachvollziehendes Organ« politischer Erkenntnis verstanden werden wollte, andererseits, daß sie ihre Eigengesetzlichkeit wiederentdeckte, die u.a. darin liegt, »Fragen zu stellen, ohne Antworten zu geben«[3].

Diese nicht mehr mit letzten Gewißheiten ausgestattete Literatur bemühte sich darum, die insbesondere in den fünfziger Jahren verlorengegangene Glaubwürdigkeit zurückzugewinnen, und versuchte deshalb, sich der bis dahin starken politischen Tendenz, »Literatur auf ihren ideologischen Anspruch zu reduzieren«, zu erwehren[4]. Nachdem sie sich allzulange als »Anwalt des sozialistischen Staates« verstanden hatte, entwickelte sie sich nun in immer stärkerem Maße zum »Anwalt des Bürgers«[5].

»Literatur geht in Ideologie nicht auf«, schrieb Franz Fühmann, nachdem auch er als Debütant sich dem Kurs der Partei verpflichtet wußte, »weil der Mensch in Ideologie nicht aufgeht. Der Mensch, dies merkwürdige Geschöpf, ist eben nicht nur ein gesellschaftliches Wesen, er ist von der Gesellschaft wie von der Natur her bestimmt, eine widersprüchliche, doch unauflösbare Einheit, die eben nur in der Einheit dieses Widerspruchs den ganzen Menschen ausmacht mit all seiner Lust, all seinem Glück und all seinen Qualen, mit seinen Schmerzen, Verzückungen, Ängsten, Sehnsüchten, Träumen, Besessenheiten«[6]. Indem das Menschenbild nicht länger aus einer auf Wunschvorstellungen beruhenden Gesellschaftsutopie abgeleitet, sondern dem real existierenden Realismus entnommen wurde, fanden zwangsläufig die häßlichen Züge des Alltags mehr und mehr Ausdruck. Die Literatur entdeckte immer seltener den seit Mitte der sechziger Jahre im Bildungssystem der DDR propagierten, »allseitig harmonisch entwickelten und gebildeten Menschen«, der bewußt das gesellschaftliche Leben gestaltet, die Natur verändert und ein erfülltes, menschenwürdiges Leben führt[7]. Sie weckte Zweifel an der politischen Gestaltungskraft der SED und beschrieb die DDR als eine geschlossene, bewegungsarme, im Netz der Bürokratie gefangene, intolerante Gesellschaft, die sich auf dem Rückzug ins Private befand. Der real existierende Sozialismus beschwerte die Hoffnung auf eine bessere Zukunft. Die Fakten holten die Fiktionen ein[8]. Die Literatur stellte die marxistische Zukunftsvision in Frage, ohne sie jedoch gänzlich aufzugeben.

Dieser Prozeß begann in den sechziger Jahren. Er kam jedoch erst in der Ära Honecker voll zur Entfaltung. Als dieser auf dem VIII. Parteitag 1971 die Macht an sich riß und Ulbricht ins politische Abseits manövrierte, reagierte er auf diese Veränderungen im Denken. Mit Hilfe diverser kulturpolitischer Zugeständnisse versuchte er, das beschädigte Verhältnis zwischen der Staatspartei und den Poeten wieder ins Lot zu bringen. Der Wortführer des 11. Plenums bemühte sich nunmehr darum, in der Rolle des Förderers von Literatur und Kunst verlorenes Ansehen zurückzugewinnen. Besonders die nachfolgenden, von vielen mißverstandenen Sätze machten Furore: »Wenn man von der festen Position des Sozialismus ausgeht, kann es meines Erachtens auf dem Gebiet von Kunst und Literatur keine Tabus geben. Das betrifft sowohl die Fragen der inhaltlichen Gestaltung als auch des Stils – kurz gesagt: die Fragen dessen, was man die künstlerische Meisterschaft nennt«[9].

Die Konkretisierung dieser Ausführungen übernahm das Politbüromitglied Kurt Hager im Juli des folgenden Jahres. Er distanzierte sich vorsichtig von den Bitterfelder Beschlüssen und den Forderungen des sozialistischen Realismus und räumte ein, daß die Thematisierung von Alltagsproblemen und gesellschaftlichen Konflikten kein Verstoß gegen die Darstellung der Wirklichkeit sei, da es beides sowohl im gesellschaftlichen wie im persönlichen Leben gebe[10].

Honecker und Hager versuchten, die Chance des Machtwechsels nutzend, das geistige Klima in der DDR zu verbessern und die Grenzen des Sagbaren zu erweitern. Bücher, die bisher nicht veröffentlicht werden durften, weil sie in kritischer Distanz zur sozialistischen Gesellschaft standen, konnten nun erscheinen. Dies galt für Volker Brauns zehn Jahre lang verbotenes Theaterstück »Die Kipper«, für Hermann Kants »Impressum«, für Ulrich Plenzdorfs »Die neuen Leiden des jungen W.«, um die bekanntesten zu nennen. Andere zeitkritische Arbeiten passierten überraschend die Zensur. Brigitte Reimanns Fragment gebliebener, posthum erschienener Roman »Franziska Linkerhand«, Volker Brauns »Unvollendete Geschichte«, Jurek Beckers »Irreführung der Behörden« und Günter de Bruyns dritter Roman »Preisverleihung« verdienen hier Erwähnung, weil sie den Kulturfunktionären »Unerhörtes« abverlangten. Dies trifft auch für Stefan Heyms bis dahin nur im Westen erschienene Arbeiten »Die Schmähschrift«, »Lasalle« sowie den »König-David-Bericht« zu. Obwohl mit der Erweiterung des literarischen Spielraums die langweilige Lobpreisung des Sozialismus weitgehend überwunden wurde und neue Themen aufgegriffen werden konnten, darf diese Phase der Öffnung nicht als Verzicht auf Zensur und Druckverbot mißverstanden werden. Reiner Kunze und Wolf Biermann hatten nach wie vor erheblich darunter zu leiden. Volker Brauns erwähnte »Unvollendete Geschichte« durfte nur in der Fachzeitschrift »Sinn und Form« erscheinen, nicht aber als Buch. Andere Erzählungen und Romane erreichten lediglich eine kleine Mindestauflage und wurden, obwohl schnell vergriffen, nicht erneut verlegt. Rainer Kirschs der Faustsage verpflichtete Komödie »Heinrich Schlaghands Höllenpfad« fand nur an verborgenem Platze im »Theater der Zeit« das Interesse der Öffentlichkeit, durfte aber auf den Bühnen der DDR nicht gespielt werden. Mangel an Toleranz verrät auch die Tatsache, daß Kirsch wegen dieses Stückes aus der SED ausgeschlossen wurde, obwohl er zu den zweifellos bedeutendsten Poeten des Landes gezählt werden mußte und seine marxistische Grundüberzeugung nicht in Zweifel stand.

Darüber hinaus übten viele Schriftsteller nach wie vor Selbstzensur. Die Wahrnehmungsschere im Kopf hielt sie von der Behandlung waghalsiger Themen, Geschichten oder Bewertungen und damit von allzu harten Belastungsproben mit der Staatsmacht ab. War die Ära Ulbricht durch eine planmäßige ideologische Lenkung und Bevormundung der Literatur gekennzeichnet, so verzichtete Honecker auf eine unmittelbare Beeinflussung der literarischen Stile, Formen und Inhalte von oben. Er verlas keine detaillierten Regieanweisungen und Rezepturen, aber er sah keineswegs davon ab, gestaltend in den kulturellen Prozeß einzugreifen. Die Tür dazu hatte er sich nicht nur machtpolitisch, sondern auch argumentativ offen gelassen, indem er auf die Notwendigkeit verwies, daß die Schriftsteller von einer »festen Position des Sozialismus« auszugehen hätten. Er vertraute nicht zu Unrecht darauf, daß die große Mehrzahl von ihnen fest auf der Seite des Sozialismus stünde[11]. Dabei verkannte er jedoch, daß immer mehr Schriftsteller zögerten, ins Grundsätzliche gehende politische Kompromisse zu Lasten der Wahrheit zu schließen.

Dazu war zwar nach wie vor eine maßgebliche Gruppe von Autoren wie Erik Neutsch, Dieter Noll, Harry Thürk, Helmut Baierl oder Günter Görlich bereit. Sie übten aber auf das Bewußtsein der Menschen trotz hoher Buchauflagen keinen nachhaltigen Einfluß aus, weil sie im großen und ganzen an den tatsächlichen Problemen der Zeit vorbeischrieben, obwohl auch sie hier und da kritische Töne anklingen ließen, um die Lesebereitschaft zu fördern und im Strom der Zeit mitzuschwimmen[12].

Nachfolgend soll unter vier Gesichtspunkten exemplarisch auf das gewandelte Selbstverständnis dieser dem real existierenden Sozialismus kritisch gegenüberstehenden Literatur der siebziger und achtziger Jahre eingegangen werden:
- Das literarische Erbe;
- Die verdrängte Vergangenheit;
- Die Literatur als Anwalt des Bürgers;
- Auf unbestimmte Art Hoffnung – die Literatur der Hineingeborenen.

Das literarische Erbe

Als Ulrich Plenzdorfs Prosa- und Bühnenstück »Die neuen Leiden des jungen W.« 1972 in der Literaturzeitschrift »Sinn und Form« erschien und wenig später in zahlreichen Theateraufführungen vom Publikum enthusiastisch gefeiert wurde, löste es eine nachhaltige öffentliche Diskussion aus. Der Autor hatte seine Arbeit rund vier Jahre wohlweislich im Verborgenen gehalten, ehe er es wagte, den frischen Wind in der Kulturpolitik nutzend, damit an die Öffentlichkeit zu treten. Sein Stück erschien den meisten Kulturpolitikern und vielen loyalen Staatsbürgern als Provokation, weil der Held des Stückes, Edgar Wibeau, ein 17jähriger Außenseiter der sozialistischen Gesellschaft, gleich in zweifacher Hinsicht Tabus verletzte. In aufmüpfiger, unprätentiöser Sprache, die bis zu diesem Zeitpunkt ihresgleichen auf den Bühnen der DDR suchte, »schlägt er sich mit der Frage seiner Erziehung herum, mit der Bevormundung, mit der Frage der Selbstverwirklichung, der Frage des persönlichen Spielraums, innerhalb dieser dichten Kette von Kindergartenbemutterung, Elternhausbemutterung, Schulbemutterung, Universitätsbemutterung und -führung«[13].

Indem Wibeau im Originalton die Sorgen und Nöte, Gedanken und Gefühle einer Generation aussprach, löste er im Stillen eine Welle der Solidarisierung der Jugend gegen den autoritären Herrschaftsapparat aus. Dieser fühlte sich in seinen ideologischen Grundfesten aber auch dadurch herausgefordert, daß sich Edgar Wibeau auf Goethes Werther berief und deutlich machte, daß dessen prinzipielle Kritik an der Gesellschaft seiner Zeit nichts an ihrer Gültigkeit im Sozialismus verloren hat, also nach wie vor aktuell war. Die »alten Leiden« des jungen Werther entsprachen auch den »neuen Leiden« Edgars, anders ausgedrückt: Der Anspruch auf Selbstverwirklichung der Menschen wurde in der bürgerlichen Gesellschaft des 18. Jahrhunderts ebensowenig eingelöst wie in der sozialistischen. Das dies ein gescheiterter Außenseiter feststellte, mag manchen Parteigenossen innerlich beruhigt haben, verärgert mußte er aber darüber sein, wie dieser mit dem großen literarischen, humanistischen Erbe umging. Nicht nur, daß er es sich, auf dem Klo sitzend, in einem Reclam-Bändchen lesend aneignet, sondern vor allem deshalb, weil er es respektlos ausnutzt, indem er zentrale Thesen zu seiner eigenen Selbstfindung und Bestätigung heranzieht.

Der damalige Staranwalt und Autor zahlreicher Kriminalhörspiele und -romane Friedrich Kaul rügte gerade diese schamlose Inbezugsetzung und Auswertung einer großen literarischen Figur durch einen »verhaltensgestörten Jugendlichen«. Er sah darin eine »gewichtmäßige Verfälschung unseres sozialistischen Seins und Werden« und beklagte, auf Johannes R. Becher verweisend, den Verlust von »Maß und Wert«[14].

Diese Haltung fand ihren Ursprung im traditionellen Erbeverständnis, das auf Georg Lukács' Einfluß zurückging. Er gilt als der Begründer der marxistischen Literaturwissenschaft. Seine Lehre gewann über die enge persönliche Beziehung zu Becher maßgebliche Bedeutung für die kulturelle und bildungspolitische Entwicklung der DDR. Für Lukács stellte die deutsche Klassik »eine große geistige, ästhetisch-literarische Revolution dar, eine der größten und genialsten ›geistigen Revolutionen‹ des europäischen Bürgertums«[15]. Er war davon überzeugt, in der deutschen Klassik eine ästhetische Vorwegnahme einer zukünftigen kommunistischen Gesellschaftsform entdeckt zu haben, in der dem einzelnen Menschen die harmonische Entfaltung seiner Individualität ermöglicht würde. Becher fand in Lukács' klassischer Literaturutopie den notwendigen kulturellen Überbau für den Aufbau und die Festigung einer sozialistischen Gesellschaftsordnung. Er griff diese Interpretation auf, da sie »eine konsequent antifaschistische Haltung, ein ausgeprägtes Traditionsbewußtsein im Hinblick auf das fortschrittliche bürgerliche Kulturerbe und eine allgemeine sozialistische Perspektive« miteinander verband, die es ermöglichte, die deutsche Klassik als ästhetische Vorstufe für den sozialistischen Realismus auszugeben[16].

In der DDR fanden diese drei Gesichtspunkte große Bedeutung, weil in der Rückbesinnung auf das fortschrittliche klassische Literaturerbe die Chance gesehen wurde, ein weitgefächertes Bündnis unter den Intellektuellen herzustellen und der nachwirkenden nationalsozialistischen Erziehung wirksam zu begegnen. In diesem Sinne heißt es in der halbamtlichen Literaturgeschichte der DDR: »Für den Kampf gegen die nachwirkende Naziideologie und um eine realistische, volksverbundene Literatur war es wichtig, sich auf das humanistische und realistische Erbe der deutschen Literatur und der Weltliteratur zu besinnen. Auch das war eine der Erfahrungen, die die fortschrittlichen Kräfte während ihres Widerstandes gegen den Faschismus gewonnen hatten; sie bestimmte das kulturelle Programm seit der Mitte der dreißiger Jahre mit. Befreit von imperialistischen Verunstaltungen und Verfälschungen, konnten diese humanistischen und volksverbundenen Traditionen nun ungehindert zur demokratischen Erneuerung der deutschen Kultur beitragen«[17].

Das dabei andere Literaturepochen, wie der Sturm und Drang, unterbelichtet oder wie die Romantik und auch der Expressionismus völlig unberücksichtigt blieben, wurde in Kauf genommen. Damit wollte man einerseits vermitteln, daß die sozialistische Kulturkonzeption auf die Klassik zurückzuführen wäre, und andererseits herausstellen, daß das Ideal vom »allseitig harmonisch gebildeten Menschen« im Sozialismus seine Vollendung fände. Plenzdorfs Werther-Paraphrase war deshalb mehr als ein gelungener literarischer Gag; denn er verweigerte sich der von der SED auch an die Schriftsteller herangetragenen Würdigung des klassischen Erbes, indem er deutlich machte, daß sich nicht so ohne weiteres selbst aus Goethes Werk, wenn man es nur aufmerksam las, ein Werkhof »für die schwer erziehbare Nation« machen ließe[18].

Angesichts der immer stärker auftretenden Deformationserscheinungen und Anpassungszwänge in der sozialistischen Gesellschaft mußten darüber hinaus das Schönheits- und Harmonieideal der Klassik fragwürdiger denn je erscheinen. Der aus ideologischen Gründen propagierte Erbekanon erfüllte seine legitimatorische Funktion um so weniger, als die Gesellschaft selbst in eine Wertekrise geriet. Dies zeigte sich auch daran, daß die Schlüsselbegriffe der Parteiethik wie Autorität, Disziplin, Kollektiv, demokratischer Zentralismus, Wahrheitsmonopol und Recht nicht mehr vorbehaltlos akzeptiert wurden.

Unter den Schriftstellern, weniger unter den Literaturwissenschaftlern, »gewann die Einsicht an Boden, daß das Erbe keinem Steinbruch gleicht, aus dem man sich nach Belieben die passenden Stücke heraushaut«[19]. So entstand in den siebziger Jahren eine Fülle von Arbeiten, die sich kritisch mit dem Erbekanon auseinandersetzten und ihn erweiterten. Sie mißachteten dabei bewußt kulturpolitische Verdikte, um mit Hilfe bisher verweigerter literarischer Vorbilder der veränderten Beziehung des Individuums zu der erstarrten sozialistischen Gesellschaft besser Ausdruck geben zu können.

Dabei spielte sicher nicht nur ein »aufmüpfiger Oppositionsgeist« gegen den Erbekanon eine Rolle, sondern es kam auch ganz pragmatisch

Die Revision des Erbekanons thematisierten – eine Auswahl:

- Ulrich Plenzdorf: Die neuen Leiden des jungen W., 1972
- Hans-Joachim Schädlich: Kurzer Bericht vom Todfall des Nikodemus Frischlin, 1974
- Irmtraud Morgner: Leben und Abenteuer der Trobadora Bearitz nach Zeugnissen ihrer Spielfrau Laura, 1974
- Günter de Bruyn: Das Leben des Jean Paul Friedrich Richter, 1975
- Günter de Bruyn: Märkische Forschungen, 1978
- Christa Wolf: Kein Ort. Nirgends, 1979
- Franz Fühmann: Der Sturz des Engels, 1982
- Irmtraud Morgner: Amanda. Ein Hexenroman, 1983
- Volker Braun: Rimbeaud. Ein Psalm der Aktualität, 1985

die Überlegung hinzu, sich der durch die Zensur bedingten Ausdrucksnot zu entziehen[20].
Christa Wolf begründete die Rückbesinnung auf die Romantik in ihrer Erzählung »Kein Ort. Nirgends« – sie beruht auf dem fiktiven Gespräch zwischen den Schriftstellern Karoline von Günderrode und Heinrich Kleist während einer Teegesellschaft zu Beginn des 19. Jahrhunderts – mit dem Gefühl, »mit dem Rücken an der Wand zu stehen«[21]. Diese Empfindung beherrscht auch beide literarischen Vorbilder. Die Enttäuschung darüber, in einer Zeit zu leben, in der sich ihre Ideale nicht realisieren lassen, sie sich als Ausgestoßene empfinden, führt beide Schriftsteller in den Freitod. Sie sehen darin die einzige Möglichkeit, ihre Zerrissenheit zu überwinden und ihre Träume vor der übermächtigen Realität zu retten.

Christa Wolf versuchte über die dokumentarische Beschäftigung mit diesen beiden eindrucksvollen Gestalten der deutschen Literatur, mit denen sie die Grunderfahrung teilte, in einer ihr fremd gewordenen Gesellschaftsordnung zu leben, schreibend über eine existenzielle Krise hinwegzukommen. Diese ergab sich aus einer Situation der Hoffnungslosigkeit und schweren Enttäuschung über den Staat, an dessen sozialistische Ideale sie nach wie vor glaubte, obwohl ihre Zweifel wuchsen, aber in dem sie weiterhin leben wollte. »Mein Hauptinteresse war, zu untersuchen: wo hat sie eigentlich angefangen, diese entsetzliche Gespaltenheit der Menschen mit der Gesellschaft? . . . Dieses ins Extrem getriebene zum Außenseiter-gemacht-Werden, das, was ich an mir existenziell erfuhr: das wollte ich befragen, natürlich auch, um mich davon etwas distanzieren zu können. Wo hat es angefangen? Wann? – In den Texten, in den Lebensverhältnissen der Romantiker findet man eine Fülle von Dokumenten darüber; die haben sensibel registriert, daß sie Außenseiter wurden, daß sie nicht gebraucht wurden«[22].

Das Material zu diesem Stoff fand sie in den Briefen von Kleist und den persönlichen Aufzeichnungen der Günderrode, so daß sie beide Figuren nicht frei erfinden mußte. Dies gilt allerdings weder für die Begegnung noch für den Umgang mit dem Stoff, der ihr als Folie dafür diente, persönlich einen Weg zu finden zwischen einer sich selbstverleugnenden Anpassung an die bestehende Gesellschaftsordnung oder deren »realitätsverleugnende Idealisierung«[23].

So wie der Romantik von der Kulturpolitik der Vorwurf gemacht wurde, sich bewußt von der Klassik abzusetzen, rückwärtsgewand und deshalb reaktionär gewesen zu sein, so hielt sie dem Mythos in der Literatur vor, den nationalsozialistischen Rassenwahn begünstigt zu haben. Er hatte deshalb in der sozialistisch realistischen Literaturdoktrin keinen Platz. Es ist Franz Fühmanns großartigem Essay über »Das mythische Element in der Literatur« ganz wesentlich zu verdanken, daß es seit der zweiten Hälfte der siebziger Jahre zu einer Wiederentdeckung mythologischer Stoffe in der Dichtung kam.

In der Dramatik griff Heiner Müller zwar bereits in den sechziger Jahren auf Vorlagen aus der griechischen Mythologie zurück, zu nennen sind hier u. a. »Philoktet« (1958–64), »Herakles 5« (1964–6), »Ödipus Tyrann« (1967) sowie »Prometheus« (1969), um die dem Menschen eigenen, ewig nachweisbaren zerstörerischen Grundtriebe wie Machtgier und Machtmißbrauch, Liebe und Haß, Gewalttätigkeit und Schutzbedürftigkeit aufzuzeigen. Diese Stücke konnten zunächst nicht in der DDR erscheinen und gespielt werden. Dies änderte sich erst zehn Jahre später. Vielleicht trug Fühmanns eindringlicher Appell zur Kurskorrektur dazu bei, indem er nachwies, daß der Mythos eine unzerstörbare Kraft besitzt, weil er »Jahrhunderttausende –, vielleicht jahrmillionenalte eingeschliffene Menschenerfahrung im Prozeß des Findens seiner Selbst als Entfaltung seines Existenzwiderspruchs« festhält[24]. Eine der besonderen Eigenschaften des Mythos entdeckte er in seiner konsequenten Hinführung zur Wahrheit. »Der Mythos kennt kein Happy-End und kein Wunschdenken, und manche Mythen... sind von einer solchen Härte, daß sie uns abweisend machen könnten, spürten wir nicht auch noch im Krassest- und Gräßlichsten jene tapfere Wahrhaftigkeit, die um die eigene Erfahrung bestätigt und am Beispiel ihres Gestaltetwerdens die Möglichkeit ihrer Bewältigung zeigt«[25].

Besonders die namhaften Schriftsteller waren es, die den festgeschriebenen Erbekanon um dieser Wahrhaftigkeit willen erweiterten, nicht zuletzt um ihren eigenen Erfahrungen glaubwürdig Ausdruck verleihen zu können. Mit dieser Tabuverletzung entzogen sie dem Regime eine Stütze der Macht und hielten der plumpen Kontinuitätsthese vom klassischen Erbe zur sogenannten sozialistischen Nationalliteratur die Sprunghaftig keit, Widersprüchlichkeit, den Reichtum und die Vielschichtigkeit der Literatur vergangener Epochen entgegen. Sie eröffneten dem Leser ein bisher verborgenes Reich der Phantasie und schärften seinen Blick für die Wahrheit, die immer weniger die Wahrheit der Staatspartei zu sein schien.

Die verdrängte Vergangenheit

Die Kulturpolitik der DDR kennzeichnete ein gebrochenes Verhältnis zur Geschichte. Dies bestand nicht nur, wie gezeigt, in der Ausblendung, Verzerrung oder Vereinnahmung wichtiger Literaturepochen, sondern betraf die Geschichte etwa von Luther bis zur Gegenwart ganz allgemein. Erstaunlich ist dabei auf den ersten Blick, daß darunter auch die Auseinandersetzung mit dem Nationalsozialismus litt, verstand sich doch die DDR als »antifaschistischer deutscher Staat«, der »die Literatur des Antifaschismus« als Grundlage für die Entwicklung einer sozialistischen Nationalliteratur betrachtete und daran die Hoffnung auf einen geistigen demokratischen Neuaufbau knüpfte. »Besonders die Jugend, deren Ideale zerstört waren, suchte nach Wahrheit und echten Werten. Hier lag eine große Chance für die antifaschistische, humanistische Kunst und Literatur«, resümiert denn auch die DDR-Literaturgeschichte[64].

Der DDR ging es mit der Betonung des »antifaschistischen demokratischen Neuaufbaus« aber nicht nur um die Umerziehung der Menschen, sondern gleichermaßen darum, eine scharfe Trennungslinie zwischen dem nationalsozialistischen Deutschland und dem neuen sozialistischen Staat zu ziehen. Um dies auch semantisch zum Ausdruck zu bringen, sprach die sozialistische Historiographie vom Faschismus und nicht vom Nationalsozialismus. Sie wollte damit zweierlei erreichen: einerseits herausstellen, daß es zur sozialistischen Gesellschaftsordnung keine glaubwürdige Alternative gäbe; andererseits vernebeln, daß es einen von der KPD organisierten weit verzweigten Widerstand weder im Exil noch im Reich selbst gegen Hitler gegeben hatte. Wo er dennoch stattfand, entsprang er im wesentlichen Initiativen einzelner Menschen. Er blieb – wie in anderen gesellschaftlichen Gruppen auch – die Ausnahme ohne Breitenwirkung und ohne soziale Verwurzelung. Die Kommunisten unterschätzten in der Weimarer Republik ebenso wie nach der Machtergreifung Hitlers die Gefahr, die vom Nationalsozialismus ausging. Obwohl Hitler die Kommunisten in Deutschland verfolgte, kam es zu einer machtpolitisch begründeten Zusammenarbeit mit Stalin, wie sie der Weltöffentlichkeit im Hitler-Stalin-Pakt mit Konsequenzen, die uns bis heute belasten und beschäftigen, sichtbar wurde.

Die »antifaschistische Literatur« der dreißiger und vierziger Jahre erfüllte diesen doppelten Zweck. Sie rechnete rigoros – darin liegt ihr Verdienst und bleibender Wert – mit dem Nationalsozialismus und deutschen Militarismus ab. Aber sie zeigte nicht die Verstrickung und Fehler auf – darin liegt ihre Schwäche –, die das Zustandekommen eines weitgefächerten, wirksamen Bündnisses, nämlich einer Volksfront, gegen Hitler verhinderten. Statt dessen idealisierte sie den kommunistischen Widerstand und suggerierte, daß der Sozialismus die einzige moralisch haltbare Alternative zum Nationalsozialismus sei[27]. Sie trug auf diese Weise nicht unerheblich zur politischen Legitimation der SED bei, der es dadurch leichter fiel, ihren Herrschaftsanspruch zu begründen und durchzusetzen. Nachdem die Stabilisierung der Macht Mitte der fünfziger Jahre weitgehend abgeschlossen war, verlor das Ulbricht-Regime sein Interesse an einer vertiefenden Auseinandersetzung mit dieser schrecklichen Phase deutscher Gewaltherrschaft. »Man ernannte sich selbst zum Sieger der Geschichte« stellte Stephan Hermlin selbstkritisch fest und wies jegliche Mitverantwortung am Zweiten Weltkrieg, aber auch am Holocaust, weit von sich und empfahl dem Bürger, es dem Staat gleichzutun. »Dadurch, daß man dem Volk diese Schmeichelei sagte und es entlastete, war es dann auch leichter zu regieren«[28]. So kam es mit der Entlastung zu einer Verdrängung der jüngsten Vergangenheit. Brecht kritisierte dies schon 1953, als er mahnend feststellte: »Wir haben allzu früh der Vergangenheit den Rücken zugekehrt, begierig, uns der Zukunft zuzuwenden. Die Zukunft wird aber abhängen von der Erledigung der Vergangenheit«[29].

Wie bruchlos die SED den Übergang vom braunen zum roten Unrechtsstaat vollzog, schilderte Erich Loest in seiner Autobiographie »Durch die Erde ein Riß« in plastischen Worten. Eben noch engagierter Jung-Nazi, zog Loest 1946 als Journalist in das Haus der SED-Kreisleitung ein. Schuldgefühle hatte er längst abgelegt. Admiral Dönitz und der Sozialismus, dem es nach Kriegsende besonders darauf ankam, eine Massenbasis in der Bevölkerung zu finden, hatten ihm dabei geholfen. Man habe ja bloß seine Pflicht getan. »Sein Vater war Eisenwarenhändler, er selbst war Jungvolkführer und Reserveoffiziers-Bewerber gewesen – jetzt bist Du für uns, sagten sie, arbeitest mit uns, was sollen die alten Geschichten. Die Aufnahme in die SED dauerte eine Viertelstunde und war absolut unfeierlich, sie war ein selbstverständlicher Schritt nach anderen und vor anderen, sie kostete keine Überwindung und war ein formeller Akt«[30].

Von diesem glatten Prozeß der Geschichte handelt auch Thomas Braschs Gegenwartsdrama »Rotter«, das er im Osten Berlins begann und im Westen vollendete. Rotter, der rückgratlose Nazi-Führer und Denunziant, wandelt sich, während seine HJ-Gruppe noch Deserteure hinrichtet, zum Erbauer des neuen Staates. In den das Stück begleitenden Tagebuchnotizen skizziert Brasch den Frontwechsel seines gespenstischen Helden –

»In einem Wald bei Berlin warten drei HJ-Jungen auf ihren Anführer, den Ausbilder Rotter, der nach Berlin gegangen ist, neue Befehle für den Kampf einzuholen. Während sie warten, erfüllen sie ihre Pflicht, Deserteure hinzurichten und achten dabei nicht auf die Mitteilung, daß der Krieg bereits zu Ende sei. Einer der Deserteure teilt ihnen mit, daß ihr Anführer Rotter in Berlin bereits im Blauhemd entrümpelt und sich dem neuen Staat zur Verfügung gestellt hat«[31].

– der als skrupelloser Opportunist ebenso wie Hans-Joachim Schädlichs Tallhover immer ein politisches Zuhause findet.

Das Verdrängen der Vergangenheit und das Gebrauchtwerden für den Neuaufbau verhinderten eine frühzeitige intensive Auseinandersetzung mit dem Nationalsozialismus in beiden Teilen Deutschlands. Da die DDR sich als Sieger der Geschichte und als das bessere Deutschland fühlte, leugnete sie bis in die siebziger Jahre hinein die Notwendigkeit, überhaupt Erinnerungsarbeit leisten zu müssen. Sie weigerte sich anzuerkennen, daß Auschwitz auch sie betraf und ein Stück ihrer Identität ausmachte. Die SED verschloß sich dieser Erkenntnis und verwehrte der Literatur, eben diesen Zusammenhang, der bis in den sozialistischen Alltag hineinreichte, aufzuzeigen. Franz Fühmann gehörte unter den Schriftstellern zu den ersten, die sich als Teil ihrer Identität zur nationalsozialistischen Vergangenheit bekannten: »Meine erschütternde und schließlich lebensverändernde Erfahrung wurde nun, daß ich, der Meinung nach individuell Schuldlose, Auschwitz verteidigt habe, daß nicht irgendwer in einer fernen polnischen, lettischen, französischen usw. Ortschaft oder an irgendeinem fernen Schreibtisch in einem von mir nie betretenen Zimmer irgendwelche Greueltaten begangen hatte, die mich eigentlich nichts oder höchstens metaphysisch angingen, sondern daß Auschwitz ohne mich und meinesgleichen nicht möglich gewesen wäre, daß ich ein Teil der nationalsozialistischen Totalität war, der genau so funktionierte, wie er funktionieren sollte«[32].

Literarisch griff Fühmann dieses Thema in dem stark autobiographisch geprägten Ungarn-Tagebuch »22 Tage oder die Hälfte des Lebens« 1971 auf. Der Weg zum Sozialismus führte für ihn seit diesem Zeitpunkt über Auschwitz und nicht mehr, wie noch für Hermann Kant in seiner ebenfalls autobiographisch geprägten Arbeit »Der Aufenthalt« 1977, über die Umerziehung in polnischer Gefangenschaft und im Antifa-Lager.

Vor allem ist es aber Christa Wolf zu verdanken, Vergangenheit und Gegenwart miteinander verknüpft zu haben. Sie tat dies mit ihrem umfangreichen Roman »Kindheitsmuster« 1979, den sie mit dem programmatischen Satz einleitete: »Das Vergangene ist nicht tot, es ist nicht einmal vergangen. Wir trennen es von uns ab und stellen uns fremd«[33]. Mit diesen Zeilen stellte sie die »offizielle antifaschistische Agitation und Propaganda« in Frage, nach der in der DDR der Nationalsozialismus und etwaiges weiterschwelendes Gedankengut mit Stumpf und Stil überwunden worden seien. Auch wenn sie nicht den Mut aufbrachte, nach Erscheinungen des Rechtsradikalismus im eigenen Lande zu fragen und einem zum Teil ärgerlichen, da plumpen, Antiamerikanismus Ausdruck gab, als sie sich mit der Gegenwart bis in die siebziger Jahre hinein auseinandersetzte, so wandte sie sich doch einem politisch heiklen Themenfeld zu, das am Selbstverständnis des SED-Staates rüttelte. Sie stieß dabei an die Grenzen des Sagbaren, besonders dann, wenn sie Verbindungslinien von der Vergangenheit zur Gegenwart durchschimmern ließ. Ein Beispiel ist dafür das vielschichtige Problem der Selbstzensur. »Ganz anders muß geschrieben werden. Das Austrocknen, Verdorren, abgeschnitten von den sogenannten Quellen. Wenn die Sehnsucht, die Notwendigkeit, gekannt zu werden, mehr zu fürchten ist als alles. Als sei die Selbstbeachtung und Selbstbespitzelung ein Exklusivleiden der berufsmäßig Schreibenden und nicht die allergewöhnlichste und allgemeinste Erfahrung der Zeitgenossen, die sie kaum noch wahrnehmen, die viele leugnen, welche für die verbreitete Apathie, die schwerlich zu leugnen ist, andere Gründe anführen«[34]. Immer dann, wenn sie einer der Schlüsselfragen des Romans nachging, »Wie sind wir so geworden, wie wir heute sind?«[35], stieß sie auf inneren Widerstand, wissend um die Anpassungszwänge des Systems.

Christa Wolf kannte die Signale der Tabus; sie wußte um die Scheu, sie zu verletzen, aber sie hatte auch erfahren, »daß gewisse Pflichten keinen Aufschub mehr dulden, unter ihnen die Pflicht, anzudeuten, was mit uns geschehen ist«[36]. Aber je mehr sie sich dabei der Gegenwart annäherte, setzte ihr die Zensur engere Grenzen, die sie zwangen »ihre Neugier auf die ... nicht gefährlichen Gebiete einzuschränken«[37]. Vor die Alternative gestellt, sprachlos zu bleiben oder Kompromisse in Kauf zu nehmen, entschied sie sich dafür, daß Wagnis der Veröffentlichung einzugehen. Doch Selbstzweifel überfielen sie bei der Niederschrift und blieben nicht unausgesprochen: »Das Buch würdest Du nicht schreiben können, und Du wußtest, warum. Du kennst die Gegengründe bis heute. Sie sind nicht gegenstandslos«[38].

»Kindheitsmuster« konnte vor diesem Hintergrund nur zu einem »Bruchstück der Verständigung« über die Vergangenheit und das Fortleben tradierter Gewohnheiten und Verhaltensweisen in der sozialistischen Gesellschaft geraten. Jugendaufmärsche, Gesänge, Fahnengrüße, überladene Symbolik, die Militarisierung des Alltags, die dominierende Rolle der Partei, die Rollenteilung zwischen Staat und Gesellschaft mit einem großen Katalog allgemeiner Pflichten auf der einen und den geringen anwendbaren Rechten auf der anderen Seite, der große Aufwand für die Staatssicherheit und die vielen »Glitzerworte«, welche die Realität in einen sanften Nebelschleier hüllen – diese und andere Erscheinungsformen moderner Diktaturen konnten nicht offen ins Wort gebracht werden. Der aufmerksame Leser in der DDR, dem diese Mechanismen der Macht, der Unterdrückung, der Angst, des Verdrängens und Verschweigens nicht unbekannt waren, vermochte aufgrund der persönlichen Erfahrungen gestern und heute vermutlich schneller als wir in der Bundesrepublik Parallelen zwischen Vergangenheit und Gegenwart wie auch die Unterschiede aufzuspüren. Für ihn bedeuteten Andeutungen totgeschwiegener Probleme und die Infragestellung sicher geglaubten Wissens ein Stück Aufklärung, zumindest aber eine hilfreiche Verunsicherung.

Während Christa Wolf latente faschistoide Verhaltensformen und Denkmuster im real existierenden Sozialismus aufspürte, stellte Jurek Becker in »Bronsteins Kinder« 1986 die Spätfolgen des Nationalsozialismus am konkreten Beispiel von Opfer und Täter dar. Nach den beiden Romanen »Jakob der Lügner« 1969 und »Der Boxer« 1976, in denen er traumatische Erlebnisse seiner Kindheit in einem polnischen Ghetto von der Befreiung bis zum Leben im frühen Nachkriegsdeutschland zur Sprache brachte, wandte er sich nun der DDR-Gesellschaft der siebziger Jahre zu. Er erzählte die Geschichte des 19jährigen Hans Bronstein, der in einem Häuschen seines Vaters im Stadtwald entdeckt, daß dort unter menschenunwürdigen Bedingungen ein älterer Mann gefangengehalten wird. Er erfährt, daß dieser früher Aufseher im KZ Neuengamme bei Hamburg gewesen ist. Sein Vater und seine zwei Freunde versuchen ihn mit brachialen Methoden zu einem Geständnis zu zwingen, was ihnen schließlich auch gelingt, zumindest teilweise. Der Gefangene gibt zu, Erschießungen gesehen zu haben, bestreitet aber, selbst einer der Schützen gewesen zu sein. Hans hat kein Verständnis für die Selbstjustiz. Er verachtet den ehemaligen Lageraufseher, vermag aber die Rachegelüste und stille Freude der älteren Männer am Leid ihres Opfers weder nachzuempfinden noch zu billigen. Nach reiflichem Überlegen entschließt er sich, den ehemaligen Aufseher zu befreien. Dabei entdeckt er seinen toten Vater.

Indem Jurek Becker aufzeigte, daß auch in der sozialistischen Gesellschaft ehemalige KZ-Wächter Unterschlupf fanden und Opfer des Nationalsozialismus zu Tätern wurden, machte er augenfällig, wie tief die Vergangenheit in die Gegenwart hineinreicht. Dies erkennt Hans nicht nur an dem Verhalten seines Vaters, zu dem er keine innere Beziehung aufzubauen wußte, sondern auch an seiner eigenen Rolle als Jude im real existierenden Sozialismus der Honecker-Zeit. »Kein Mensch hatte mich gelehrt, Widerstand zu leisten«, berichtet er über seinen bisherigen Lebensweg, »niemand hatte mir gezeigt, wie man das macht, was man für richtig hält. In der Schule war ich immer nur ein aufmerksamer Stiller: schon in der ersten Klasse fand ich heraus, wie wunderbar leicht man vorankommt, wenn man den Ansichten des Lehrers folgte. Ein weiterer Vorteil solchen Verhaltens bestand darin, daß es meiner Bequemlichkeit entgegenkam: ich brauchte nur die Ansichten eines einzigen Lehrers herauszufinden, schon kannte ich auch die der anderen. Zwischen der Welt des Redens und der des Denkens war eine Mauer, und ich wäre mir wie der größte Dummkopf vorgekommen, wenn ich sie hätte einreißen wollen. Noch heute gerate ich in Panik, wenn ich mit einer Meinung allein dastehe«[39].

Diese Beispiele dürfen jedoch nicht darüber hinwegtäuschen, daß die Beschäftigung mit der nationalsozialistischen Vergangenheit, wenn man darunter mehr versteht, als die »antifaschistische demokratische Tradition« und den Aufbau der sozialistischen Gesellschaftsordnung zu gestalten, im großen und ganzen noch nicht in ausreichendem Maße von der Literatur in die Erinnerung der Menschen zurückgeholt worden ist. Anzuerkennen ist gleichwohl, daß sie verstärkt in den siebziger Jahren damit begann, den ideologischen Vorgaben und Verfälschungen eigene Erfahrungen entgegenzustellen, die das offizielle Geschichtsbild zurechtrückten, zumindest in Frage stellten. Der bis dahin vorherrschende aufdringliche didaktische Anstoß, der nicht selten in eine schulmeisterliche, moralisch-politische Belehrung mündete, wich der Suche nach Selbstfindung, Hinterfragung und Vergegenwärtigung.

Daß sich besonders der Übergang vom nationalsozialistischen Alltag und Krieg zum real existierenden Sozialismus weitgehend der Darstellung entzog, liegt auf der Hand. Immerhin signalisierte die DDR-Literatur, daß es neben den vorhandenen Brüchen und Diskontinuitäten auch Verhaltenskonstanten gab. Wie schwer sie sich jedoch damit tat, gerade die eigene Geschichte kritisch aufzuarbeiten, zeigte sich besonders nachdrücklich in der Auseinandersetzung mit dem Stalinismus. Am konsequentesten wandte sich diesem Thema Uwe Johnson zu. Er tat dies in seiner vierteiligen, die Jahre vom Zerfall der Weimarer Republik umspannenden, bis in die fünfziger Jahre der DDR hineinreichenden Erzählung »Jahrestage. Aus dem Leben von Gesine Cresspahl«. Besonders der 1973 erschienene dritte und der zehn Jahre später veröffentlichte vierte Band verdienen hier Beachtung:

Der Autor zeichnete das Ulbricht-Regime als eine korrupte, erpressende, die Menschen willkürlich verhaftende, in Konzentrationslager verschleppende und hier elendig zugrundegehen lassende Despotie. Dort

Arbeiten zur Vergegenwärtigung des Vergangenen – eine Auswahl:
- Franz Fühmann: 22 Tage oder die Hälfte des Lebens, 1973
- Christa Wolf: Kindheitsmuster, 1976
- Werner Heiduczek: Tod am Meer, 1977 (2. Auflage)
- Thomas Brasch: Rotter, 1978*
- Karl-Heinz Jacobs: Wilhelmsburg, 1979
- Stefan Heym: Collin, 1979*
- Helga Schütz: Julia oder Die Erziehung zum Chorgesang, 1980
- Erich Loest: Durch die Erde ein Riß, 1981*
- Christoph Hein: Horns Ende, 1985
- Jurek Becker: Bronsteins Kinder, 1986
- Armin Müller: Der Puppenkönig und ich, 1986
- Christoph Hein: Passage, 1987
- Heiner Müller: Wolokolamsker Chausse I-IV, 1988
- Uwe Johnson: Jahrestage, 1970–1983*

* nicht in der DDR erschienen

lesen wir über das Lager Fünfeichen im Mecklenburgischen Ende der vierziger Jahre: »Sie versuchten es zu Weihnachten noch einmal und boten ihm eine Stelle im Leichenkommando an,
eine Chance
die Bewährung
eines Sinneswandels und
einer Wiedergutmachung sowie
der Verzeihung
der Gemeinschaft
mit Essenszulagen und einem Wechsel Bekleidung. Da es Arbeit war, mit Bewegung, machte die Aussicht ihm zu schaffen. Warum sollte er nicht zustandebringen, was andere konnten?

Die Toten sahen aufgeschwemmt aus, viel Gewicht hatten sie nicht mehr. Meist waren es wenige Gänge in einer Woche, immer zu zweit an einer Trage. Es kam darauf an, daß er den Tag überstand, an dem die Leichen aus dem Sammelkeller zu räumen und auf den Lastwagen zu zerren waren; auf der Fahrt zum Friedhof am Fuchsberg hatte er Zeit zum Ausruhen. Ihn graute vor dem Verscharten, eher traute er sich das Ausschachten der Gräber zu, vorerst. Er wollte das nicht den Toten zuliebe tun, nicht um ein paar Kartoffeln mehr in der Suppe, nicht um zu überleben; es ging ihm um die Beschäftigung«[40].

Dieses Bild, das auch aus der Zeit des Nationalsozialismus und nicht aus der frühen Nachkriegszeit stammen könnte, fügte sich so gar nicht in die Phase der in den siebziger Jahren einsetzenden Ost-West-Entspannungspolitik ein. So wurde diese wichtige, Zeitgeschichte dokumentierende Veröffentlichung zum Stalinismus weder in der Bundesrepublik, wo sie zur Verfügung stand, noch im anderen Teil Deutschlands, wo sie wie alle Arbeiten Uwe Johnsons nicht erscheinen durfte, hinreichend zur Kenntnis genommen. Demgegenüber fand Stefan Heyms Roman »Collin«, der 1979 erschien, große Aufmerksamkeit. Dazu trug, neben der widersprüchlichen Aufnahme dieses Buches in den Medien der Bundesrepublik, auch die Tatsache bei, daß es in der DDR nicht gedruckt werden durfte und gegen Heym ein Strafverfahren wegen Devisenvergehens vollzogen wurde; er hatte ohne Genehmigung des Büros für Urheberrechte seinen Roman im Westen publiziert.

In »Collin« schildert Heym das Gespräch zwischen einem hohen Funktionär der Staatssicherheit (Urack) und einem Schriftsteller (Collin) im Krankenhaus über den inneren Konflikt in einem stalinistischen System, ein Leben in Wahrheit zu führen. Es handelt sich dabei um eine fiktive Geschichte – Personen und Handlungen sind frei erfunden – die allerdings eng mit dem Leben des Schriftstellers Stefan Heym in der DDR verknüpft ist[41]. In den Mittelpunkt rückt dabei das Rechenschaftsmotiv, die Frage des Verrats, des aktiven und des passiven: »Collin hatte sich schuldig gemacht nur des simplen passiven, der nicht einmal nachweisbar. Er hatte geschwiegen, das war alles, und war doch, wenn man sich's überlegte, ungeheuerlich«[42]. Heym griff auf dokumentarisches Material in seiner Geschichte zurück. Dies geschah jedoch nur partiell und sehr behutsam. So etwa, wenn er auf die geplante Reise Walter Jankas zu Georg Lukács in der Endphase der ungarischen Revolution und dessen spätere Inhaftierung eingeht. Für den Leser ohne detaillierte Kenntnisse der DDR-Literaturgeschichte bleiben diese Wechselbezüge zwischen Fiktion und Realität jedoch verborgen. Auch verzichtet Heym darauf, die politischen Hintergründe näher auszuleuchten. Er deutet vieles nur an und behandelt es an der Oberfläche, etwa wenn er über die Stalinisierung und die damit einhergehenden Verhaftungen berichtet. Dennoch erhält der Leser einen ausschnittweisen Einblick in die schon verdrängte, teils tabuisierte und auch heute noch nicht voll erschlossene Geschichte der Ulbricht-Zeit. Das Buch verschweigt und bagatellisiert, es begründet und verurteilt nicht. Aber es ist dennoch ein zeitgeschichtliches Dokument über die innere Ausweglosigkeit eines Menschen, der versucht, sich in einem sozialistischen Staat Rechenschaft darüber abzulegen, ob er seiner Verantwortung als Schriftsteller gerecht geworden ist oder den Pressionen und Verführungen eines despotischen Staates erlag. Während Uwe Johnson seine Erzählung geschützt im Ausland lebend, aus der Erinnerung schöpfend, niederschrieb, mußte Stefan Heym mit dem Zugriff der Macht während und nach der Niederschrift rechnen. Diesem Sachverhalt ist es maßgeblich zuzuschreiben, daß die DDR-Literatur, sieht man einmal von den hier erwähnten Arbeiten und Christoph Heins düsteren, sich mit Andeutungen begnügenden, aber immerhin auch im Osten Deutschlands veröffentlichten Roman »Horns Ende« ab, keinen nachhaltigen Beitrag zur Erhellung des Stalinismus in der DDR geleistet hat und wohl auch nicht leisten konnte.

Die Literatur als Anwalt des Bürgers

Die Literatur wuchs in den siebziger Jahren in immer stärkerem Maß in die Rolle eines Anwalts des Bürgers gegenüber einem übermächtigen, repressiven Staat hinein. Sie tat dies, indem sie die Realität kritisch befragte und Realität anders sichtbar machte, als es der Staatspartei angenehm war. »Nichts trifft sie mehr« stellte Thomas Brasch der Spannung zwischen Bürger und Staat treffend Ausdruck gebend fest, »als wenn wir beginnen, über unsere Erfahrungen zu reden«[43]. Genau dies geschah in einer kaum noch erfaßbaren Flut kleinerer und größerer Arbeiten, besonders in der Prosa und der Lyrik. Sie thematisierten den wachsenden Widerspruch zwischen dem hehren ideologischen Anspruch der Staatspartei und dem Leben im Alltag des real existierenden Sozialismus. Die eine Welt, »offiziell, irreal, auf den Lehren verstorbener Philosophen aufgebaut, die andere real, alltäglich und voll von aufgestauten, lange unterdrückten Kräften«, traten einander gegenüber[44]. Die eine behauptete, auf dem Wege des historischen und dialektischen Materialismus, also auf wissenschaftlichem Wege, allein zur Erkenntnis zu gelangen und nahm deshalb das Monopol auf Wahrheit für sich in Anspruch, die andere begnügte sich mit dem, was mit Händen zu greifen war, mit der Summe der Erfahrungen.

In der Kurzgeschichte »Kleine Schule der Poesie« thematisierte Hans-Joachim Schädlich diesen Konflikt der Literatur gegenüber der Bürokratie. Ein Poet wird verhört, weil er seine Wahrheit, nicht belehrt durch Bücher, sondern »durch deutliches Leben«, äußert[45]. Er wird in einem Haus der Behörde befragt, »ob es, erstens, zutreffe, daß er, wie ermittelt, also bei verschiedener Gelegenheit, geäußert habe, wer die Wahrheit sage, worüber, das werde noch erörtert, der spüre doch bald die Folge? Sogar wer sie lese nur, könne, ungünstigen Umstand angenommen, Nachteile erleiden? Und was überhaupt Wahrheit heiße? Er meine Wahrheit, die nur seine sei, nicht die anderer. Keiner wolle seine hören, die zu klein sei vor einer größeren. Die größere aber rücke auch seine kleine zurecht«[46].

Indem jedoch immer mehr Schriftsteller dazu übergingen, ihre kleine

Zeitkritische Arbeiten aus der DDR-Literatur der 70er und 80er Jahre – eine Auswahl:

- Gunter de Bruyn: Preisverleihung, 1972
- Reiner Kunze: Zimmerlautstärke, 1972*
- Karl-Heinz Jacobs: Die Interviewer, 1973
- Brigitte Reimann: Franziska Linkerhand, 1974
- Thomas Brasch: Poesiealbum, 1975
- Reiner Kunze: Die wunderbaren Jahre, 1976*
- Jürgen Fuchs: Gedächtnisprotokolle, 1977*
- Günter Kunert: Unterwegs nach Utopia, 1977
- Klaus Poche: Atemnot, 1978*
- Kurt Bartsch: Kaderakte, 1979*
- Wolfgang Hilbig: Abwesenheit, 1979*
- Volker Braun: Das ungezwungene Leben Kasts, 1979
- Thomas Brasch: Der schöne 27. September, 1980*
- Ulrich Schacht: Traumgefahr, 1980*
- Erwin Strittmatter: Der Wundertäter, Bd. 3, 1980
- Hanns Cibulka: Swantow, 1982
- Christoph Hein: Der fremde Freund, 1982
- Elke Erb: Vexierbild, 1983
- Günter de Bruyn: Neue Herrlichkeit, 1984
- Volker Braun: Hinze-Kunze-Roman, 1985
- Heinz Czechowski: Ich, beispielsweise. Gedichte, 1986
- Hans Noll: Berliner Scharade, 1987*
- Adolf Endler: Akte Endler, Gedichte aus 30 Jahren, 1988 (2. erw. Auflage)
- Rainer Kirsch: Kunst in der Mark Brandenburg. Gedichte, 1988

nur in der DDR erschienen

Wahrheit kundzutun, und dabei auf ein lebhaftes Echo stießen, genügte »die einfache Wahrheit« immer weniger[47]. Die Staatspartei kam nicht mehr umhin, sich mit der kritisch in den Alltag hinein fragenden Literatur zu arrangieren. Die Literaten nutzten diesen gewonnen Spielraum aus. Romane, Erzählungen, selbst Gedichte übten »Kritik an ganz konkreten Alltagsübeln« und nahmen »die ansonsten unbesetzte Funktion einer kritisch fragenden Lokalredaktion wahr«[48].

Ein Beispiel dafür ist Rainer Kunzes berühmt gewordener Prosaband »Die wunderbaren Jahre«, in dem er die Probleme des Alltags in Geschichten aus dem Alltag offenlegt. Er berichtet von der Militarisierung des Lebens bis zum Schießbefehl an der Grenze, von den Anpassungszwängen und Ungereimtheiten des sozialistischen Bildungswesens, von Konflikten junger Menschen mit der intoleranten Bürokratie und den Hütern des Staates, der Volkspolizei. Kunze zeigt die Unsicherheit und Schwierigkeit im Umgang mit der zeitgenössischen Kultur auf (im Kino läuft Plenzdorfs Stück »Die Legende von Paul und Paula«, in der Schule wird das Stück diskriminiert). Er schildert den aufdringlichen Besuch einer ungebetenen jungen Dame von der Staatssicherheit nach einem Aufenthalt bei Havemanns ebenso wie die Folgen des Sturzes der Regierung Dubcek durch Panzer »sozialistischer Bruderstaaten«. Anstelle eines Nachwortes fragt in der Geschichte »Forstarbeiter« dieser einen Schriftsteller: »Schreibst du's, wie's in der Zeitung steht, oder wie's im Leben ist?«[49] Da Kunze schrieb, »wie's im Leben ist«, wurde ihm zwar die Gunst des Forstarbeiters zuteil, der ihm zu Essen anbot, da er glaubte, Schriftsteller seien Hungerleider, nicht aber die Gunst des Staates.

Das Buch durfte in der DDR nicht erscheinen. Darin zeigte sich unter veränderten politischen Rahmenbedingungen abermals die Begrenzung des Autonomieanspruchs literarischen Schaffens in einer Diktatur. Jurek Becker brachte sie in seinem Roman »Irreführung der Behörden« im Gespräch des jungen Schriftstellers Bienek auf die lapidare Formel einer Lektorin: »Es steht ihnen völlig frei, jede Geschichte zu schreiben, die sie schreiben wollen. Und uns steht es frei, sie zu drucken oder nicht«[50]. Dies war gewiß eine spürbare Einschränkung, die im Bewußtsein der Schriftsteller eine Rolle spielte. Dennoch versuchten viele, sich der Schere im Kopf zu erwehren.

Der Lyrik als der traditionell subjektivsten und ursprünglichsten Form der Dichtung fiel dies leichter als der Prosa und dem Drama. Volker Braun bezeichnete sie deshalb als »das zwiespältigste Genre« der Literatur[51]. Günter Kunert sah ein entscheidendes Charakteristikum des Gedichts »in seiner Oszillation«, in seinem Schwebezustand, in seiner Unschärfe, die »im Lesen Assoziationen verschiedener Art« freisetzen[52]. Trotzdem, oder gerade deshalb, erzielten Gedichtbände in der DDR große Wirkung. Sie stießen in einen Raum wachsender Entfremdung des einzelnen von Natur und Gesellschaft hinein. Indem sie der trügerischen Eindeutigkeit der öffentlichen Rede die Vieldeutigkeit der Metaphernsprache des Gedichts entgegensetzten, schufen sie einen ganz persönlichen Raum der Verständigung zwischen Autor und Leser. Lyrik wurde nicht zu einer öffentlichen Angelegenheit, sondern zu einem ganz persönlichen Erfahrungsaustausch zwischen Menschen auf dem Weg zur Wahrheit. »Ich schreibe aber nicht aus Zweifel an der Existenz der Wahrheit«, notierte der Lyriker und Prosaist Heinz Czechowski, »sondern versuche gegen das anzuschreiben, was mir als tägliche Wahrheit angeboten, zugemutet wird. Lyrik hat die Chance, auch dann noch vernommen zu werden, wenn sonst überall manipuliert oder geschwiegen wird«[53].

Heinz Czechowski entdeckte den Alltag durch intensives Beobachten der Realität. Aber er reagierte auch auf bestimmte Ereignisse, die er den Medien entnahm oder dort vermißte. Insofern waren seine Gedichte »Gelegenheitsgedichte«, verbunden durch die Erkenntnis eines wachsenden Verständigungsbedarfs, der sich aus einer vorherrschenden Wahrnehmungs- und Deutungsohnmacht der Menschen im Sozialismus ergab:

»Hier ist dein Jetzt
Blick
Durch die Gitter, verbirg
dein Erschrecken«[54]

Czechowski teilt den Menschen sein Erschrecken mit. Seine Gedichte leisten Trauerarbeit. Sie sprechen von einer perspektivlos gewordenen Welt, in »der der Tod auf und ab geht«[55], von Grenzen, Drahtgitterzäunen und Lastwagen, die gegen Beton rasen. Das Land scheint ihm aus Müllabladeplätzen, die Wälder aus Sperrgebieten zu bestehen. Bauplätze seien kaum von Schuttplätzen zu unterscheiden. Das Ganze nennt er »Terrortorium«. Er spricht von sterbenden Fischen und sterbenden Wäldern, von Ölen und Abfällen, von Fabriken und Rauchsäulen, von Autokolonnen und tödlichem Gas. Er schildert den Zerfall der Häuser, den gestundeten Abriß der Altstädte und das Entstehen neuer Wohnverließe, die er Betonungeheuer nennt. Er wünscht sich den Einblick in seine Kaderakte, »das Papier der Papiere im gepanzerten Schrank«[56]. Er verbirgt seine Angst nicht:

»Wie immer
mangelhaft
vorbereitet fürs Leben,
der heimlichen Ängste
immer gewärtig, vormittags schon
nach dem Frühstück,
beim Lesen der Zeitung,
dem Öffnen der Post oder
beim Auffinden einer längst
vergessenen Photographie«[57].

Die Hoffnung hat ihn verlassen, weil er den Weg in die Zukunft und zur Wahrheit durch ein politisches System verstellt sah, das zu einem »Leben in Lüge« erzog:

»Der greise Dichter
spricht ohne Hoffnung, erinnert
sich seiner Zeit, rauft
und spricht von der Gegenwart
als sei sie längst schon vergangen.
Das, denke ich noch, ist die Wahrheit:
Kein Weg in die Zukunft«[58].

Die Lyrik wandte sich dem Alltäglichen zu, um deutlich zu machen, wie weit entfernt es der verheißenden Zukunft geblieben ist:

»Nichts ist eingelöst
Von allen Versprechen:
Wie Herbstlaub raschelnd
Treiben die Worte.
Allzu sicher der Zukunft
Glaubten wir unsern
Propheten«[59].

Bevor die Wirklichkeit aber erfaßt und beschrieben werden konnte, mußte dem ein »Abstreifen von Illusionen, von Wunschdenken, von ideologisch, flächig überlagerter Vorstellung« vorausgehen[60]. Bei Czechowski, der Mitglied in der SED war und als junger Mann von ihr, wie andere auch, als schriftstellerischer Nachwuchs und Schüler von Georg Maurer am Literaturinstitut in Leipzig großzügig gefördert wurde, führte dieser Prozeß zu einer radikalen Infragestellung seiner bisherigen literarischen und politischen Vorstellungen. So heißt es bereits in seiner Anthologie »Wasserfahrt«, die 1967 erschien:

»Ich widerrufe die nutzlosen Verse,
Die Träume, die Projektionen
An einen Himmel aus Gas.
Frei will ich sein
Von der Last des Vergangenen.
Ich widerrufe Vertanes, Liebe
In glanzloser Nacht.
Alles Getane, die Welt
Mit ihren Städten, Fabriken, den
Krüppeln: Ich widerrufe es,
Nehme nicht an
Den Vorschuß der Vernunft.
Ich kann den Wind mir nicht greifen,

Den Helm nicht zerbeißen,
Der mich noch drückt«[61].

Demgegenüber bewahrte sich Volker Braun, wie seine Gedichte der siebziger und achtziger Jahre, etwa die Anthologie »Training des Aufrechten Gangs« oder »Langsamer knirschender Morgen«, erahnen lassen, die utopische Perspektive auf einen besseren Sozialismus. Dies hinderte ihn jedoch nicht daran, mit dem real existierenden Sozialismus hart ins Gericht zu gehen, wenn es um den Umgang der Behörden mit der Freiheit des Andersdenkenden geht, wie das Gedicht »Bruno« zeigt:

»Schwieriger Umgang mit dem Abweichler
Es hilft nicht, die Instrumente zu zeigen:
Er hat sie beschrieben
Er beharrte auf seinem feindlichen Standpunkt
Daß sich die Erde bewegt
Die Vernehmer glauben sich zu verhören
Im Knast agitiert er die Mönche
Als wüßten sie nicht wo Gott wohnt
Die Folter verfängt nicht: er singt ein Tedeum
Wohin mit ihm? die Hölle nimmt ihn nicht auf
Verbrennen wäre die Lösung, doch die ist nicht
neu«[62].

Brauns Interesse galt der durch einen übermächtigen Staatsapparat gefesselten, wenn nicht sogar auf einen falschen Weg gebrachten, sozialistischen Revolution.

»Wo wollen wir eigentlich hin.
Ist das überhaupt der Berg, den wir beehren
Oder eine ägyptische Pyramide.
Warum sind wir so müde.
Müssen wir nicht längst umkehren
Und von unsern Posten herabfahren.
Und uns aus den Sicherungen schnüren
Denn dieser Weg wird nicht zum Ziel führen«[63].

Seine Poesie blieb, trotz wachsender Unruhe über die Erstarrungstendenzen in der Gesellschaft, die Hefe im Teig des zäher werdenden Sozialismus. Veränderung, nicht Kontinuität, war deshalb ihr Thema.

»Bei allen schönen Schritten nach vorn
Behaupten wir standhaft unsere Position«[64].

Spuren, die auf einen utopischen Sozialismus verweisen, bleiben in seinen Zeilen gegenwärtig, die zwischen resignativer Enttäuschung und vagem Hoffnungsschimmer angesiedelt sind[65]. So lesen wir in dem bereits zitierten Gedicht »Bruno«:

»Und es wird sich daran nichts ändern
Bis eines schönen Jahrhunderts
Fragt mich nicht wie
Der Kommunismus angebrochen ist«[66].

Braun sah die großen Alltagsprobleme, aber er thematisierte sie nur am Rande, weil es ihm zuerst um die Überwindung des seiner Meinung nach zum Stillstand gekommenen revolutionären Prozesses ging. In seiner radikalen politischen Analyse der Gegenwart büßte er an Gewißheit ein, »mit der er den Gang der Geschichte betrachtete. ›Fortschritt und Untergang‹ können, so mußte er erkennen, zwei Seiten der gleichen Medaille sein«[67].

Vornehmlich die Lyriker der mittleren Generation, diejenigen also, die in die DDR hineinwuchsen, distanzierten sich vom Marxismus. Sie widerriefen, wie Heinz Czechowski, und wandten sich den Fakten zu oder bewahrten sich trotz wachsender Zweifel, wie Volker Braun, jenen Funken Hoffnung, der noch zum Feuer werden sollte. Unabhängig davon, wie weit der Zerfall der Utopie bei Günter Kunert, Thomas Brasch, Sarah Kirsch, Wolf Biermann, Reiner Kunze, Eva Strittmatter, Adolf Endler, um nur einige Namen zu nennen, vorangeschritten war, thematisierten sie das Dahinschmelzen einstiger Hoffnungen ebenso wie die Häßlichkeit, Widersprüchlichkeit und Verlogenheit der Gegenwart.

Eine ähnliche Entwicklung läßt sich in der Prosa aufzeigen. Zum Teil sind es die gleichen Autoren, aber auch dort, wo andere Namen auftauchen, zeugen deren Arbeiten von einer kritischen Durchdringung der sozialistischen Realität. Das Ideal wird auch hier an der Wirklichkeit neu vermessen. Ein Beispiel dafür ist Brigitte Reimanns posthum erschienener Roman »Franziska Linkerhand«. Er erzählt die Geschichte einer jungen Architektin, die sich nach einer mißglückten Ehe entschließt, ihren Arbeitsplatz auf einer Großbaustelle in Neustadt, wo eines der riesigen Neubaugebiete am Rande der Stadt entsteht, zu suchen. Ihr in der Ausbildung bei einem berühmten Architekturprofessor erworbenes Wissen, ihre kühnen Pläne, Phantasien und Hoffnungen über Formen menschlichen Zusammenlebens stoßen dort hart auf die Mühseligkeiten und

Zwänge des Bauens im Alltag. Indem sie erfährt, daß Bauen hier nicht mehr ist als Organisation und Vermessung, gerät sie in Konflikt mit den Prinzipien des sozialistischen Städtebaus, die sie in Frage stellt. Sie möchte eine menschenwürdige Wohnstadt schaffen mit Grünanlagen, Geschäften, Kindergärten, Lokalen, während es der Bauleitung primär darauf ankommt, möglichst viele Wohneinheiten zu einem günstigen Preis schnell fertigzustellen. Sie sieht darin einen »Mord an der Stadt«[68]. Ihr Vorgesetzter, Schafheutlin, wirft ihr vor, nicht die richtige Optik zu haben. »Sie sehen unsere Erfolge nicht, Wohnungen für unsere Werktätigen, die niedrigsten Mieten in Europa.« »Ihr habt die Straße zertrümmert«, beharrt demgegenüber Franziska. »Die Siedlung im Grünen... ein menschenfreundlicher Traum vor hundert Jahren, heute ausgeträumt, eine untaugliche Idee«[69].
Franziska geht es mit dem Bau von Wohnungen und Stadtteilen nicht nur um Fragen der Architektur, sondern auch um Formen des menschlichen Zusammenlebens in einer sozialistischen Gesellschaftsordnung. »Wir sind namenlos und geschichtslos geworden, darin gleichen wir unseren Bauten. Jedes Haus sollte signiert sein wie ein Bild... Aber nein, wir sitzen am Katzentisch, übersehen von der Öffentlichkeit, die jeden schlagerrülpsenden Halbstarken kennt und Lollos Oberweite und die Hosenträger von diesem Fernseh-Spaßmacher und nichts weiß von dem Architekten, der ihr die Häuser baut. Wir vegetieren am Saum der Kunst... Fragen Sie die Leute, ob sie die Gedanken, ach was, nur die Namen von denen kennen, die Städte bauen, Organismen schaffen, die für das Zusammenleben so wichtig sind wie eine gemeinsame Sprache, Gesetze, moralische Normen«[70].

Mit dem Scheitern ihrer Ideale als Architektin an der Mangelwirtschaft, dem Rigorismus der Bürokratie und der Mißachtung der Meinung des einzelnen sieht sie auch ihre Träume für eine bessere Zukunft in Frage gestellt. Sie fühlt sich, wie Leserzuschriften zu ihrem Artikel in der Bezirkszeitung bestätigen, dabei durchaus im Konsens mit weiten Teilen der Bevölkerung, aber er nützt ihr nichts. Sie wird als lästig empfunden. Man wirft ihr vor, Unzufriedenheit unter den Menschen zu schüren. Sie resigniert.

Dieses vergebliche Aufbegehren beschreibt auch Volker Braun in seinem vierteiligen Bericht »Das ungezwungene Leben Kasts«. Der Titelheld der Geschichte schildert aus der Ich-Perspektive verschiedene Stationen seines bisherigen Lebensweges, von seiner Tätigkeit im Tiefbau über die Studienzeit, die Lehrjahre am Theater, um schließlich im letzten Kapital, das die Überschrift »Die Tribüne« trägt, zu einer allgemeinen Analyse der politischen Realität überzugehen. Ins Blickfeld geraten dabei insbesondere die sechziger Jahre und, im letzten Teil, die ersten Jahre

nach dem Machtwechsel von Ulbricht zu Honecker. »Die Tribüne« wurde 1974 verfaßt, konnte jedoch erst 1979, sieben Jahre nach der Veröffentlichung der vorangegangenen Lebensstationen, erscheinen. Erstaunlich ist dabei, daß dieser Text nicht nur im Suhrkamp-Verlag, sondern gleichzeitig im Aufbau-Verlag in der DDR gedruckt werden durfte, handelt es sich dabei doch um ein Stück Prosa, das in ungeschminkter Art und Weise, wie zuvor kaum in der DDR publiziert, Kritik am Selbstverständnis und innerem Gefüge der SED übt. Braun läßt hier seinen Titelhelden in die Rolle des Parteisekretärs in einem größeren Betrieb schlüpfen, der an dem Versuch zerbricht, die Interessen der Mitarbeiter des Betriebs und notwendige innerbetriebliche Veränderungen durchzusetzen. Nach anfänglicher Euphorie über seine beruflichen Möglichkeiten entdeckte er, daß ihm kein Spielraum zur Gestaltung gegeben wurde. »Ich sah mich wieder auf den Dienstweg verwiesen, und auf dem standen die Heiligenbilder der Leitung«[71]. Das bedeutete so viel wie Warten auf den Sankt Nimmerleins Tag. Kast empfand sein Engagement als Kampf »mit einem riesigen Gummitier«, zu dem er vorzudringen, in das er aber nicht einzudringen, vermochte[72]. Die Staatspartei entledigte sich auf ihre Weise eines Mannes, der keine Ruhe ließ. Der Vorladung bei der Kreisleitung folgte das Parteiverfahren. Danach wurde er auf einen Lehrgang geschickt, »zu einer sogenannten Runderneuerung«. Dies »entsprach der guten Sitte, Probleme im Vorangehn zu lösen«[73]. Die Entfremdung der Partei von den »Werktätigen« geriet Kast zum Verhängnis. Dies wurde ihm bewußt, als er am 7. Oktober, dem Jahrestag der Gründung der DDR, mit den Parteifunktionären, auf einer Tribüne sitzend, das Volk an sich vorbeiziehen sah. »Ich hatte einen Posten, ich hatte ihn angenommen, um mich mit vielen zu vereinen für unser aller Sache. Aber jetzt sah ich mich erst recht unterschieden und getrennt von den meisten ... Es gab noch die Einen und die Anderen«[74].
Kast erkannte, daß er diesen Zustand nicht alleine zu ändern vermochte. Während des Lehrganges verunglückte er mit seinem Auto, nachdem er mit anderen zusammen eine halbe Flasche Korn getrunken hatte. »Das Genick war gebrochen, das Gesicht unkenntlich«[75]. Die Ursache des Unfalls konnte nicht ermittelt werden, aber daß er in unmittelbarem Zusammenhang mit Kasts vergeblichen Bemühungen stand, gemeinsam mit der sogenannten herrschenden Klasse, den Arbeitern und Bauern, die gesellschaftliche Entwicklung voranzubringen, und sei es nur im Betrieb, darüber ließ der Autor keinen Zweifel aufkommen.

Irma Hanke hob zu Recht hervor, daß die von Braun kritisch beleuchteten und kommentierten Phänomene wie die politische und wirtschaftliche Stagnation, die Apathie der Menschen, der Mangel an Mut, Verantwortung zu übernehmen, der Anpassungsdruck und die weit verbreitete Be-

reitschaft, sich ohne Mucken unterzuordnen, die Entfremdung zwischen oben und unten, Partei und Volk, die fiktive Welt harmonischen Miteinanders, die in der Realität keine Entsprechung fand, sich auch in anderen Arbeiten der DDR-Literatur nachweisen ließen[76]. Zu nennen wäre hier zum Beispiel Monika Marons Roman »Flugasche«. Darin geht es neben der privaten Lebensgeschichte der allein erziehenden Mutter Josefa Nadler auf der zweiten Handlungsebene um ihren Beruf als Journalistin und ihre Absicht über die schmutzigste Stadt Europas, über Bitterfeld, eine Reportage zu schreiben. Aber auch die Geschichte des Lehrers Karl Simrock in »Schlaflose Tage« von Jurek Becker stellt einen Menschen in den Mittelpunkt, der eigene Wege zu gehen versucht, indem er seine Schüler zu selbständigem und kritischem Denken anhält, und daran als Pädagoge scheitert. Das Angebot der Schulbehörde, Selbstkritik zu üben und im Schuldienst zu bleiben, lehnt er ab. Er wechselt in die »Produktion«.
Diesen Beispielen des vergeblichen Aufbegehrens einzelner, aus ihrem sozialen Umfeld herausragender Persönlichkeiten stehen auf der anderen Seite Helden gegenüber, die sich im real existierenden Sozialismus eingerichtet haben. Sie entsprachen keineswegs dem Wunschbild der Partei; als Durchschnittsmenschen, typische Mitläufer, paßten sie sich, soweit notwendig, an. Sie handelten nicht aus Überzeugung, nicht weil sie die Idee des Sozialismus begeisterte, sondern weil sie darin den bequemsten Weg sahen, sich durchzuwursteln. Dies gilt par excellence für den Ingenieur Wolfgang Wülff in Erich Loests Roman »Es geht seinen Gang oder Mühen in unserer Ebene«. Nachdem er als Jugendlicher einmal in Konflikt mit der Staatsmacht geriet und von einem Polizeihund gebissen wurde, als er an einer Demonstration für eine Beat-Gruppe teilnahm, zog er sich in sein Schneckenhaus zurück, in dem Politik und Ehrgeiz keinen Platz fanden. Er entwickelte sich zu einem typischen DDR-Bürger, dem das Bier am Abend wichtiger war als jedwede Kenntnisnahme »sozialistischer Errungenschaften«. Loests Roman stieß auf wenig Gegenliebe beim Verlag und den Spitzen der Kulturbürokratie, weil er nicht dem »Geist der Epoche« entsprach, konnte aber nach einigem Hin und Her im Mitteldeutschen Verlag 1978 erscheinen[77].

Zu den Antihelden, die möglichst gut und bequem, ohne größere Umstände auf sich zu nehmen, im real existierenden Sozialismus leben wollten, zählte auch Viktor Kösling in Günter de Bruyns Roman »Neue Herrlichkeit«, der 1984 zunächst nur in der Bundesrepublik und ein Jahr später auch in der DDR publiziert wurde. Die Parteiführung relativierte ihre ursprünglichen Bedenken, nachdem der Schriftstellerverband der DDR und das Kulturministerium sich für eine Veröffentlichung ausgesprochen hatten[78]. Günter de Bruyn erzählt hier die Geschichte eines 29jährigen Doktoranten, Sohn eines hohen Parteifunktionärs, der sich zur Fertig-

stellung einer Promotionsschrift auf Staatskosten in die Idylle einer sozialistischen Bildungsstätte in der Märkischen Schweiz mit dem vieldeutigen Namen »Neue Herrlichkeit« zurückzieht. Aufgrund der elterlichen Beziehungen ist er für den diplomatischen Dienst auserkoren. Der angehende Diplomat kommt jedoch mit seiner Dissertationsschrift nicht voran, weil er sich von allem möglichen ablenken läßt, insbesondere von dem Zimmermädchen Thilde, in das er sich verliebt. Bedingt durch den Einfluß der Eltern, aber auch durch die eigene Erkenntnis, daß er stets damit gut gefahren ist, wenn er tat, was man von ihm erwartete, sei es privat oder öffentlich, nimmt er die plötzliche, auch für ihn unerwartet eingehende Aufforderung an, schon vorzeitig seinen Dienst als Diplomat im Ausland anzutreten. Er packt seine Koffer und folgt der Weisung von oben.
Wolfgang und Viktor gingen, wenn auch auf unterschiedlichen beruflichen Ebenen, ihren durch das sozialistische Bildungs- und Gesellschaftssystem vorgezeichneten Weg. Sie galten als loyale Staatsbürger, aber waren dennoch Menschen, mit denen der Staat keinen Staat machen konnte. Denn sie entsprachen nicht dem Klischee vom voranschreitenden Sozialisten als Mensch der Tat. Was ihnen an Charakter- und Willensstärke fehlte, zeigten Franziska, Kast oder Simrock gerade dort, wo es der Staatspartei mißfiel.

So schilderte die DDR-Literatur der siebziger und achtziger Jahre Menschen zwischen Verweigerung und Anpassung, die nicht dem Persönlichkeits- und Erziehungsideal des sozialistischen Staates gerecht wurden, wohl aber typische Verhaltensweisen und Befindlichkeiten offenbarten, wie sie das Leben in einer poststalinistischen Diktatur erzwang. Sie vermittelte damit dem Staat, aber auch dem einzelnen Bürger, ein Gesellschaftsbild, das von Depression, Ohnmacht, Apathie und Gleichgültigkeit einerseits, nicht gelösten sozialen Konflikten und ökonomischen Schwierigkeiten andererseits gekennzeichnet war. Indem die Literatur dies zu ihrem Thema machte, stellte sie der Propaganda der Staatspartei die düstere Realität gegenüber.

Auf unbestimmte Art Hoffnung – die Literatur der Hineingeborenen

Am radikalsten brach von den in der DDR lebenden Schriftstellern die Generation mit dem poststalinistischen Honecker-Regime, die in den fünfziger und sechziger Jahren zur Welt kam. Gerade auf sie hatte die SED ihre Hoffnung gesetzt, waren doch diese jungen Menschen von klein auf durch das sozialistische Erziehungssystem geprägt worden. Was auf den ersten Blick ein Vorteil zu sein schien, erwies sich jedoch bald, weit über die Künstlerszene hinaus, als gravierender Mangel. Der schulische Drill zur Anpassung und Selbstaufgabe führte einerseits zu einer radikalen Verweigerung gegenüber dem Staat und seinen Institutionen, andererseits zu einer auf beschwerlichem Wege errungenen Selbstbehauptung der eigenen Persönlichkeit. Beides förderte die Infragestellung des marxistisch-leninistischen Lehrgebäudes, ohne eine detaillierte geistige Auseinandersetzung mit ihm zu suchen. Die Erfahrung mit dem repressiven real existierenden Sozialismus hatte auch das letzte Fünkchen Hoffnung, daß eine Reform des Systems überhaupt möglich sei, zum Erlöschen gebracht. Hier gab es nichts mehr zu erklären oder gar zu reparieren. Eine Generation, deren Befindlichkeit Uwe Kolbe als jemand, der dazugehörte, mit dem Gedichtband »Hineingeboren« Ausdruck verlieh, verweigerte sich. In dem Gedicht »Das ich so bin« versuchte er seinen ehemaligen Vorgesetzten seinen Standpunkt zu erläutern.

»Ich wölbe mir den Himmel
Mehr schlecht als blau
Ich warte

Meine Ruhe währt
Einige Jahrtausende schon
Ich schöpfe Poesie

Ich finde mich in die Welt
Wie sie nicht ist
Mit Gesang

Ich rufe nicht
Ich folge nicht
Protest ist keines meiner Worte

Ich kenne mich und weiß
Um die Verbote
Das mir keins gilt

Ich richte was an
Und genieße
Die Unruh der andern

Unbegreiflich ist es
Und ist ohne Begriff
Auch ohne Politik!

Ich könnte versorgen
Als Patient eine Klinik
Mit meinem Kopf«[79].

Mit den Gehorsam und Gefolgschaft aufkündigenden Zeilen »Ich rufe nicht/ich folge nicht« und der Verzichtserklärung auf ein zielgerichtetes politisches Bewußtsein drückt er Ohnmacht und Ratlosigkeit seiner Zeitgenossen aus. Diese Grundhaltung findet sich auch bei Rüdiger Rosenthal. In dem Gedicht »So einfach war das« schildert er seine Schulzeit. Die letzten Zeilen lauten:

»Ich ging den Hohlweg durch die Eichen bergauf,
in der Hand einen Stein, bis zum Abitur,
daß ich mit ›Auszeichnung‹ machte«[80].

Der Stein in der Hand symbolisiert den inneren Vorbehalt, mit dem der vorgegebene Weg zum Abitur beschritten wurde. Er ist »nur« Geste der Verweigerung, noch nicht nach außen sichtbare Opposition. Das dieser Weg jedoch als »Hohlweg« geschildert wird, verweist auf seine Nutzlosigkeit für denjenigen, der nicht länger bereit ist, sich mit dem System zu arrangieren, in das man hineingeboren wurde. Dem Zwang der Anpassung folgt die Aufkündigung –

»schreib gegen die wand
schreib es an die wand
schreite durch die wand
du bist stark
also«[81].

– lauten die programmatischen Zeilen von Bert Papenfuß-Gorek, die sowohl als Selbstvergewisserung wie auch als Aufruf zum Widerstand gegen die Repression zu verstehen sind.

Der Lebensweg dieser anderen Dichtergeneration zeugte davon, zu widerstehen. Sie erfuhren und ertrugen die Willkür des Staates, aber sie beugten sich nicht. Sie wurden eingesperrt, ausgesperrt, exmatrikuliert, verhört und mußten sich als Gelegenheitsarbeiter durchschlagen; von den Einnahmen als freiberufliche Schriftsteller konnten sie, von wenigen Ausnahmen abgesehen, auch bei sparsamster Haushaltsführung nicht leben. Dennoch wurde die Poesie für sie zu einem Ort der Zuflucht und der Verständigung. Sie eröffnete ihnen einen neuen Lebensraum unter Gleichgesonnenen jenseits der staatlich verordneten Lebensgewohnheiten und Denkmuster. Die Poesie gab ihnen die Kraft, ihr Leben am

Rande der Gesellschaft besser zu ertragen. Sie wurde zu ihrem Lebensanker, zu ihrem »Fallschirm« im freien Flug, wie es Rüdiger Rosenthal in dem Gedicht »Absprung« ausdrückt.

»Ich lebte auf einem Kometen
Der Kurs war berechnet, keine Gefahr für die Welt
Ein fernes Verfehlen, ohne Angst, ohne Mut
Ich sprang und schwebte zur Erde
mit dem Fallschirm der Poesie *auf dem Rücken*
Ich sah tief unten die Menschen, klein und banal
Es war die Höhenkrankheit
Das Blut begann im Schädel zu tosen
Ich mußte die Reißleine ziehn, ich wollte den Ruck
im Genick, ich wollte die ganze Brutalität
der Verhältnisse kosten.
Ich bin im Gefängnis gelandet
Jetzt kann ich dir meine Einsamkeit zeigen«[82].

Aus ihrer Absage an Staat und Gesellschaft erwuchs ihre existentiell begründete Andersartigkeit, die nicht mit einer gewöhnlichen beruflichen Karriere im real existierenden Sozialismus zu vereinbaren war.

Aus allen Teilen der Republik zog es die Generation der Andersdenkenden nach Ost-Berlin. Der Prenzlauer Berg wurde zu einem Zentrum der Verweigerer und der Verweigerung, zu einem »Mekka der unangepaßten Jugend in der DDR«[83]. Hier traf man sich in den einschlägigen Cafés: Musiker, Maler, Leute vom Theater und aus der grün-alternativen Szene, Vertreter der Bürgerrechtsgruppen und eben auch junge Schriftsteller. Ihre Treffpunkte wurden für viele zu einem geistigen, kulturellen und sozialen Zuhause. Hier formte sich die Identität der Unangepaßten; hier entfaltete sich ihre soziale und poetische Freiheit. Mißtrauisch beobachtet von der Staatsmacht entwickelte sich, weitgehend unter Ausschluß der Öffentlichkeit, eine neue kulturelle Szene. In ihrem Mittelpunkt stand das Gespräch in Wohngemeinschaften, in behelfsmäßigen Ateliers, auf Fêten und Feiern. Bewirkte der Ausstieg aus der Gesellschaft eine Isolierung und Individualisierung des einzelnen gegenüber den Mitläufern und loyalen Staatsbürgern, so half das Treffen Gleichgesinnter, mit der schwierigen Situation als Außenseiter, ja Fremdkörper in der Gesellschaft fertigzuwerden. Die Auflehnung gegen das Regime beflügelte und stärkte diese Zusammengehörigkeit. So entwickelte sich eine Binnenkommunikation, die sich auch in zahlreichen künstlerisch literarischen Arbeiten Ausdruck verlieh. Die Symbiose der

der Künste kennzeichnete diese junge, andere Avantgarde ebenso wie ihre Bereitschaft, die öffentliche »Wand des falschen Bewußtseins«, der Lüge, Verleugnung und Unterdrückung beim Namen zu nennen und zu durchschreiten[84].

Im Selbstverlag entstanden Zeitschriften in geringer Auflage wie »Der König ist nackt«, »Mikado«, »Entweder, Oder«, »ariadnefabrik«. Bis zu einer Auflage von 99 Exemplaren gestatteten die Kulturbehörden die Vervielfältigung von Schriften ohne vorherige Anmeldung und Genehmigung. Diese Lücke im Gesetz ermöglichte es, außerhalb des von der SED kontrollierten Kulturbetriebes im Samisdat eine unzensierte kleine Medienwelt zu errichten. Sie entstand unter schwierigsten Bedingungen in Wohn- und Schlafzimmern, auf Fluren und in Garagen. Im wesentlichen handelte es sich dabei, besonders in der Anfangszeit, um literarische Arbeiten. Später kamen auch politische Journale hinzu.

Rainer Schedlinski gab die Literaturzeitschrift »ariadnefabrik« heraus. Die Texte wurden in eine elektrische Schreibmaschine eingetippt, blattweise gespeichert und Seite für Seite bis zur genehmigten Auflagenhöhe ausgedruckt. Ähnlich unprofessionell wurden Photos und Graphiken im wahrsten Sinne des Wortes in Handarbeit eingefügt. Besonders Mitte der siebziger Jahre entstanden die literarischen Texte häufig aus dem intensiven Dialog der Schriftsteller und Künstler miteinander. Später gingen die Autoren mehr und mehr eigene Wege, ohne jedoch die gemeinsame Herkunft zu leugnen.

In »ariadnefabrik« arbeiteten auch Schriftsteller mit, die nicht zur Szene gehörten. Die Zeitschriften verstanden sich eben nicht als Organ einer literarischen Opposition. Sie öffneten sich für viele Meinungen, wenngleich eine kritische Grundhaltung gegenüber dem real existierenden Sozialismus unverkennbar blieb. Ziel der Herausgeber war es unter anderem, staatlich unabhängige Kommunikations- und Informationsmittel zu schaffen und den Zusammenhalt des Milieus zu fördern. Für sie bedeuteten aber die im Privatdruck erstellten Zeitschriften, noch mehr jedoch die Anthologien, häufig auch eine wichtige Einnahmequelle, der dann besondere Bedeutung zufiel, wenn eine Veröffentlichung in einem Verlag der DDR aus politischen Gründen abgelehnt, was der gängigen Praxis entsprach, oder vom Autor gar nicht erst erbeten wurde. Die Aufnahme in ein Verlagsprogramm der Bundesrepublik gelang nur wenigen. Allen voran sind hier Uwe Kolbe, Sascha Anderson und Gert Neumann zu nennen. Von den Literaturzeitschriften schaffte nur »Mikado« den Sprung vom Selbstverlag zur Veröffentlichung im Westen[85].

Seit Mitte der siebziger Jahre entwickelte sich am Prenzlauer Berg eine sozio-kulturelle Szene zwischen Boheme und politischer Opposition. Das nachfolgende Gedicht von Uwe Kolbe schildert plastisch das alltägliche Leben des Berliner Hinterhof-Milieus in diesem Spannungsfeld.

»Wir leben mit Rissen

Wir leben mit Rissen in den Wänden,
ist es dir aufgefallen?
Wir leben auf sich einfärbenden Dielen,
unter beweglicher Decke.
Das Fensterkreuz ist längst
von Fäulnis durchgefressen, es zieht
im Sommer schon die kalte Nachtluft
hindrungslos herein.

Wir wohnen illegal, mach das
dir täglich neu bewußt, daß sonst
wir beide auf der Straße säßen.

Wir hausen im Prenzlauer Berg,
vier Treppen hoch unter dem Dach.
Tauben gehn fast aus und ein.
Die Asseln töt ich unbemerkt von dir
ganz schnell unterm Fensterbrett,
die schwarze Spinne unterm Becken,
fünfzig Jahr alt, in der Küche
erschlage ich trotz großen Ekels,
obwohl der Anblick sehr ästhetisch,
und Schauer mir den Rücken kämmen.

Ich strich die Türe schwarz,
wodurch Besucher, viel zu selten,
hergelangen, unter Frageblicken:
ein Sarg? auf diese Art betont
die Unerträglichkeit? neinein, laut
schlage ich ein Zupfinstrument,
bewirte euch mit heißem Tee, euch
freundliche Erschöpfte,
hier oben wirklich Angelangte

und lache noch im Hagelrauschen,
wenn der Himmel finstrer wird,

lache noch im Tränenfluß
und in der Kälte zwischen uns.
Im Staub der Körperdünstung lach ich,
genießend unter Kraftaufwand
die uns gebotne Sicherheit«[86].

Für eine Dachstuben-Romantik im Spitzweg-Klischee fanden sich hier kaum Anhaltspunkte. Die existentielle Bedrohung durch den Staat, mit der man sich zu leben eingerichtet hatte, stand dem ebenso entgegen wie die tausend Sorgen und Nöte des Alltags. Andererseits mangelte es an einer erkennbaren politischen Aussage oder gar Programmatik, die es rechtfertigen würde, von einer politischen Opposition zu sprechen[87]. Man verweigerte sich zwar dem Regime, vermied es aber bewußt, den eigenen Standort näher zu beschreiben. Sascha Andersons Formel »Wir arbeiten nicht für, nicht gegen, sondern außerhalb des Staates«[88] traf wohl insoweit zu, als die jungen Schriftsteller bemüht waren, politisch-ideologische Festlegungen, wo immer möglich, zu vermeiden. So heißt es bei Stefan Döring:

»ich habe euch nichts zu sagen
ihr habt mir nichts zu sagen
ihr macht was ihr wollt
ich mache was ich will«[89].

Gert Neumann, der älteste unter den jungen Unangepaßten, zitiert Martin Buber mit dem Satz: »Ich habe keine Lehre, sondern ich führe ein Gespräch«, um seine Bereitschaft zu einem offenen, »herrschaftsfreien Diskurs« zu betonen[90]. Rainer Schedlinski hält nichts davon, seine Meinung mit Hilfe seiner literarischen Arbeiten zu verbreiten. »ich sage alles, was einer hören will, der seinen text über meinen legt. meinungen, wie du es nennst, formuliere ich nur, um sie aneinander aufzureiben«[91]. Am radikalsten spricht sich Bert Papenfuß-Gorek dagegen aus, eine politische Botschaft zu vermitteln. Dichten ist für ihn eine magische Handlung,

»›thematisierung‹:
ist nicht möglich
der versuch tödlich«[92].

so lautet sein Bekenntnis.

Andererseits bedeutete es in einem posttotalitären Regime viel, sich bewußt außerhalb des staatlichen Entscheidungsbereiches zu betätigen und sich seiner Kontrolle und Vergewaltigung zu entziehen. Dies entspricht dem Verhalten von Dissidenten, wie es Václav Havel beschrieben hat[93]. Sie trotzten der politsichen Macht und versuchten, im Verborgenen unter ihresgleichen ein menschenwürdiges Leben zu führen. Dazu gehörte, sich dem System radikal zu verweigern und Partei für die Unterdrückten zu ergreifen.

Am offenkundigsten wurde diese Verweigerung in der Sprache. Der ideologischen Sprache, die totalitäre Ziele verfolgt, versuchten sie sich zu entziehen. Sie verstießen dabei bewußt gegen Konvention und Grammatik, um sich von der öffentlichen Sprache, die in Leerformeln erstarrt war, zu distanzieren. Sie mißbrauchten die Sprache, um auf den Mißbrauch der Sprache aufmerksam zu machen. Der amtlichen, von Staat und Partei geprägten – syntaktisch, grammatisch und inhaltlich verständlichen –, aber dennoch verlogenen Sprache setzten sie ihre autonome Sprache entgegen. Sie konterkarierten die »Sprachverstümmelung von oben« mit ihrer »Sprachverstümmelung von unten«. Sie glaubten, daß ihre poetische Sprache die diskursive Wahrnehmung schädigt, die sie schädigte[94]. Während es der herrschenden Sprache darauf ankam, Eindeutigkeit und Gewißheit zu signalisieren, wo keine sein konnte, um die Gesellschaft zu determinieren, bemühten sich die jungen Schriftsteller darum, den Leser mit ihrer Sprache in das weite Feld der Assoziationen zu entführen. Dieses Ziel erreichen für Rainer Schedlinski »textuale formen, die den blick von der sache auf das zeichen wenden, die nicht ermitteln, sondern vermitteln, die keine wahrheiten nahelegen, sondern mit wahrheitsgefügen brechen, die den blick verstellten«[95]. Ein Beispiel:

»gewöhnlich & unbemerkt
wie die mauern der schulhöfe
ruht die gewissheit
um die orte
& eingeschlossen die augen
in alle erdgeschosse
die fallen der stille, mein freund

du gehst schlechte strecken
jemand hat deine schritte im schnee gezählt
& diese stumme gewissheit
ist mutter & mörder der dinge
& all diese stummen verrichtungen
sind verlängerte vergangenheiten
wie ein ewigkeitskult

& unter den kuppeln des nichts
herrscht die macht dieses raumes

& die gewissenheit es ist
alles restlos errichtet
mein Freund, der schizo/pfau
nannte einen ort ecke
heizung oder Bermudadreieck«[96].

Die Sorge um die Wahrheit erweist sich bei näherem Hinsehen als zentrales Anliegen dieser Dichtergeneration. Sie möchte die »herrschende Sprache« als Sprache der Lüge bloßstellen; in diesem Sinne spricht Uwe Kolbe von der »Kollektivlüge der herrschenden Sprache«[97] –, aber nicht ihrerseits dem Fehler erliegen, der »alten Wahrheit« eine »neue Wahrheit« entgegenzusetzen. Ausgangs- und Zielpunkt dieses Anliegens beschreibt Gert Neumann, der als einer der ersten auf die bewußtseinsprägende Kraft der Sprache und ihre systemstabilisierende Funktion mit seinen literarischen Arbeiten aufmerksam gemacht hat. Er stellte fest, daß der Horizont für eine Wahrheit in der Realität, in der die Menschen in der DDR lebten, vollkommen verdüstert sei, »weil es keine Sprache gibt. Keine der Formulierungen kann sich zur Wirklichkeit erfüllen; das Volk ist der Wirklichkeit enteignet; die Menschen müssen auf Sprache verzichten ... und taumeln umher. Deshalb muß etwas geschehen«[98]. Neumann versucht, dem Niedergang der Sprache durch eine Ethik der Wahrheitspraxis in der Sprache der Literatur zu begegnen[99]. Es geht ihm darum, »immer wieder neue Methoden für das Unsagbare zu finden –, weil Wahrheit nicht in erstarrten Formen lebt, sondern als Reproduktion ins Objekt der Sätze gezwungen wird. Das ist das Problem des sozialistischen Realismus«[100]. Die Wahrheit hat für ihn keine ohne weiteres reproduzierbare Qualität, da sie vielmehr »eine klandestine Gestalt« kennzeichne, Kontur gewinnt sie für ihn erst im Gespräch zwischen Autor und Leser, das sich aus dem intensiven Studium der Texte ergibt[101].

In dieser poetischen Grundauffassung folgten Neumann die meisten seiner jüngeren Kollegen. Aus Verantwortung gegenüber den Unterdrückten wollten sie nicht mitreden, sondern das Schweigen artikulieren, »etwa, wie der, der da flugblätter verteilte, und, den die polizei, als sie ihn festnahm und bemerkte, daß auf den blättern nichts geschrieben stand, fragte, wozu er denn leere blätter verteilte, antwortete: es wüßte doch sowieso jeder«[102]. Dabei ziehen sie, zum Teil aus Angst, jemanden mit ihrer »persönlichen Wahrheit zu belegen«[103] so radikale Schlüsse für ihre poetische Sprache, daß jede inhaltliche Verbindlichkeit verlorenzugehen droht. Solche Texte finden sich u. a. bei Bert Papenfuß-Gorek, Andreas Koziol, Leonhard Lorek, Stefan Döring und Rainer Schedlinski. Zwei Beispiele mögen dies illustrieren.

– Rainer Schedlinski:
»hier k
ehrte ich einen
reim auf dich zu
der hieß wie asche
geduldig rauch über
m haus hieß keine
namen wie hasen
clever bis sprach
gitter und wort
geländer rede un
ser milchbruder &
nebenbuhler aus
porzellan aus serum
flüchtiger fusel
im hirn und blei
auf den lippen über
seeischer sprachen
babel aus abessi
nien aus irrland
oder neutralien
schlicht aus sehn
sucht nach experanto
was ich sagen wollte
der schweigepfennig
ist versoffen . . .« [104].

– Leonhard Lorek:
»geh ueber kaltleim
& kohlen
die knochen
brechen
& recht
behalten denn

nur wer lack hat
kann
die puppen tanzen
lassen

bei bester bedienung
samba

& bossa nova
bei festbeleuchtung
in bester gesellschaft
sproede
& glaenzend

bei guter bezahlung« [105].

Demgegenüber bemühten sich Elke Erb, Sascha Anderson, Rüdiger Rosenthal, Angela Kraus und Uwe Kolbe, um nur einige Namen zu nennen, in der Regel darum, ihre Texte nicht so zu verdichten, daß sie dem Leser weitgehend verschlossen bleiben oder ihn primär als spekulativen Assoziationsimpuls zu erreichen suchen. Auch wenn sie keineswegs immer der Grammatik folgen, wollen sie doch zugänglich bleiben. Manchmal, wie in den beiden nachfolgend zitierten Texten tritt die Protesthaltung gegenüber dem Regime auch in »deutlichem Wort« hervor. Dies ist zum Beispiel in dem Gedicht-Zyklus »kaputt« von Kito Lorenc der Fall. Lorenc veröffentlichte diese Texte in vielen privaten Abschriften unter einem Pseudonym und gab ihnen den in der Diktion des Absolutismus formulierten Titel: »Kleiner Weggefährte durch den Winter für ›Vertreter eines gewissen Pseudo-Radikalismus‹, Anhänger verschiedener Musikrichtungen sowie Kriminelle und anderweitig Gestrauchelte«.

»kaputt VI
bei uns nix personen kult
nix massen repressalien
nur ein person kult
nur einzel repressalie
immer nur ein per son ein zel« [106].

In Gert Neumanns nur im Westen Deutschlands veröffentlichtem Roman »Elf Uhr« finden sich nachfolgende Zeilen:

»Sechsundzwanzig Flüchtende seien in diesem Jahr aus dem Wasser ›aufgebracht‹. Schlauchboote seien für die Flucht besonders gut geeignet. Die Flucht führe über sechzig Kilometer Wasser, nach Dänemark. Aber vollkommen sicher würde ein Flüchtender in der stark befahrenen Fahrrinne einem Schiff begegnen, das ihn aufnähme ...; und streng in der Logik unseres Kampfes, jenseits jeder vom Leben erhofften positiven Sprachverantwortung, mündete unser Sprachgeschehen in dem Satz, der allerdings mit aller brachliegenden Kraft ausgesprochen wurde: ›Die ganze DDR ist ein einziges KZ!‹ Das, allerdings, ist die unter vier Augen ausgesprochene Meinung; und manchmal sind es sogar sechs Augen« [107].

Daß dieser Text nicht in der DDR publiziert werden konnte, liegt auf der Hand. Beachtenswert ist jedoch, daß ein Leipziger Bürger es wagte, ihn in einem westdeutschen Verlag zu veröffentlichen und damit auch denjenigen Stellen in der DDR zugänglich zu machen, die sein Leben in der Hand hatten. Zweifellos gehört Gert Neumanns Tagebuch-Roman »Elf Uhr« zu den eindrucksvollsten und mutigsten literarischen Zeugnissen des Lebens im real existierenden Sozialismus.

Aber auch dort, wo der Protest nicht so deutlich artikuliert wurde, offenbarten sich Sprachverfremdung und Sprachkritik unmißverständlich als Herrschaftskritik. Sie war Ausdruck einer zurückgewonnenen Autonomie des einzelnen gegenüber einem allumfassenden, repressiven Staat, der sie am wenigsten dort ertragen wollte, wo sie die offizielle Sprache des Mißbrauchs bezichtigte und deutlich machte, daß sie den Zugang zur Realität verloren hat. Sie leitete damit einen bewußtseinsbildenden Erosionsprozeß ein, der dem Regime auf längere Sicht gefährlich werden konnte. Es versuchte, ihm deshalb entgegenzuwirken. Wie in anderen Fällen setzte man auch hier auf die in früheren Jahren probaten Mittel der Pression und Privilegierung. Dies führte zur Ausreise der für die künstlerische Entwicklung so wichtigen Autoren wie Sascha Anderson, Uwe Kolbe oder Wolfgang Hilbig; andere, wie Lutz Rathenow und Detlev Opitz, versuchte die Staatssicherheit zu zermürben, indem sie ihnen vorwarf, durch ihr Verhalten die öffentliche Ordnung zu beeinträchtigen. Eine dritte Gruppe fand, nachdem ihre Texte ein Jahrzehnt einer breiteren Öffentlichkeit vorenthalten worden waren, Ende der achtziger Jahre doch noch Aufnahme in das offizielle Verlagsprogramm der DDR. Zu erwähnen wäre hier vor allem die im Aufbau-Verlag von Gerhard Wolf betreute Edition »Außer der Reihe«, in der Arbeiten von Rainer Schedlinski, Jan Faktor und Gert Papenfuß-Gorek erschienen.

Diese Maßnahmen des Regimes wirkten sich für den Zusammenhalt des Milieus insgesamt nicht positiv aus. Sie schürten Mißgunst, förderten die Isolierung einzelner und säten Mißtrauen.

Eine »heile Welt« hat es am Prenzlauer Berg nie gegeben. Vieles deutet jedoch darauf hin, daß die gewachsenen Bindungen unter den Ausgegrenzten sich im Laufe der achtziger Jahre mehr und mehr lösten. Diese Entwicklung wurde zum Teil dadurch zugedeckt, daß die westdeutsche Publizistik den Mythos verbreitete, hier wäre tatsächlich jeder für jeden da, Kunst und Literatur zum großen Konsens stiftenden Gemeinschaftserlebnis geworden.

Je mehr jedoch der Druck von außen nachließ, einzelne Künstler und Schriftsteller vom Staat durch Auslandsreisen oder Honorare hofiert wurden oder im Westen Deutschlands ein Forum fanden, traten die Risse im Milieu mehr und mehr zutage. Die Szene hätte vermutlich nicht mehr lange Bestand gehabt, zumindest jedoch ihre Ausstrahlung und ihr Ansehen als »herrschaftsfreie Insel« der Kunst und Literatur im Sozialismus verloren. Damit hätte sich ihr Gesicht ganz wesentlich verändert.

Nach der Entdeckung, daß Sascha Anderson und Rainer Schedlinski mehr als ein Jahrzehnt als informelle Mitarbeiter für den Staatssicherheitsdienst gearbeitet haben, fehlt es nicht an Stimmen, die der Literatur am Prenzlauer Berg ihren Stellenwert, ja sogar insgesamt ihre Daseinsberechtigung als eigenständige Richtung innerhalb der DDR spezifischen Literaturtradition abzusprechen geneigt sind. Gewiß, Anderson und Schedlinski zählten zu den führenden literarischen und politisch-philosophischen Köpfen des Milieus. Sie wurden nicht nur von denen, die unmittelbar dazugehörten, geschätzt und anerkannt. Um so mehr Bedeutung kommt deshalb der Tatsache zu, daß mit ihnen das Ministerium für Staatssicherheit jahrelang mitten im Prenzlauer Berg saß und nach Belieben mithören, zerstören und – wenn es denn angebracht war, wie im Falle der Zeitschrift »ariadnefabrik« – auch fördernd behilflich sein konnte. Aber hat damit die Literatur der Hineingeborenen insgesamt ihre Glaubwürdigkeit, ihren ästethischen Rang, ihre Eigenschaft als subtile Form des Protests verloren? Sind die Gedichte von Bert Papenfuß-Gorek und die Erzählungen von Detlef Opitz belanglos geworden, weil beide mit Stasi-Spitzeln befreundet waren? Und wie verhält es sich mit den Arbeiten von Anderson und Schedlinski selbst? Gehören ihre Werke nunmehr, da sie als Menschen versagt und jedwede Glaubwürdigkeit verloren haben, in den Reißwolf der Literaturgeschichte? Oder behalten sie, auch wenn man sie heute mit anderen Augen liest, ihren Rang. Wird man ihnen vielleicht sogar trotz alledem weiterhin Bedeutung für die Entwicklung, für Form und Gehalt der Literaturszene in der Mitte Berlins beimessen müssen?

Bei aller Enttäuschung über ihr Versagen sollte nicht in Vergessenheit geraten, daß der Prenzlauer Berg für viele junge Menschen in den siebziger und achtziger Jahren zu einer unbestimmten Art Hoffnung wurde. Die Unangepaßtheit und Unruhe, die Furchtlosigkeit und der Freiheitswille, die Inkaufnahme der gesellschaftlichen Isolierung und der über viele Jahre praktizierte innere Zusammenhalt ermutigte die in den Sozialismus Hineingeborenen und bestärkte sie zu einem Leben außerhalb der erstarrten Konventionen und fragwürdig gewordenen Tugenden ihrer Väter und Großväter. Sie suchten einen Weg jenseits des staatlich verordneten Daseins, dessen Attribute – Intoleranz, Anpassung, Unterordnung und Schweigen – sie kreative Unruhe, Widerspruch und radikale Subjektivität entgegensetzten.

Wer einen anderen Verband will als diesen Verband der Schriftsteller der Deutschen Demokratischen Republik, der schließt sich aus, der hat sich ausgeschlossen. Das sind die Tatsachen. Anders kann man sie nicht sehen.

Hermann Kant

Von Biermann bis Krawczyk – ein Tribunal in Folgen

Kaum zeitigte der Kurswechsel in der Kulturpolitik nach dem Machtwechsel an der Spitze der SED erste positive Ergebnisse in der politischen und literarischen Praxis, kam es auf der 9. Tagung des Zentralkomitees Ende Mai 1973 zu Korrekturen des eingeschlagenen Weges. Orthodoxe Kulturfunktionäre, die nach wie vor im Amt geblieben waren, aber auch ideologisch halsstarrige Schriftsteller erblickten in der Enttabuisierung der Themen, Sprache und Formen der Literatur die Gefahr einer Veränderung des geistigen Klimas im Lande. Während die einen fürchten mußten, als treue Vasallen ihrer Partei politisch ins Abseits zu geraten, ging es den anderen darum, literarisch zu überleben, zeugten ihre Arbeiten doch weniger von ihrer Originalität und damit von einem breiten öffentlichen Interesse als vielmehr von ihrer politischen Zuverlässigkeit, ihrer Ergebenheit gegenüber dem Kurs der Partei. Das garantierte hohe Auflagen und damit letztendlich auch Einnahmen und Privilegien. Ein Beispiel dafür ist Günter Görlichs Roman »Den Wolken ein Stück näher«, der schon zwei Jahre nach seinem Erscheinen die stattliche Auflage von 127 000 Exemplaren ereichte. Darüber hinaus wurde diese Geschichte, in der es um die Entwicklung der sozialistischen Persönlichkeit und die Erziehung zum Kollektivbewußtsein zwischen jungen Menschen untereinander und in ihrem Verhältnis zu der älteren Generation geht, für das DDR-Fernsehen verfilmt[1].

Honecker, der nach zwei Jahren politischer Verantwortung besonders daran interessiert war, eine Erfolgsbilanz vorzulegen, versuchte in seinem Bericht vor dem Zentralkomitee einerseits, diese orthodoxen Kräfte zu beruhigen, indem er nochmals darauf aufmerksam machte, daß es nur von einer festen sozialistischen Position aus den Schriftstellern möglich sein würde, »überzeugende Antworten auf die Fragen des Lebens zu finden«[2]. Andererseits bemühte er sich darum, das gerade notdürftig wieder zusammengeflickte Band zwischen Literatur und Politik nicht einer erneuten Belastungsprobe auszusetzen. So fiel seine Kritik an Volker

Brauns Bühnenstück »Die Kipper« und Ulrich Plenzdorfs »Die Leiden des jungen W.« moderat aus. Daß er diese Gratwanderung aber nicht auf längere Sicht durchhalten wollte und wohl auch innenpolitisch nicht durchhalten konnte, machte die nachfolgende Äußerung deutlich: »Manches mutet Bürgern unserer Republik, die sich mit ihrem sozialistischen Staat fest verbunden fühlen..., die ihn aufgebaut haben und Hervorragendes für seinen weiteren Fortschritt leisten, zu viel Selbstverleugnung zu. Sie stellen, und wir meinen mit Recht, in Abrede, daß bestimmte Kunstwerke zur weiteren Herausbildung sozialistischer Denk- und Verhaltensweisen beitragen«[3]. Damit verdrehte er die Tatsachen. Kritische Literatur mutete nicht dem Bürger Selbstverleugnung zu, sie bestätigte ihn vielmehr in seinen Erfahrungen und Empfindungen, sondern der Staatspartei, deren Toleranz sie herausforderte. Er signalisierte damit aber auch, daß die Grenze des Zumutbaren erreicht, wenn nicht bereits überschritten worden sei.

Auf dem ein gutes halbes Jahr später, im Spätherbst 1973 stattfindenden VII. Schriftstellerkongreß versuchten Anna Seghers, Hermann Kant und auch Jurek Becker, aufgrund des sich erneut abzeichnenden Konfliktes über die Aufgabe der Literatur im Sozialismus die Allianz zwischen Geist und Macht abermals zu beschwören. Die Gemeinsamkeiten zwischen Politikern und Poeten, bis in einzelne Lebensläufe hinein, wurden herausgestellt, Kontroversen und politische Meinungsverschiedenheiten als das Natürlichste von der Welt erkannt, da man – wie es hieß – nicht im Paradiese leben würde. Zähe Auseinandersetzungen oder gar existentielle Gegensätze wurden geleugnet[4]. Diese bestanden tatsächlich unter den Schriftstellern, aber auch zwischen einem Teil von ihnen und der Partei.

Mit der Ausbürgerung Wolf Biermanns 1976 und den sich daraus ergebenden Stellungnahmen pro oder contra dieser Willkürmaßnahme des Staates kam es zu einer Auseinandersetzung wie bis dahin nie zuvor in der Kulturpolitik der DDR. An Biermann schieden sich die Geister, da es galt, Flagge zu zeigen. Die SED statuierte mit dem prominenten Liedermacher und Lyriker, an einem ihrer »ungeliebtesten Kinder«, ein Exempel, das allen anderen eine Mahnung sein sollte. Sie versuchte damit die Phase der kulturpolitischen Öffnung zu beenden bzw. die Enttabuisierung der Themen und Formen wieder einzuschränken. Sie wollte erneut die Willfährigkeit der Poeten erzwingen, den Konsens stärken, indem sie bewußt in Kauf nahm, daß einzelne, von denen sie sich sowieso keine Loyalität mehr versprach, isoliert wurden. Die SED verkannte dabei jedoch, daß viele in Biermann eine Symbolfigur sozialistischer Literatur sahen. Er hatte an seiner marxistischen Grundüberzeugung und an seiner politischen Heimat in der DDR nie Zweifel aufkommen lassen, sich aber immer wieder gerade deshalb außerordentlich kritisch mit dem real existierenden Sozialismus auseinandergesetzt. Schon in der »Ballade von dem Drainage-Leger Fredi Rohsmeisl aus Buckow« aus dem Jahre 1962 fanden sich die Zeilen:

»Und er findet noch kein Ende
Und er ist voll Bitterkeit
Und er glaubt nicht einen Faden
Mehr an Gerechtigkeit.
Er ist für den Sozialismus
Und für den neuen Staat
Aber den Staat in Buckow
Den hat er gründlich satt«[5].

Biermann hoffte, wie andere auch, auf eine politische Veränderung im Rahmen des Systems. Aber kaum ein anderer setzte sich dafür so vehement und in allgemeinverständlicher, eingängiger Sprache ein wie er. Seine Lieder und Texte wurden bewußt für ein breites Publikum geschrieben. Metaphorik und Esotherik waren ihm fremd. So blieb niemandem verborgen, worum es ging. Hierin lag wohl der zentrale Grund für die barsche Kritik, die Biermann auf dem ersten Tribunal 1965 widerfuhr. Im Gegensatz zu anderen Autoren brachte ihm der Machtwechsel 1971 in der Spitze der SED keine Vorteile. Er war weiterhin als Bürger der DDR darauf angewiesen, über Veröffentlichungen sowie Hörfunk- und Fernsehsendungen in der Bundesrepublik sein Publikum »zu Hause« zu finden. Die SED wollte Biermann loswerden, obwohl sein Einfluß in der DDR durch das Publikations- und Auftrittsverbot gering blieb. Im Mai 1974 versuchte sie, zunächst im Einvernehmen mit ihm, seine Abschiebung bei der Entgegennahme des Jacques-Offenbach-Preises in Köln zu arrangieren. Biermann lehnte ab. Zweieinhalb Jahre später verweigerte sie ihm die Rückkehr nach einer zuvor genehmigten Konzertreise durch die Bundesrepublik. Zur Begründung schrieb das »Neue Deutschland«: »Mit seinem feindseligen Auftreten gegenüber der Deutschen Demokratischen Republik hat er sich selbst den Boden für die weitere Gewährung der Staatsbürgerschaft der DDR entzogen«[6]. In einem Kommentar hieß es weiter dazu: »Zur Staatsbürgerschaft gehört eine Treuepflicht gegenüber dem Staat«. Diese habe Biermann »bewußt und ständig grob verletzt«[7].

Mit dieser Argumentation hätten er und viele andere schon vor Jahren vertrieben werden können. Der hier allgemein zugrunde gelegte Begriff der Staatstreue ermöglicht es jedem nicht rechtsstaatlichen Regime, seine kritischen Intellektuellen einzusperren, zu verbannen, des Landes zu ver-

Tischrede des Dichters Wolf Biermann:

Dank Euch, Genossen
Ihr wollt mich glücklich sehn.
Glückliche Menschen
solln mir durch die Augen gehn.

In meinen Liedern wollt Ihr
erhoben hörn den kurzen Ton
der Seligkeit. Den Diamant
den kleinen
wollt Ihr zum Bergmassiv
von mir vergrößert haben...

Ich soll vom Glück Euch singen
einer neuen Zeit
doch Eure Ohren sind vom Reden taub.
Schafft in der Wirklichkeit mehr Glück!
Dann braucht Ihr nicht so viel Ersatz
in meinen Worten.
Schafft Euch ein süßes Leben, Bürger!
Dann wird mein saurer Wein Euch munden.
Der Dichter ist kein Zuckersack!
Tut Euch das nicht an, das
von mir abzuverlangen!
...

(Quelle) Wolf Biermann: Nachlaß 1, Köln 1977, S. 71 f.

weisen oder auf immer mundtot zu machen. Hitler und Stalin haben dieses extreme Mittel des erzwungenen Gehorsams, der Unterwerfung und Disziplinierung gerade auch gegenüber vielen Schriftstellern auf brutale Art und Weise angewandt. Honecker setzte es hier gezielt gegen einen Dichter ein, der 1953 aus politischer Überzeugung, weil er sich mit den Zielen der jungen DDR identifizierte, der Bundesrepublik den Rücken kehrte, um an der Humboldt-Universität in Berlin zu studieren. Dies hinderte ihn aber nicht, die DDR seit den sechziger Jahren um so kritischer zu befragen und für eine Veränderung der neuen Ordnung in seinen Versen zu kämpfen. Er wehrte sich gegen jedwede Form politischer Vereinnahmung, wie sein Gedicht »Tischrede des Dichters« belegt.

Biermann war der SED unbequem, weil er beißende Kritik übte und sich nicht korrumpieren ließ.

So willkürlich 1976 die Verbannung Biermanns erschien, sie erfolgte nicht losgelöst von einem innen- und außenpolitischen Kontext. Nach fünf Jahren Sozialismus unter Honeckers Federführung hatte sich zwar der Lebenstandard der Bevölkerung verbessert, aber die Unzufriedenheit der Menschen konnte nicht entscheidend abgebaut werden. Honecker vermochte die in ihn gesetzten Erwartungen nicht zu erfüllen. Anspruch und Realität standen sich in den siebziger Jahren wie schon zu Ulbrichts Zeiten unversöhnlich gegenüber. Der SED-Staat büßte immer mehr Glaubwürdigkeit ein. Darüber hinaus stieß er in zunehmendem Maße auf eine Generation, die zwar in der DDR herangewachsen, aber eigene Ideen und Vorstellungen entwickelte, unabhängig von den Hoffnungen, die das sozialistische Bildungssystem in sie setzte. Sie erwies sich als neugierig, anpassungsunwillig und wollte die alten, tief verinnerlichten Tabus der Älteren nicht mehr gelten lassen.

»Die Generation der heute Dreißigjährigen in der DDR hat den Sozialismus nicht als Hoffnung auf das andere erfahren, sondern als deformierte Realität«, schrieb Heiner Müller in einer Rezension über Thomas Brasch »Kargo«. Dort heißt es weiter: »Die Wunde der offenen Grenze. Das Weiterbluten unter dem Notverband. Prag nicht als Trauma, sondern als das Ende eines Traumas. Ein Ende, mit dem der Beginn eines anderen gesetzt war, das nicht mehr im Bewußtsein angesiedelt ist, sondern in die Existenz greift«[8].

Die in der DDR Nachgeborenen begriffen das Leben im real existierenden Sozialismus immer weniger pragmatisch unter dem Aspekt: Das Beste daraus machen, sondern immer mehr existentiell. Nicht der ideologische Schematismus mit »seinem die herrschende Klasse hier, der Klassenfeind dort«, sondern neue Ideen mit offenen Fragen ohne fertige Antworten sprachen sie an. So suchten sie ihren Weg, der häufig nicht dem entsprach, den die Partei vorgezeichnet oder die Älteren vorgelebt hatten. Die Entspannungspolitik, die Ideen des Eurokommunismus und die Anerkennung der Menschenrechte durch die sozialistischen Staaten gemeinsam mit der freien Welt in der KSZE-Schlußakte in Helsinki 1975 gaben ihnen Hoffnung und wirkten sich auf ihr Verhalten befreiend aus.

Mit der Ausbürgerung Biermanns im November 1976 versuchte die SED-Führung dem entgegenzusteuern, den Deckel auf dem Topf zu halten, in dem sich eigenständige Ideen über Demokratie, Sozialismus, Partei und Menschenrechte entwickelten. Die Reaktion in der Bevölkerung und besonders die Solidarisierung der künstlerischen Intelligenz mit Biermann machten deutlich, daß der Rückfall zu einer repressiven Kulturpolitik der fünfziger und sechziger Jahre nicht mehr ohne Gegenwehr der Betroffenen möglich war. Sie fiel massiver aus, als es das Politbüro vermutlich nach Jahren der Pflege der Beziehungen zu den Schriftstellern

Über hundert Unterschriften: Der offene Brief in Sachen Wolf Biermann

Wolf Biermann war und ist ein unbequemer Dichter – das hat er mit vielen Dichtern der Vergangenheit gemein.

Unser sozialistischer Staat, eingedenk des Wortes aus Marxens »18. Brumaire«, demzufolge die proletarische Revolution sich unablässig selber kritisiert, müßte im Gegensatz zu anachronistischen Gesellschaftsformen eine solche Unbequemlichkeit gelassen nachdenkend ertragen können.

Wir identifizieren uns nicht mit jedem Wort und jeder Handlung Biermanns und distanzieren uns von Versuchen, die Vorgänge um Biermann gegen die DDR zu mißbrauchen. Biermann selbst hat nie, auch nicht in Köln, Zweifel daran gelassen, für welchen der beiden deutschen Staaten er bei aller Kritik eintritt.

Wir protestieren gegen seine Ausbürgerung und bitten darum, die beschlossene Maßnahme zu überdenken.

(Quelle) Peter Lübbe (Hrsg.): Dokumente zur Kunst-, Literatur- und Kulturpolitik der SED, (1975–1980), Stuttgart 1984, 310f.

vermutet hatte. Über 100 Persönlichkeiten aus allen Bereichen des öffentlichen Lebens distanzierten sich in einem von ihnen unterzeichneten offenen Brief, den sie einer westlichen Nachrichtenagentur zuspielten, von dieser Strafaktion und forderten die Verantwortlichen auf, den Beschluß zu überdenken.

Grundsätzlicher artikulierte sich im November 1976 der Lyriker Bernd Jentzsch. Zu Studienzwecken hielt er sich seit einigen Monaten in Bern auf, um dort eine Sammlung schweizerischer Dichtung des 20. Jahrhunderts abzuschließen, die im Verlag »Volk und Welt« erscheinen sollte. In einem offenen Brief an Erich Honecker beklagte er das sich seit geraumer Zeit in immer gefährlicherer Weise zuspitzende kulturpolitische Klima. Es ließe das in der DDR von den Kulturfunktionären viel zitierte Wort von der »blühenden Kunst« im Sozialismus wie Hohn erscheinen angesichts der Intoleranz und Repression der Staatsmacht gegenüber den Schriftstellern[9]. Der Brief blieb unbeantwortet, aber nicht ohne Folgen. Gegen Jentzsch wurde ein Strafprozeß wegen Verunglimpfung der DDR angekündigt. Er konnte nicht, wie geplant, in die DDR zurückkehren, wollte er sich nicht der drohenden Gefahr einer Inhaftierung aussetzen.

Natürlich fehlte es in einer derart zugespitzten öffentlichen Kontroverse nicht an Opportunisten oder ideologisch geblendeten Parteigängern, die für das Vorgehen der Staatsorgane Verständnis aufbrachten, oder es rückhaltlos unterstützten. Sie meldeten sich aus allen Sparten der Kultur zu Wort: Musiker, Sänger, Schauspieler, Regisseure, Maler,

Parteiorganisation des Bezirksverbandes Berlin des Schriftstellerverbandes der DDR. 26. November 1976. Entschließung

Wir haben das Verhalten der Mitglieder unserer Parteiorganisation Jurek Becker, Volker Braun, Stephan Hermlin, Sarah Kirsch, Günter Kunert, Christa Wolf, Gerhard Wolf sowie Reimar Gilsenbach und Karl-Heinz Jakobs, die sich in Sachen Biermann an imperialistische Nachrichtenagenturen gewandt und damit objektiv der antikommunistischen Hetze unserer Gegner gedient haben, prinzipiell kritisiert und verurteilt. Wir haben sie aufgefordert, ihr unparteimäßiges Verhalten zu revidieren.

(Quelle) Peter Lübbe (Hrsg.): Dokumente zur Kunst-, Literatur- und Kulturpolitik der SED, (1975–1980), Stuttgart 1984, S. 340.

ebenso Institutionen und Verbände, natürlich auch Schriftsteller: unter ihnen Hermann Kant, Bernhard Seeger, Manfred Weinert, Erik Neutsch, Paul Wiens, Dieter Noll, Peter Hacks, Anna Seghers und Otto Gotsche. Sie äußerten sich aus eigenem Antrieb oder organisiert auf Wunsch der Kulturgewaltigen, denen es darauf ankam, deutlich zu machen, daß die Entscheidung, Biermann auszubürgern, eine breite Zustimmung bei der künstlerischen Intelligenz gefunden habe. Sicherlich wurde auf diese Weise verhindert, daß es in noch stärkerem Maße zu Solidaritätsbekundungen mit dem des Landes verwiesenen Liedermacher kam. Als gravierende Folge ergab sich daraus, daß damit nicht nur das sich erneut entwikkelnde Zweckbündnis zwischen Geist und Macht abrupt aufgekündigt, sondern auch ein offener Streit zwischen kritischen und gefolgsamen Schriftstellern augenfällig wurde. Beides erwies sich im nachhinein als außerordentlich schwerwiegend und führte zu tiefen Zerwürfnissen.

Diese fanden ihren Höhepunkt, als die Berliner Sektion des Schriftstellerverbandes am 7. Juli 1979 neun Kollegen aus dem Verband ausstieß. Vorausgegangen waren diesem Eklat seit der Ausbürgerung Biermanns zahlreiche Pressionen, Maßregelungen, auch Bespitzelungen durch die Staatssicherheit gegenüber denjenigen Autoren, die sich gegen diesen Willkürakt des SED-Regimes zur Wehr setzten. Da die DDR-Medien sich weigerten, den bedrängten Schriftstellern ein öffentliches Forum zu geben, wandten sie sich in zahlreichen offenen Briefen und Stellungnahmen in den elektronischen Medien oder den großen überregionalen Zeitungen im Westen an die Öffentlichkeit, um ihrer Meinung Ausdruck geben zu können. Sie nahmen dabei oft kein Blatt mehr vor den Mund. Sie sprachen im Klartext. Günter Kunert wagte es, den Kulturgewaltigen eine krankhafte Ichbezogenheit und den Verlust an Wahrnehmungsfähigkeit zu attestieren. Den Ursprung dafür fand er im System, in dem »jede abweichende Ansicht eo ipso als ein mit der »Waffe des Worts« vollzogenes Attentat gewertet wird«[10].

Den Bruch vertiefte schmerzhaft auch die Kollegenschelte, sei es die von Hermann Kant auf dem VIII. Schriftstellerkongreß, auf dem er Christa Wolfs »Nachdenken über Christa T.« schlicht eine Schmähschrift nannte[11], sei es die von Dieter Noll, der Autoren wie Stefan Heym, Rolf Schneider oder Joachim Seyppel im »Neuen Deutschland« als »kaputte Typen« bezeichnete, die »emsig mit dem Klassenfeind kooperieren, um sich eine billige Geltung zu verschaffen«[12].

Zu einer weiteren Eskalation kam es, als acht Schriftsteller am 16. Mai 1979 einen Brief an den Generalsekretär der SED und Staatsratsvorsitzenden, Erich Honecker, schickten, in dem sie sich darüber beklagten, daß immer häufiger engagierte kritische Autoren diffamiert und mundtot gemacht würden. Die Koppelung von Zensur und Strafgesetzen diene offensichtlich dem Zweck, das Erscheinen kritischer Werke in der DDR oder der Bundesrepublik zu verhindern. Der Sozialismus dürfe nicht zu einer geheimen Verschlußsache werden, sondern er müsse sich vor aller Öffentlichkeit vollziehen[13]. Diesen Brief unterzeichneten Kurt Bartsch, Jurek Becker, Adolf Endler, Erich Loest, Klaus Poche, Klaus Schlesinger, Dieter Schubert und Martin Stade. Über westliche Nachrichtenagenturen fand er seinen Weg in die Öffentlichkeit und zwang die Staatspartei, dazu Stellung zu beziehen, was andernfalls – wenn überhaupt – nur hinter verschlossenen Türen geschehen wäre. Als Scharfrichter des Regimes und Aufpeitscher trat wenig später Hermann Kant mit seinem Beitrag im »Neuen Deutschland« in Erscheinung. Er veröffentlichte dort sein Referat, das er tags zuvor auf einer Vorstandssitzung des Schriftstellerverbandes der DDR gehalten hatte. Obwohl Kant, seit 1978 in der Nachfolge von Anna Seghers Präsident des Verbandes, eigentlich von Amts wegen die Interessen seiner Kollegen gegenüber dem Regime hätte verteidigen müssen, klagte er sie hart an. Stefan Heyms Roman »Collin« nannte er ein »peinliches Unglück«; Rolf Schneiders Verarbeitung des »Biermann-Stoffes« in seiner Erzählung »November« sprach er ab, überhaupt ein Gegenstand der Literaturkritik zu sein; Klaus Poche und Erich Loest degradierte er zu literarischen Nobodys, deren Namen man noch vor kurzem nicht gekannt hätte. Dann setzte er sich mit dem Inhalt des Briefes an Honecker auseinander. Sein Fazit: »Wer die staatliche Lenkung und Planung auch des Verlagswesens Zensur nennt, macht sich nicht Sorgen um unsere Kulturpolitik – er will sie nicht«. Um Solidarität mit Gleichgesonnenen bemüht, fuhr er fort: »Dies ist nicht die Zeit, liebe Kollegen, überaus sanft zu sein... Wir müssen uns schon wehren, wir haben einiges zu bewahren. Unser Beruf steht in hohem Ansehen in dieser sozialistischen Gesellschaft«[14].

Diesem Rundumschlag folgte am 7. Juni 1979 auf der Mitgliederversammlung des Ostberliner Schriftstellerverbandes das Tribunal, eine massive politische Auseinandersetzung unter Kollegen, wie sie in der deutschen Literaturgeschichte bis heute wohl einmalig ist. Auf der Anklagebank saßen neun Autoren, fünf von ihnen hatten den Brief an den Staatsratsvorsitzenden mit unterzeichnet. Die Sitzung eröffnete Günter Görlich, die letzte Strophe aus Brechts Gedicht »Das Lied vom Klassenfeind« zitierend, in dem es heißt:

»Da mag dein Anstreicher streichen
Den Riß streicht er uns nicht zu!
Einer bleibt und einer muß weichen
Entweder ich oder du
Und was immer ich auch noch lerne
Das bleibt das Einmaleins:
Nichts habe ich jemals gemeinsam
Mit der Sache des Klassenfeinds.
Das Wort wird nicht gefunden,
Das uns beide jemals vereint:
Der Regen fließt von oben nach unten
Und du bist mein Klassenfeind«[15].

Görlich wiederholte damit die alte Formel aller Diktatoren, die da lautet: Wer nicht für uns ist, ist gegen uns.

Daran anknüpfend begründete – auf ihn als Redner folgend – Helmut Küchler, 1. Sekretär des Bezirksverbandes der Berliner Schriftsteller, den Ausschluß der neun Autoren aus dem Verband. Er warf ihnen vor, die im Verbandsstatut verankerten Pflichten mit Füßen getreten zu haben, indem sie im Ausland gegen die DDR, die Kulturpolitik in Partei und Regierung sowie gegen die sozialistische Rechtsordnung in verleumderischer Weise aufgetreten wären. Sie hätten sich deshalb der Mitgliedschaft im Schriftstellerverband unwürdig erwiesen und seien daher auszuschließen. In diesem Sinne sprachen sich u. a. auch der Dramaturg, Lyriker und Schlagertexter Wolfgang Tilgner, der Dramatiker Helmut Baierl, die Autorin Wera Küchenmeister, der Feuilletonist Richard Christ, die Fernsehautorin Gisela Karau, die Schriftsteller Bernhard Bengsch und Harald Hauser, der Kulturbundfunktionär Gerhard Henniger sowie der Spiritus-rector der Kampagne, Hermann Kant, aus[16]. Neben den Betroffenen plädierten Stephan Hermlin, Ulrich Plenzdorf, Franz Fühmann, Karl Mickel, Günter de Bruyn u. a. gegen die Inquisition einer Mehrheit von zum großen Teil unbekannten Mitgliedern des Verbandes. Christa Wolf schwieg, wie so oft, wenn es darum ging, hic et nunc öffentlich Farbe zu

Die Ausgeschlossenen

- Kurt Bartsch, Jahrgang 1939 (Veröffentlichungen: »Zugluft« 1968, »Kaderakte« 1979, »Die Hölderlinie« 1983), 1980 Ausreise aus der DDR.
- Adolf Endler, 1930, Übersiedlung in die DDR 1955 (»Verwirrte klare Botschaften« 1979, »Akte Endler« 1981, »Schichtenflotz« 1987).
- Stefan Heym, 1913, in der NS-Zeit über Prag in die USA emigriert, Soldat in der US-Armee, 1952 Übersiedlung in die DDR (»Der König David Bericht« 1972, »Collin« 1979, »Schwarzenberg« 1984, »Nachruf« 1988), 1990 Ehrenvorsitzender des Schriftstellerverbandes.
- Karl-Heinz Jakobs, 1929 (»Beschreibung eines Sommers« 1961, »Wilhelmsburg« 1979, »Die Frau im Strom« 1982), 1977 Ausschluß aus der SED, 1981 Ausreise aus der DDR.
- Klaus Poche, 1927 (»Atemnot« 1978, Fernsehfilm »Geschlossene Gesellschaft« 1978, »Die letzte Rolle« 1986), 1979 Ausreise aus der DDR.
- Klaus Schlesinger, 1937 (»Alte Filme« 1975, »Leben im Winter« 1980, »Fliegender Wechsel« 1990), 1980 Ausreise aus der DDR.
- Rolf Schneider, 1932 (»November« 1970, »Unerwartete Veränderung« 1980, »Jede Seele auf Erden« 1988).
- Dieter Schubert, 1929 (»Acht Unzen Träume« 1967, »Kleider machen Bräute« 1973, »Hasen und Jäger« 1990).
- Joachim Seyppel, 1919, 1973 Übersiedlung in die DDR, 1979 Ausreise aus der DDR (»Abschied von Europa« 1975, »Ich bin ein kaputter Typ« 1982).

(Quelle) Der Spiegel vom 17. Dezember 1990, S. 122.

bekennen, stimmte aber gegen die Ausschlüsse und begründete ihre Haltung in einem Brief, den sie einige Tage später an den Schriftstellerverband sandte[17]. Nach einem turbulenten Abstimmungsverfahren, das im Präsidium federführend Günter Görlich gegen alle Regeln durchpeitschte, stimmten schließen von den rund 400 anwesenden Mitgliedern ca. 50 gegen die verlangte, aber intern längst beschlossene Diskriminierung[18]. Damit alles seine Ordnung fand, entschied sich die Versammlung zum »krönenden Abschluß« noch mehrheitlich für eine Ergebenheitsadresse an die Staatspartei, in der es hieß: »Die vertrauensvolle Zusammenarbeit zwischen den Schriftstellern und der Partei der Arbeiterklasse hat sich bewährt«[19].

Wenn sich auf diesem Tribunal überhaupt etwas bewährt hatte, dann war es die Macht der Partei. Ihr war es abermals, wenn auch unter

Opfern, gelungen, einen großen Teil der Schriftsteller zu instrumentalisieren. Der Versuch einiger bekannter Autoren, die Wahrheit zu sagen, scheiterte an der Lüge derjenigen, die sich von einem Bündnis mit dem Regime persönliche Vorteile versprachen und sich dabei noch zugute hielten, wie einer der Diskutanten es formulierte, nicht »auf der Seite der moralischen Verlierer« zu stehen[20].

Im Zuge der Nachwehen um die Biermann-Ausbürgerung schrieb Franz Fühmann einen weitsichtigen Brief an Klaus Höpcke, den Leiter der Hauptverwaltung Buchhandel und Verlage im Ministerium für Kultur, der erst im März 1990, nach der friedlichen Revolution, veröffentlicht wurde: »Ich habe Angst nicht vor der Wahrheit, wie quälend sie auch immer sein mag, wohl aber vor der Möglichkeit einer Entwicklung, die im Namen von Wahrheit Wahrheit zurückdrängt und letztlich allseits ungewollte irreversible Entscheidungen erzwingt. Man wird dann vielleicht als Sieg etwas feiern, was unser aller Niederlage ist«[21].

Die Ausbürgerung Wolf Biermanns und der Ausschluß von neun bekannten Autoren aus dem Schriftstellerverband mögen unter den linientreuen Autoren und Funktionären als längst überfällige Säuberung gefeiert worden sein, tatsächlich waren diese beiden Maßnahmen Ausdruck des Scheiterns der Kulturpolitik, des immer wieder beschworenen Bündnisses zwischen Geist und Macht. Nichts bestätigt diese These mehr als der Exodus von über 30 namhaften Autoren seit 1977. Unter denen, die die DDR verließen, sind u. a. zu nennen: Reiner Kunze, Jurek Becker, Bernd Jentzsch, Sarah Kirsch, Günter Kunert, Klaus Poche, Klaus Schlesinger, Kurt Bartsch, Erich Loest, Karl-Heinz Jacobs, Thomas Brasch, Hans-Joachim Schädlich, Jürgen Fuchs, Ulrich Schacht, Woflgang Hilbig, Hans Noll, Rolf Schneider, zuletzt Monika Maron und Uwe Kolbe. Die DDR-Literatur blutete aus, sie verlor eine große Anzahl ihrer besten Köpfe[22].

Die SED versuchte, diese dramatische Entwicklung herunterzuspielen und durch eine nicht berechenbare Genehmigungspraxis in der Belletristik aufzufangen. So ließ sie einerseits – wenn auch teilweise mit erheblichen Geburtswehen – Werke von Autoren erscheinen, die sprachmächtig – wie Uwe Kolbe und Heinz Czechowski – mit dem real existierenden Sozialismus ins Gericht gingen und sich offensichtlich nicht vor den Zensoren duckten; andererseits durften Monika Marons Romane »Flugasche« und »Die Überläuferin« in der DDR nicht verlegt werden. Selbst der Anlaß des 75. Geburtstages von Stefan Heym 1988 stimmte die Kulturmächtigen nicht besonders gnädig; so durfte von seinen fünf bisher in der DDR nicht publizierten Romanen nur »Ahasver« erscheinen.

Die Kulturpolitik der DDR blieb unter Honecker taktisch bestimmt. Obrigkeitsstaatliche Großmütigkeit gegenüber einzelnen Autoren und ihren Werken vermochte daher ebenso zu überraschen wie kleingeistiges und intolerantes Zupacken der Staatssicherheit gegen Andersdenkende. Die Festnahmen, Durchsuchungen und Ermittlungen im Januar 1988 im Umfeld der offiziellen »Kampfdemonstration zu Ehren Rosa Luxemburgs und Karl Liebknechts« in Ostberlin führten dies der Öffentlichkeit auf die unfreundlichste Art und Weise vor Augen. Der Liedermacher Stefan Krawczyk, Integrationsfigur der Bürgerrechtsbewegung in der DDR, wurde mit anderen kritischen Intellektuellen festgenommen, landesverräterischer Beziehungen verdächtigt und einige Wochen später, wie Biermann Jahre zuvor, gegen seinen Willen in die Bundesrepublik Deutschland abgeschoben. Er war der politischen Führung schon lange ein Dorn im Auge, da er trotz seines Auftrittsverbots, das 1986 auch auf Kirchenräume erweitert worden war, in den letzten drei Jahren über 80000 Menschen zu seinen Liedern um sich versammelt hatte. Hier waren sich die Nichtangepaßten nähergekommen. Krawczyk hatte sie ermutigt, selbst initiativ zu werden, und durch seine schonungslose und selbstlose Offenheit Zuspruch dort gefunden, wo ihn das Regime nicht wünschte.

»Die Angst der Parteibürokraten in der DDR«, sagte Krawczyk später, »vor Zustimmung vieler Menschen in unseren Veranstaltungen und vor westlichem Medieninteresse... ist so groß, daß die Spitze abgebrochen werden mußte«[23]. Dies geschah mit der Abschiebung von Stefan Krawczyk, Freya Klier und anderen im Februar 1988. Die Solidarität und der Widerstand der Opponenten gegen das SED-Regime sollten auf diese Weise empfindlich beeinträchtigt werden. Denn gerade an sie wandte Krawczyk sich in seinen Liedern:

»Es gibt so viele, die ihre Segel streichen,
mit einer Farbe, die nach Abfall stinkt,
wem wurden schon die Flügel abgebrochen,
daß er sich treiben lassen muß vom Wind.

Wir krallen unsre Hände ineinander
und werden still, wenn wir im Nebel gehen,
wer weiß denn schon, bevor der Nebel aufhört,
was kommen wird, wenn wir nicht überstehen«[24].

In der kulturpolitischen Phase von Biermann bis Krawczyk präsentierte sich der SED-Staat schwach und mächtig zugleich: schwach, weil er den offenen Widerstand kritischer Intellektueller so sehr fürchtete, daß er sich genötigt sah, sie einzusperren oder auszubürgern; mächtig, weil dieses Regime nicht vor elementaren Menschenrechtsverletzungen und stali-

Nach seiner Wahl zum Präsidenten des Schriftstellerverbandes der DDR nimmt Hermann Kant die Glückwünsche des Mitgliedes des Politbüros des Zentralkomitees der SED und Sekretärs für Wissenschaft und Kultur, Kurt Hager, auf dem VIII. Schriftstellerkongreß 1978 entgegen.

Hermann Kant hält auf dem VIII. Schriftstellerkongreß 1978 das Eröffnungsreferat. Im Namen der anwesenden 250 Delegierten begrüßt er die politische Prominenz: den Generalsekretär der SED und Vorsitzenden des Staatsrates Erich Honecker (2. v.l.) sowie das Mitglied des Politbüros Joachim Herrmann (3. v.r.).

n Demokratisc

◀ *Hermann Kant auf dem X. Schriftstellerkongreß 1987 Arm in Arm mit dem Generalsekretär der SED und Vorsitzenden des Staatsrates, Erich Honecker.*

Gäste des X. Schriftstellerkongresses im November 1987 waren unter anderem der Generalsekretär des Zentralkomitees der SED und Vorsitzender des Staatsrates der DDR, Erich Honecker, der Präsident der Volkskammer der DDR, Horst Sindermann, das Mitglied des Politbüros des Zentralkomitees der SED, Günter Mittag, sowie weitere Mitglieder der Staats- und Parteiführung. Neben Erich Honecker sitzen Stephan Hermlin und der Präsident des Schriftstellerverbandes Hermann Kant (r.) Foto Jürgens

▼

Tausende von Demonstranten trafen sich mit ihren Spruchbändern auf dem Alexanderplatz am 4. November 1989. Prominente Vertreter des öffentlichen Lebens sprachen zu ihnen: Schriftsteller, Künstler, Vertreter der Kirchen, Politiker etc.

43 JAHRE
führende Rolle der
SED
nee!
EINMARSCH in Prag
28 JAHRE eingemauert
HURRA zum
PEKING-
MASSAKER
Machtmißbrauch
ANGST

Christa Wolf spricht vor 500 000 Menschen am 4. November 1989 auf dem Alexander-Platz in Berlin.

nistischen Unterdrückungsmethoden zurückschreckte, denen es seine Gründung, sein Überdauern in den fünfziger und sechziger Jahren und sein Fortbestehen noch zu einer Zeit verdankte, als bereits Hunderttausende von Bürgern durch ihren Antrag auf Ausreise öffentlich sichtbar gegen es Stellung bezogen hatten.

Soll denn das noble Experiment des Sozialismus hier im Herzen Europas, nur weil es so lange mit unzulänglichem Gerät und falschen Zutaten probiert wurde, so gänzlich aufgegeben werden?

Stefan Heym

Der Traum vom Sozialismus und die Revolution

Der Beitrag der DDR-Literatur zur Überwindung des posttotalitären Honecker-Regimes wird in der Fachliteratur und den Medien kontrovers beurteilt. Radikale Kritiker werfen ihr vor, eine »Stillhalteliteratur« auf Kosten der Menschen, ja eine Intrige gegen das Volk gewesen zu sein[1]. Aber es fehlt auch nicht an Stimmen, die ihr bescheinigen, einen wichtigen Beitrag zur Befreiung aus den Fesseln des menschenunwürdigen real existierenden Sozialismus geleistet und die Menschen ermutigt zu haben, sich zu wehren[2]. Daß die Urteile so widersprüchlich ausfallen, und es nicht an Belegen für die eine oder andere Meinung mangelt, liegt unter anderem darin begründet, daß viele Schriftsteller seit Gründung der DDR eine enge Bindung mit dem SED-Staat eingingen. Sie taten dies, von der Idee des Sozialismus überzeugt, im Glauben darauf, ein besseres Deutschland mit aufzubauen. Als sie erkannten, daß sie dabei geholfen hatten, eine stalinistische Diktatur zu errichten, vermochten sie sich nur noch unter großen Opfern der Einvernahme zu erwehren.

So entwickelte sich die DDR-Literatur seit Ende der fünfziger Jahre januskköpfig. Ein Teil der Autoren sah seine Aufgabe darin, als Erfüllungsgehilfen der Partei das politische System zu stabilisieren. Ein anderer, der an Bedeutung gewann, setzte sich zunehmend kritischer mit den Deformationserscheinungen des Sozialismus auseinander. Seit Beginn der siebziger Jahre darf dieser wohl als die gewichtigere Stimme angesehen werden. Dem steht auch nicht entgegen, daß die Mehrzahl der Schriftsteller, die dem Schriftstellerverband der DDR angehörten, in diesem Sinne nicht in Erscheinung traten. Immerhin handelte es sich dabei insgesamt um ca. 2000 Autoren. Im Gegenteil: Viele ihrer Arbeiten versuchten das Regime abzustützen. Sie erreichten die höchsten Auflagen. Da es hier aber nicht um statistische Größen, sondern um den Einfluß auf den Reformprozeß und die Emanzipation des Denkens von der Bevormundung des herrschsüchtigen SED-Staates geht, sind diese Erwägungen zu vernachlässigen. Aufdringliche affirmative Romane wie etwa Dieter Nolls »Kippenberg«, Walter Flegels »Der Regimentskommandeur«, Inge von Wangenheims »Deutsch und Geschichte«, Prosa und Hörspiele von

Eberhard Panitz oder die Bühnenstücke des Dramatikers Helmut Baierl dürften zudem die Abwehrkräfte des einzelnen eher gestärkt als geschwächt haben. Zu bedenken bleibt auch, daß eine Stimme, die widerspricht und die Menschen nachdenklich macht, mehr zu verändern vermag, als zehn andere, die zustimmen und deshalb keine Beachtung finden, weil sie unrecht haben.

Die Zusammenstöße zwischen Dichtung und Doktrin führten, wie diese Skizze aufweist, nicht zu einem existentiellen, wohl aber zu einem dauerhaften Konflikt zwischen Literatur und Politik. Allerdings gab es nur wenige Autoren, die in politischen Fragen keine Kompromisse eingingen. Es herrschten vielmehr vielfältige Formen des Sich-Arrangierens vor. Die meisten Dichter nahmen wie selbstverständlich die Privilegien an; sie reichten von lukrativen Staatspreisen bis zu langfristigen Förderverträgen, die ihnen das Regime gewährte. Sie respektierten in ihren Arbeiten die von der Partei vorgegebenen, besonders heiklen Tabuzonen: den Stalinismus, den 17. Juni 1953, den Mauerbau, den Prager Frühling, die SED, die Nationale Volksarmee und die Staatssicherheit. Aber sie benannten unentwegt die Deformationen des real existierenden Sozialismus, sie brandmarkten seine Erscheinungsformen, wo immer sie im täglichen Leben sichtbar wurden. Sie stellten nicht die Ideologie des Marxismus-Leninismus in ihren Grundfesten in Frage, machten aber in ihrer Kritik auf vielen Ebenen deutlich, daß der real existierende Sozialismus, »gemessen an den Vorstellungen, an den eigenen Maßstäben des Mythos Sozialismus, eine Karikatur, ein Verbrechen und ein Betrug« gewesen sei[3]. Dabei handelte es sich nicht um eine Fundamentalkritik; dies entsprach vielfach auch nicht der Grundauffassung der Autoren. Vielmehr ging es um den Versuch, nach dem Motto »steter Tropfen höhlt den Stein« den erstarrten Sozialismus zu reformieren.

In der zweiten Hälfte der achtziger Jahre leisteten dazu auch einige Theater einen beachtlichen Beitrag. In der Spielzeit 1988 und 1989 sind hier vor allem das Staatsschauspiel in Dresden mit der mutigen Inszenierung von Christoph Heins Komödie »Die Ritter der Tafelrunde« hervorzuheben. Aber auch die großen Ostberliner Theater zeigten mehr Mut als in früheren Jahren. So brachte das Berliner Ensemble Volker Brauns Drama »Lenins Tod« zur Uraufführung, das 18 Jahre nach seiner Fertigstellung zum ersten Mal in der DDR gezeigt werden konnte. Erwähnung verdienen in diesem Zusammenhang aber auch das Deutsche Theater mit Heiner Müllers Stück »Lohndrücker«, das längst zu einem internationalen Theatererfolg geworden war, aber erst jetzt zur Aufführung in der DDR freigegeben wurde. Unter den kleineren Bühnen tat sich insbesondere das Städtische Theater in Karl-Marx-Stadt mit Inszenierungen von Jürgen Groß, Christoph Hein und Volker Braun hervor.

Mit ihrem gesellschaftskritischen Engagement erreichte die Literatur häufig die Grenze des Sagbaren oder überschritt sie. Gerade weil der Spielraum im vorhinein nie genau zu vermessen war, bedeutete die Zensur eine schreckliche Geißel. Denn alles, was zum Druck oder zur Aufführung bestimmt war, mußte die Instanzen der Partei- und Staatsbürokratie passieren, der sich nicht nur »parteigläubige oder gewissenlose Tagesschriftsteller« beugten. Auch »ernstzunehmende, eigenständig denkende Literaten ließen sich in die Texte hineinreden, fanden sich mit Streichungen ab oder griffen von vornherein nur nach Themen, deren Veröffentlichung ihnen möglich erschien. Existenzangst, Erfolgssucht, Bequemlichkeit oder Feigheit spielten dabei sicher auch eine Rolle, oft aber war auch ein Verantwortungsbewußtsein entscheidend, das Kompromisse in Kauf nahm, um in der Öffentlichkeit wirken zu können. Um einen Gedanken, der wichtig schien, unter die Leute bringen zu können, gab man den anderen preis. Das war eine Selbstbeschneidung, von der man nie wissen konnte, ob sie in Wahrheit nicht nur der Bemäntelung eigener Konfliktscheu diente und die auf die Dauer dem Schreiber und dem Geschriebenen nicht gut bekam«[4].

Die kritische DDR-Literatur löste dennoch beim Leser, nicht nur im Osten Deutschlands, ein nachhaltiges Echo aus. Die Auflagen waren oft schnell vergriffen, die Bücher wanderten von Hand zu Hand. Sie dienten den Menschen, die in Unfreiheit lebten, als Licht im Dunkel auf dem Weg zur Wahrheit. Sie wirkten meinungsbildend und machten deutlich, daß es nicht nur Grenzen des Sagbaren, sondern auch Grenzen des Totschweigens gab. Sie förderten die Bereitschaft der Menschen, ihrem eigenen Urteil wieder vertrauen zu lernen und es auch kundzutun.

Trotz alledem ist es erstaunlich und spricht ganz gewiß nicht für den Mut der Schriftsteller, daß sie erst auf dem X. Schriftstellerkongreß, der vom 24. bis 26. November 1987 in Ostberlin stattfand, mit Vehemenz gegen »dieses würdelose Kalkulieren, Feilschen oder Zu-Kreuze-Kriechen«[5] öffentlich Stellung bezogen.

In zuvor nicht bekanntgewordener Deutlichkeit tat dies Christoph Hein. Er rügte in einer bemerkenswerten Rede die Mechanismen der staatlichen Druckgenehmigungspraxis und bezeichnete die Zensur der Verlage und Bücher, der Verleger und Autoren als »überlebt, nutzlos, paradox, menschenfeindlich, volksfeindlich, ungesetzlich und strafbar«[6]. Zur Begründung führte er unter anderem an, daß die Zensur in den ersten Jahren des Nachkriegs-Deutschlands ihre Berechtigung gehabt hätte, ähnlich wie die Lebensmittelkarten, um den allgemeinen Mangel zu ordnen, das Chaos zu lindern und den Wiederaufbau einzuleiten. Es wäre jedoch versäumt worden, sie zusammen mit den Lebensmittelkarten Mitte der fünfziger Jahre, spätestens nach dem XX. Parteitag der KPdSU 1956, wieder abzuschaffen[7]. Darin, daß sie bis November 1987 nach wie vor ohne Einschränkung praktiziert wurde, sah er einen der Gründe, warum so viele Schriftsteller in den zurückliegenden zehn Jahren das Land verließen, deren Werke jetzt fehlten, deren Zuspruch und Widerspruch hilfreich gewesen wäre[8].

In ähnlicher Deutlichkeit bezog auch Günter de Bruyn Stellung. Er beklagte, daß durch diese Praxis immer wieder die Würde und das Selbstbewußtsein insbesondere der jüngeren Schriftsteller geschädigt, die Leser bevormundet und die Bücher verfälscht worden waren[9]. Christa Wolf äußerte sich auf dem Kongreß ebenfalls kritisch in Form eines Briefes, der von Günter de Bruyn verlesen wurde. Darin rügte sie die Ausgrenzung unbequemer Kollegen, gleichgültig, in welchem Teil Deutschlands sie jetzt lebten und plädierte dafür, neben ihnen auch den jungen Schriftstellern mehr Verständnis und Dialogbereitschaft entgegenzubringen[10].

Auch wenn Hermann Kant in seinem Schlußwort als wiedergewählter Präsident des Verbandes auf diese ins Grundsätzliche zielende Forderungen nicht näher einging und das »Neue Deutschland« sie ganz zu verschweigen suchte, erreichten sie wenigstens insoweit eine Kurskorrektur, als in Zukunft die Leiter der Verlage stärker als bisher in den Druckgenehmigungsprozeß verantwortlich einbezogen werden sollten. Von erheblicher Bedeutung war jedoch für das Verhältnis der Literatur zur Politik die Tatsache, daß es eine kleine Gruppe namhafter Autoren wagte, Kants in seinem Eröffnungsreferat vorgetragenes Diktum – es handelte sich bei Staat und Schriftstellerverband nicht nur um gleichaltrige Institutionen, sondern ebenso um Institutionen, die das gleiche Ziel vor Augen hätten und deshalb wohl als gleichgesinnt betrachtet werden dürfen[11] – in Frage zu stellen.

Ein Staat, der das Instrument der Zensur benötigte, um die Schriftsteller im Zaum zu halten, wußte offensichtlich um deren Widerspruchsgeist und Kritik. Er fürchtete sie. Bevor Schriftsteller in einem posttotalitären Regime die Zensur anprangerten, hatten sie längst die Gefolgschaft aufgekündigt.

Bemerkenswert ist in diesem Zusammenhang auch das Solidaritätsbekenntnis des in den zurückliegenden Jahren der SED ergebenen DDR-PEN gegen die Verurteilung des tschechoslowakischen Schriftstellers und Bürgerrechtlers Václav Havel im März 1989. Die damalige kommunistische Prager Regierung verurteilte ihn zu neun Monaten verschärfter Haft, obwohl er sich für die Menschenrechte eingesetzt hatte. Stefan Heym, Stephan Hermlin und die anderen Mitglieder des DDR-PEN wollten diesen Akt staatlicher Willkür gegen jemanden, der öffentlich Standpunkt bezog, nicht ohne Solidaritätsbekundung gegenüber dem Entrechteten hinnehmen. So kam es überraschend zu einer einstimmigen Resolution von ca. 70 Autoren. Aus Sicht der SED handelte es sich dabei um eine Solidaritätsbekundung aus ideologisch nicht zu vertretendem Anlaß zu Lasten eines befreundeten sozialistischen Staates. Kurt Hager, immer noch zuständig für alle ideologischen Fragen im Politbüro, kritisierte die Resolution des PEN und griff namentlich den stellvertretenden Kulturminister Klaus Höpcke scharf an, weil er den Protest der Literaten mit unterzeichnet hatte[12].

Unter der Überschrift »Die fünfte Grundrechenart« war es abermals Christoph Hein, der am 14. September 1989 vor dem Ostberliner Schriftstellerverband den schmerzlichen Widerspruch zwischen Theorie und Praxis thematisierte und die Legitimation der DDR als rechtschaffener Staat in Frage stellte. »Die fünfte Grundrechenart« bestand für ihn darin, »daß zuerst der Schlußstrich gezogen und das erforderliche und das gewünschte Ergebnis darunter geschrieben wird. Das gibt dann einen festen Halt für die waghalsigen Operationen, die anschließend und über dem Schlußstrich erfolgen. Dort wird dann nämlich addiert und summiert, dividiert und abstrahiert, multipliziert und negiert, substrahiert und geschönt, groß- und kleingeschrieben nach Bedarf, wird die Wurzel gezogen und gelegentlich auch schlicht gelogen. Diese fünfte Grundrechenart dient dazu, den Vorschriften und Anordnungen zu genügen und dennoch der Strafe und Isolierung zu entgehen«[13].

Mit dieser ebenso ungewöhnlichen wie zutreffenden Schilderung stellte Christoph Hein dar, daß die Politik der SED gleichermaßen auf Wunschvorstellungen und Lügen beruhte, die mit der Realität nur wenig gemeinsam hatten. Seine Kritik richtete sich aber nicht nur gegen den Machtmißbrauch in der Ära Honecker. Vielmehr stellte er die Legitimität der DDR auch zu Ulbrichts Zeiten in Frage, indem er mit dem Stalinismus schonungslos abrechnete und seine Erscheinungen beim Namen nannte. »Auch in unserem Land gab es in der Stalinzeit politische Prozesse, bei denen die Angeklagten unter abenteuerlichen Beschuldigungen zu mehrjährigen Freiheitsstrafen – teilweise in Einzelhaft – verurteilt wurden. Besonders empörend für mich war, als ich erfuhr, daß man den Zellenschließern, die mit den Gefangenen nicht sprechen sollten, mitgeteilt hatte, diese Gefangenen seien Nazikriegsverbrecher. Eine Lüge, die für die Inhaftierten nicht zu entlarven und für die Zuchthausbeamten, auch sie ›Sieger der Geschichte‹, glaubhafter und beruhigender war als die Wahrheit. Eine Lüge, weil man nicht einmal den Zellenwächtern die Wahrheit zu sagen wagte«[14].

Christoph Hein zählte die Verbrechen Stalins, vom Pakt mit Hitler bis zu Massenmord und Terror, auf, als müßte er Bekanntes, aber doch Verschwiegenes nun endlich öffentlich aussprechen. Einigen seiner Schriftstellerkollegen dürfte der Atem gestockt haben. Anderen wird es gut getan haben, daß endlich mit diesem Tabu gebrochen wurde. Die Medien in der DDR berichteten nicht von dieser Generalabrechnung. Hein bedauerte, daß sich für seinen Beitrag nur in einer westdeutschen Zeitung Platz fand[15].

Bemerkenswert an dieser Sitzung des Ostberliner Schriftstellerverbandes war aber auch die Tatsache, daß sieben Schriftstellerinnen, unter ihnen Christa Wolf und Helga Königsdorf, eine Resolution vorlegten, in der sie angesichts der Massenflucht von DDR-Bürgern über Ungarn, Polen und die Tschechoslowakei eine politische Kurskorrektur und, aus Sorge um die weitere Entwicklung, einen demokratischen Dialog auf allen Ebenen einforderten[16]. Dieses Manifest fand bei der großen Mehrheit der dreihundertköpfigen Versammlung Unterstützung. Der Präsident des Schriftstellerverbandes der DDR, Hermann Kant, unterschrieb es allerdings nicht. Er votierte dagegen. Wenige Tage später korrigierte er jedoch seine Haltung mit einem offenen Brief an das Organ der Freien Deutschen Jugend, »Junge Welt«, und versuchte verlorenes Ansehen zurückzugewinnen[17]. Kant machte dabei einmal mehr deutlich, wie wenig Mühe es ihm bereitete, sich zwischen den Fronten zu bewegen.

Der Massenexodus der DDR-Bürger löste im September und Oktober 1989 zahlreiche Resolutionen von Künstlern und Wissenschaftlern aus. Auch das Präsidium des Schriftstellerverbandes der DDR gab schließlich eine Erklärung ab, in der die Bevormundung der Medien kritisiert und dem Begehren nach einem demokratischen Dialog Rechnung getragen wurde. Dies geschah jedoch nicht, ohne die »Errungenschaften der DDR« so wie ihre »konsequent antifaschistische Haltung«, ihren Beitrag zur Abrüstung und ihre sozialen Erfolge herauszustellen. Das Präsidium solidarisierte sich mit dem offenen Brief ihres Präsidenten, Hermann Kant, und lobte das Politbüro der SED, mit seiner Erklärung vom 12. Oktober 1989 auf dem richtigen Weg zu der notwendigen Erneuerung zu sein. Es bot der SED-Spitze nach besten Kräften seine Mitarbeit an[18]. Dies geschah sechs Tage vor dem Sturz Honeckers und der Inthronisierung Egon Krenz' als Nachfolger.

Während sich die Spitze des Schriftstellerverbandes unter ihrem Präsidenten Hermann Kant noch mit der alten SED-Führung zu arrangieren versuchte, scheuten einige Autoren nicht vor einer radikalen Infragestellung des Systems zurück. Uwe Grüning, der Sächsischen Dichterschule entstammend, bekannt durch seine in der Tradition von Peter Huchel und vor allem Johannes Bobrowski stehende Naturlyrik und seine religiösen Texte, die im Unions-Verlag erschienen, leitete seinen Vortrag auf einem Künstlerforum, zu dem die sich langsam von der SED lösende CDU-Blockpartei am 27. Oktober 1989 nach Schloß Burgscheidungen eingeladen hatte, mit folgenden Sätzen ein: »Auf die Frage: Was würden Sie tun, wenn Ihnen die Macht übergeben würde? läßt der Schriftsteller Robert Musil seinen Helden antworten. ›Es bliebe mir nichts anderes übrig, als die Wirklichkeit abzuschaffen.‹

Ich muß gestehen, daß ich diesen Satz lange für ein Bonmot gehalten und herzlich über ihn gelacht habe. Das Lachen ist mir vergangen. Denn ich mußte sehen, daß hier Kunst, wie so oft, wieder eine Antizipation der Wirklichkeit war.

Dieses Land wurde bis vor wenigen Wochen von einem Mann regiert, der die Wirklichkeit abgeschafft hatte. Die Folge davon war, daß viele seiner Unterregenten der Wirklichkeit ebenfalls keinen Dank schuldeten und ihren Bezirk, ihren Kreis, ihre Stadt, ihren Betrieb so behandelten, als wäre er ihr Privateigentum.

Ich war immer erstaunt, wie leicht es doch möglich ist, die Wirklichkeit abzuschaffen: Wenn der Plan nicht erfüllt wurde, so änderte man den Plan, wenn die Wahl nicht nach Wunsch verlief, die Wahlzettel, und wem man in der Untersuchungshaft oder im Strafvollzug ein wenig zu nahe trat, den ließ man unterschreiben, daß all das nicht stattgefunden hat«[19].

In der Stunde der Revolution zerfielen die in der DDR lebenden Schriftsteller in mindestens drei ungleichgewichtige Fraktionen:

- eine winzige, aber glaubwürdige Gruppe von Autoren, die eine liberale Demokratie mit einem Mehrparteiensystem in einem vereinigten Deutschland anstrebte,
- in die zahlenmäßig große Gruppe der blinden Parteigänger, die hinter den Kulissen versuchte, noch von dem SED-Regime zu retten, was nicht mehr zu retten war,
- in eine kleine, aber einflußreiche Gruppe von Reformern, die den Sozialismus bewahren und nun, nach einer vierzigjährigen Phase der Deformation, mit Erfahrung gesättigt, ans Werk gehen wollte, eine DDR mit wahrhaft menschlichem Gesicht aufzubauen.

Von diesen drei Gruppierungen trat nur die dritte in Erscheinung. Sie bestimmte die öffentliche Diskussion. Ihre Wortführer waren Stefan Heym, Christoph Hein, Volker Braun und Christa Wolf. Dabei wurde bald deutlich, daß sie für eine Reform des poststalinistischen Regimes eintraten, nicht aber für eine Gesellschaftsordnung nach westlichem Vorbild. Die Vereinigung Deutschlands war für sie kein Thema. Auf der Künstlermanifestation in der Berliner Erlöser-Kirche am 29. Oktober 1989 forderte Christa Wolf vor mehreren tausend Zuhörern eine unabhängige Untersuchungskommission, die sich mit den »Vorgängen« in Leipzig, Dresden und anderenorts Anfang Oktober beschäftigen sollte. Diese Nächte hätten vielen Bürgern ein anderes Land gezeigt. »In diesen Nächten sind Risse, Widersprüche, ist eine Krankheit dieser Gesellschaft aufgebrochen«[20].

Im Gegensatz zu den schonungslosen Äußerungen, vor allem von Christoph Hein, aber auch von Uwe Grüning, begnügte sich Christa Wolf in dieser Stunde der Wahrheit mit Andeutungen. Die brutalen Ausschreitungen der Polizei und Staatssicherheit gegen die Demonstranten bezeichnete sie, die mit Sprache arbeitet, abwiegelnd als »Vorgänge«. Sie wagte es nicht einmal, von Vorfällen zu sprechen; nein, sie wählte das neutralere Wort. Und hatten diese Nächte den Menschen in der DDR wirklich ein anderes Land gezeigt? Traten die Risse und Widersprüche nicht schon seit Jahrzehnten, seit Bestehen des sogenannten »Arbeiter- und Bauern-Staates« in Erscheinung?

Christa Wolf verdrängte hier Erscheinungen, über die sie in ihren Büchern berichtet hatte. Es gelang ihr nicht, die historische Bedeutung der Stunde zu erkennen. Dies wurde offenkundig, als sie sich in ihrer Stellungnahme dafür entschuldigte, daß sie aufgrund nicht vorhersehbarer Terminkollisionen nun bedauerlicherweise nicht im Deutschen Theater zugegen sein könne, wo Ulrich Mühe aus Walther Jankas Buch »Schwierigkeiten mit der Wahrheit« vorlese. Statt Position zu beziehen, fragte sie in sich hinein, wo ihr Platz sei: unter dem Volk oder den Ehrengästen im Theater. Sie verzichtete darauf, den entstehenden Oppositionsgruppen öffentlich Mut zuzusprechen, die Schandtaten der Regierungen Ulbricht und Honecker zu beklagen. Statt dessen forderte sie die Anwesenden beschwörend dazu auf, »Selbstbefragung und Selbstkritik« zu üben. Sie belehrte das Auditorium, daß alle hier Versammelten Anlaß zu Reue und Scham hätten, ohne den tatsächlichen Grund für das gebrochene Rückgrat vieler Menschen, den ruinösen sozialistischen Unrechtsstaat als Ursprung allen Übels beim Namen zu nennen[21].

Neben Christa Wolf beteiligten sich Stefan Hermlin, Christoph Hein, Helga Königsdorf, Günter de Bruyn, Ulrich Plenzdorf, Volker Braun, Stephan Heym und viele mehr in der fünf Stunden dauernden Manifestation gegen den Machtmißbrauch der SED. Nur wenige forderten freie Wahlen, Rechtssicherheit und Gewaltenteilung.

Die Schriftsteller bemühten sich um einen Dialog mit den Demonstranten, aber da die Mehrzahl von ihnen an einer sozialistischen Gesellschaftsordnung und an einem souveränen Staat DDR festhalten wollte, machten sie sich nicht zum vorbehaltlosen Anwalt des Volkes; sie nutzten vielmehr ihre Autorität, um zwischen dem Staat und den Demonstranten zu vermitteln. Dabei versuchten sie, die Massen für ihren Traum vom Sozialismus mit menschlichem Antlitz zu gewinnen. Die Rolle des Wortführers übernahm Stefan Heym. Für ihn war nicht der Sozialismus schlechthin, sondern nur der real existierende gescheitert. Der andere, »bessere, in dessen Namen so viele tapfere Menschen ihre Ideen gaben und ihr Blut, steht noch aus. Und der Gedanke liegt nahe, jetzt, da sich der Wandel anbahnt im Umfeld der Republik, den wirklichen Sozialismus, in dem die Menschen Brüder werden und Hand in Hand, in Freiheit und Gerechtigkeit ihr Leben gestalten, auch hier zum Durchbruch zu verhelfen und dem Staate DDR einen neuen Inhalt zu geben«[22].

Eine ähnliche Ansicht vertrat auch Volker Braun. Er fürchtete, daß der Druck der Straße zu einer Beseitigung der sozialistischen Verfassungsordnung führen könnte. In der Übernahme westlicher Demokratiemodelle sah er zwar nicht »das Ende der Geschichte, aber die Vertagung einer großen Hoffnung«[23]. Konkrete Angaben zu einer zukünftigen Gesellschaftsordnung machte er jedoch nicht. Er fragte, ob es nicht etwas Moderneres als »den Zirkus der Parteien, eine Demokratie der Basis, eine Demokratie, die Lösungen für alle will« gäbe.[24] So sehr er einerseits für eine Überwindung des real existierenden Sozialismus eintrat, warnte er andererseits vor der Gefahr der westdeutschen Wirtschafts- und Verfassungsordnung. »Wir sind die politische Kette los«, diagnostizierte er und fügte warnend hinzu, aber »halten wir uns nicht am Gängelband eines falschen gesellschaftlichen Interesses, daß im Kaufhaus des Westens zu haben ist. Wir kannten den Opportunismus der Macht: fürchten wir jetzt den Opportunismis der Freiheit«[25].

Auf der großen Protestdemonstration, zu der sich am 4. November 1989 über 500000 Menschen im Zentrum Berlins am Alexanderplatz versammelt hatten, ergriffen neben Politikern, Vertretern der Kirche und der Künste auch Schriftsteller das Wort. Christa Wolf plädierte dafür, im Zuge der revolutionären Erneuerung, »die sozialistische Gesellschaft vom Kopf auf die Füße« zu stellen. Sie rief den Massen zu: »Stell dir vor, es ist Sozialismus, und keiner geht weg«[26]. Wie sie plädierten auch fast alle anderen Redner für einen neuen Anlauf, für eine Erneuerung der sozialistischen Gesellschaft, für eine eigenständige DDR.

Als jedoch nur wenige Tage später am 9. November Millionen Deutsche in beiden Staaten nach der Öffnung der Mauer die Grenze passierten, die so lange vorenthaltene Freizügigkeit feierten und begannen, von der Einheit Deutschlands zu träumen, sahen viele Schriftsteller ihre Ideale gefährdet. Die friedliche Revolution nahm einen anderen Verlauf, als sie sich ersehnten. Statt »Wir sind das Volk« riefen die Menschen nun auf den großen Kundgebungen und friedlichen Demonstrationszügen durch die Städte »Wir sind ein Volk«. Die sozialistische Utopie der das Wort führenden Schriftsteller geriet in Widerspruch mit der nationalen Entwicklung. Nach dem Bündnis zwischen Politik und Literatur zerbrach nun die bis dahin tragfähige Allianz zwischen den kritischen Schriftstellern und dem Volk.

Mit dem spektakulären Aufruf »Für unser Land« vom 29. November, den Stefan Heym in einer großen Pressekonferenz in eindringlichen Worten verlas, versuchten namhafte Persönlichkeiten des öffentlichen Lebens, das Rad der Geschichte wieder zurückzudrehen. In einem grellen »Entweder – Oder« warben sie für »eine sozialistische Alternative zur Bundesrepublik«. »Noch können wir uns besinnen auf die antifaschistischen und humanistischen Ideale, von denen wir einst ausgegangen sind«, stand dort mahnend zu lesen. Christa Wolf, die den Text redigierte, gehörte neben Volker Braun zu den Mitunterzeichnern aus dem Kreis der Schriftsteller. Die Unterschriften von Christoph Hein, Günter de Bruyn, Heinz Czechowski, Fritz Rudolf Fries, Stephan Hermlin und anderen prominenten DDR-Autoren fehlten.

Der Aufruf stieß beim Volk auf wenig Verständnis, um so mehr jedoch bei der Parteiführung der SED. Einen Tag, nachdem man ihn in fast allen großen Tageszeitungen lesen konnte, schloß sich Egon Krenz, für das Fernsehen festgehalten in der »Aktuellen Kamera«, der Sorge der Unterzeichner an. Hans Modrow und weitere Mitglieder des Politbüros folgten ihm.

Gleichgültig, ob dies im Kalkül der Initiatoren lag oder nicht, mit diesen beiden Unterschriften aus dem Politbüro der SED verloren sie jedwede Glaubwürdigkeit. Die geistige Avantgarde erschien in engem Schulterschluß mit der Avantgarde im »Staat der Arbeiter und Bauern«, der politischen Kraft, die das Volk vierzig Jahre lang entmündigte und schikanierte. Wer dies als Betriebsunfall politisch naiver und ungeübter Intellektueller abtut, übersieht die politischen Intentionen, die dem Aufruf zugrunde lagen. Indem einerseits der »Ausverkauf der materiellen und moralischen Werte« im Falle einer Vereinigung Deutschlands an die Wand gemalt und andererseits die alten »antifaschistischen und humanistischen Ideale« beschworen wurden, versuchten die Unterzeichner, die in den Demonstrationen immer stärker zum Ausdruck kommende nationale Bewegungen als den inneren und äußeren Frieden gefährdenden Weg zu diskreditieren. Der Erhalt der Eigenstaatlichkeit der DDR sollte demgegenüber die Chance eröffnen, eine solidarische Gesellschaft zu entwickeln, »in der Frieden und soziale Gerechtigkeit, Freiheit des einzelnen und Freizügigkeit aller« gewährleistet sind. Mit dem Verweis auf die antifaschistisch-demokratische Nachkriegsphase der SBZ und der DDR, die als positive Zeit des Aufbruchs, des Aufbaus und der Menschlichkeit – wie in den Geschichtsbüchern der DDR – in Erinnerung gerufen wurden, stellten die Unterzeichner des Aufrufs die tatsächlichen Ereignisse auf den Kopf. Es wurde verschwiegen, daß gerade diese Jahre »eine Zeit schlimmsten stalinistischen Terrors waren«[27]. Sie ebneten der Ulbrichtschen Schreckensherrschaft den Weg.

Die den Aufruf unterzeichnenden Künstler und Intellektuellen, allen voran ihr Nestor Stephan Heym, versuchten, den Menschen ihre Hoff-

Für unser Land

Unser Land steckt in einer tiefen Krise. Wie wir bisher gelebt haben, können und wollen wir nicht mehr leben. Die Führung einer Partei hatte sich die Herrschaft über das Volk und seine Vertretungen angemaßt, vom Stalinismus geprägte Strukturen hatten alle Lebensbereiche durchdrungen. Gewaltfrei, durch Massendemonstrationen hat das Volk den Prozeß der revolutionären Erneuerung erzwungen, der sich in atemberaubender Geschwindigkeit vollzieht. Uns bleibt nur wenig Zeit, auf die verschiedenen Möglichkeiten Einfluß zu nehmen, die sich als Auswege aus der Krise anbieten.

Entweder

können wir auf der Eigenständigkeit der DDR bestehen und versuchen, mit allen unseren Kräften und in Zusammenarbeit mit denjenigen Staaten und Interessengruppen, die dazu bereit sind, in unserem Land eine solidarische Gesellschaft zu entwickeln, in der Frieden und soziale Gerechtigkeit, Freiheit des einzelnen, Freizügigkeit aller und die Bewahrung der Umwelt gewährleistet sind.

Oder

wir müssen dulden, daß, veranlaßt durch starke ökonomische Zwänge und durch unzumutbare Bedingungen, an die einflußreiche Kreise aus Wirtschaft und Politik in der Bundesrepublik ihre Hilfe für die DDR knüpfen, ein Ausverkauf unserer materiellen und moralischen Werte beginnt und über kurz oder lang die Deutsche Demokratische Republik durch die Bundesrepublik Deutschland vereinnahmt wird.

Laßt uns den ersten Weg gehen. Noch haben wir die Chance, in gleichberechtigter Nachbarschaft zu allen Staaten Europas eine sozialistische Alternative zur Bundesrepublik zu entwickeln. Noch können wir uns besinnen auf die antifaschistischen und humanistischen Ideale, von denen wir einst ausgegangen sind.
Alle Bürgerinnen und Bürger, die unsere Hoffnung und unsere Sorge teilen, rufen wir auf, sich diesem Appell durch ihre Unterschriften anzuschließen.

Berlin, den 26. November 1989

Götz Berger, Rechtsanwalt; Wolfgang Berghofer, Kommunalpolitiker; Franz Beyer, Regisseur; Volker Braun, Schriftsteller; Reinhard

Brühl, Militärhistoriker; Tamara Danz, Rocksängerin; Christoph Demke, Bischof; Siegrid England, Pädagogin; Bernd Gehrke, Ökonom; Sighard Gille, Maler; Stefan Heym, Schriftsteller; Uwe Jahn, Konstruktionsleiter; Gerda Jun, Ärztin/Psychotherapeutin; Dieter Klein, Politökonom; Günter Krusche, Generalsuperintendent; Brigitte Lebentrau, Biologin; Bernd P. Löwe, Friedensforscher; Thomas Montag, Mediziner; Andreas Pella, Bauingenieur; Sebastian Pflugbeil, Physiker; Ulrike Poppe, Hausfrau; Martin Schmidt, Ökonom; Friedrich Schorlemmer, Pfarrer; Andree Türpe, Philosoph; Jutta Wachowiak, Schauspielerin; Heinz Warsecha, Generaldirektor; Konrad Weiß, Filmemacher; Angela Wintgen, Zahnärztin; Christa Wolf, Schriftstellerin; Ingeborg Graße, Krankenschwester

Walter Janka, der – wie bekanntgegeben wurde – aus organisatorischen Gründen an der Pressekonferenz nicht teilnehmen konnte – stimmt dem Aufruf zu, hat diesen noch nicht unterzeichnet.

(Quelle) Neues Deutschland vom 29. November 1989

nung auf die Einheit Deutschlands zu nehmen und sie als Rückfall in alte schreckliche Zeiten herabzusetzen. Demgegenüber plädierten sie für einen Sozialismus, der sich seit der russischen Oktoberrevolution als folgenschwerer Irrtum für alle diejenigen erwiesen hatte, die damit Freiheit, Gerechtigkeit und Wohlstand verbanden.

Dabei bauten sie, so wie einst die SED ihre Sympathisanten und Gegner in gute und schlechte Staaten, in gute und schlechte Gesellschaftsordnungen, in gute und schlechte Menschen mit guten und schlechten Zielen schied, hier im Stile eines »Entweder – Oder« erneut ein Freund-Feind-Bild auf, das der Realität nicht gerecht zu werden vermochte. Während »das Volk« für eine Verbesserung der politischen, wirtschaftlichen und sozialen Rahmenbedingungen eintrat, die es am schnellsten über die deutsche Einheit zu erringen hoffte, präsentierten Schriftsteller eine alte Utopie in neuem Gewand. Im Gegensatz zu ihnen glaubten die Menschen nicht mehr daran, weil sie keine Privilegien genossen, nicht in den Westen reisen durften, über keine Valuta verfügten, nicht von der Staatspartei hofiert wurden, sondern statt dessen die bittere Mühsal eines grauen Alltags tragen mußten. Die Schriftsteller, die die Einheit Deutschlands verhindern und den Sozialismus als ihre Traumvorstellung menschlichen Zusammenlebens retten wollten, schickten sich an, wie es Uwe Kolbe aus der Distanz im fernen Texas schon frühzeitig erkannte, die Minderheitsherrschaft durch Reformen zu erhalten und durch ihre eigene Beteiligung zu vermehren. »Es bahnt sich unter dem Banner von Toleranz und wiederbelebter Politik der Volksfront etwas an, was ich für Borniertheit einer Schicht, ja der zur Klasse gewordenen Intelligenz halte«[28].

Die Enttäuschung darüber, daß sich das Volk nicht von den Schriftstellern für ein neuerliches sozialistisches Experiment begeistern ließ, artikulierte am stärksten Stefan Heym. Unter der Überschrift »Aschermittwoch in der DDR« kam er schon im Dezember 1989 zu dem entlarvenden und ihn desavouierenden Urteil: »Aus dem Volk, das nach Jahrzehnten Unterwürfigkeit und Flucht sich aufgerafft und sein Schicksal in die eigenen Hände genommen hatte und das soeben noch, edlen Blicks, einer verheißungsvollen Zukunft zuzustreben schien, wurde eine Horde von Wütigen, die, Rücken an Bauch gedrängt, Hertie und Bilka zustrebten auf der Jagd nach dem glitzernden Tinnef. Welche Gesichter, da sie, mit kannibalischer Lust, in den Grabbeltischen, von den westlichen Krämern ihnen absichtsvoll in den Weg plaziert, wühlten; und welch geduldige Demut vorher, da sie, ordentlich und folgsam, wie's ihnen beigebracht worden war, zu Hause Schlange standen«[29].

Aus diesen Zeilen spricht nicht nur eine grenzenlose Selbstüberschätzung, sondern auch, was noch schwerer wiegt, Menschenverachtung. Zugleich zeigt sich darin, wie es die Schriftstellerin Monika Maron treffend formulierte, die »Arroganz des Satten, der sich vor den Tischmanieren eines Ausgehungerten ekelt«[30]. Heym fügte damit der DDR-Literatur und auch ihren Autoren Schaden zu. Manche Auseinandersetzung, so etwa um die Rolle Christa Wolfs im SED-Staat und um ihr jüngstes Buch »Was bleibt?« (1990) sind zu einem großen Teil wohl nur vor diesem Hintergrund zu verstehen[31].

Als namhafte Schriftsteller sich ungeschützt und wohl auch unvorbereitet in die politische Arena begaben, um für ihr Ziel eines Sozialismus mit menschlichem Antlitz zu werben, hofften sie, auf ihre moralische Autorität und ihr öffentliches Ansehen bauend, ihre Utopie zu retten, für die es kaum noch eine wirtschaftliche und soziale Basis gab. Sie setzten sich damit der öffentlichen Kritik aus, die nicht mehr zwischen dem Dichter, seinem Werk und seinen politischen Ansichten unterschied. So kam es zu dem vernichtenden Urteil über Christa Wolf, sie habe, wie viele ihrer Kollegen, »ein familiäres, fast intimes Verhältnis zu ihrem Staat und seinen Institutionen aufgebaut«[32]. Damit rückte die Frage in den Mittelpunkt, wie tief die ideologische Bindung an die SED-Diktatur gewesen sei. Nicht mehr das Werk, sondern der Dichter als Staatsbürger wurde zum Gegenstand des öffentlichen Interesses. Dies mag man beklagen, es ist aber auch zu rechtfertigen, weil einige Schriftsteller bereitwillig die Rolle des politischen Akteurs übernommen hatten. Dem Beitrag eines wesentlichen Teils der DDR-Literatur zur Überwindung der Despotie wird diese Kritik jedoch nicht gerecht, noch weniger ihrem ästhetischen Rang.

»Aus dem Kommunismus kommt man nicht von selbst heraus. Das geht nur um den Preis einer geistigen Schlacht«, formulierte André Glucksmann in der Frankfurter Paulskirche aus Anlaß der Verleihung des Friedenspreises des Deutschen Buchhandels an Václav Havel[33]. Stefan Heym, Christa Wolf, Volker Braun und natürlich auch viele andere, die im Gegensatz zu ihnen erkannt hatten, daß es in der Stunde der Revolution klüger ist, zu schweigen und statt dessen Augen und Ohren aufzusperren, als sich in der Rolle des Retters »antifaschistischer und humanistischer Ideale« zu präsentieren, werden wohl noch eine Weile brauchen, sich von ihren Visionen zu trennen, wenn sie es überhaupt versuchen. Solange der Traum vom »demokratischen Sozialismus von unbeweisbaren Hypothesen zehrt, werden wir gewiß noch manchem Schlafwandler begegnen«, meinte Günter Kunert. »Aber der Moment des Erwachens läßt sich nur hinausschieben«[34]. Zu wünschen wäre es. Gegenwärtig findet allerdings die Legende vom »antifaschistischen-demokratischen Staat«, der so anspruchsvolle Ziele hatte, aber an den schwierigen politischen, wirtschaftlichen und internationalen Umständen zerbrach, unter Intellektuellen nach wie vor Sympathisanten. Sie wollen sich die bittere Wahrheit nicht eingestehen, daß mit der DDR auch ihre Utopie scheiterte, eine Utopie, die sie durch das Leben trug. Mit dem Verblassen der Erinnerung an die Schrecken des real existierenden Sozialismus wächst die Aufgabe, die vierzigjährige Geschichte der Behinderung, des Verbots bis zum Versuch der Einvernahme der Literatur durch einen posttotalitären Staat nicht zu verharmlosen oder gar zu verschweigen. Sie sollte in Gegenwart und Zukunft present bleiben, damit sich ein Rückfall in diese düstere Zeit deutscher Kulturgeschichte nicht wiederholt.

Anmerkungen

Des Poeten Amt und die Politik

1 Dazu heißt es bei Aristoteles:
»Der Mensch ist aber das einzige Lebewesen, das Sprache besitzt. Die Stimme zeigt Schmerz und Lust an und ist darum auch den anderen Lebewesen eigen (denn bis zu diesem Punkte ist ihre Natur gelangt, daß sie Schmerz und Lust wahrnehmen und diese einander anzeigen können); die Sprache dagegen dient dazu, das Nützliche und Schädliche mitzuteilen und so auch das Gerechte und Ungerechte. Dies ist nämlich im Gegensatz zu den anderen Lebewesen dem Menschen eigentümlich, daß er allein die Wahrnehmung des Guten und Schlechten, des Gerechten und Ungerechten und so weiter besitzt. Die Gemeinschaft in diesen Dingen schafft das Haus und den Staat.« Aristoteles: Politik, München 1973, S. 49.
2 Günter Kunert: Diesseits des Erinnerns, München/Wien 1982, S. 185.
3 Stefan Heym: Der König-David-Bericht. Roman, Frankfurt a.M. 1988, S. 10.
4 Ebda., S. 13.
5 Ebda., S. 12.
6 Ebda., S. 104.
7 Ebda., S. 204.
8 Ebda., S. 207.
9 Ebda., S. 207.
10 Ebda., S. 208.
11 Schädlich nennt die Beziehung von Literatur und Politik in Deutschland ein »schiefes Verhältnis«. »Der Dichter lehnt die Politik verständnislos ab oder er lehnt sich unselbständig an sie an, und der Politiker glaubt genug zu tun, wenn er die Dichtung etwas Notwendiges nennt.«
Hans-Joachim Schädlich: Tallhover, Reinbek 1986, S. 10f.
12 Vgl. Christiane Bohnert: Stefan Heym: Der König-David-Bericht. Die Ohnmacht der Macht vor der Geschichte, in: Dialektik des Anfangs. Jahrbuch zur Literatur in der DDR, hrsg. v. Paul-Gerhard Klussmann und Heinrich Mohr, Bonn 1986, S. 143ff.
13 S. Heym: Der König-David-Bericht, S. 185.
14 Ebda., S. 210.
15 Hans-Joachim Schädlich: Versuchte Nähe. Prosa, Reinbek 1986, S. 172.
16 S. Heym: Der König-David-Bericht, S. 200f.
17 Günther Rüther (Hrsg.): Kulturbetrieb und Literatur in der DDR, Köln 1988, S. 133.
18 H.-J. Schädlich: Versuchte Nähe, S. 172.
19 Vgl. Albrecht Schöne: Über politische Lyrik im 20. Jahrhundert, Göttingen 1965.
20 Günter Kunert: Die Musen haben abgedankt, in: Sinn und Form 4/1989, S. 903 (zuerst in: Die Zeit vom 2. November 1988).
21 Deutscher Bundestag, 5. Wahlperiode, 9. Sitzung, 1. Dezember 1965, S. 295ff.
22 »Und daher nehmen wir es hin, daß die Politiker und die Literaten gleichsam zwei unterschiedlichen Menschenschlägen zugehören. Wir sollten es nicht hinnehmen. Und daher rührt es auch, daß, wo immer über das Verhältnis von Schriftstellern und Politikern diskutiert wird, die Diskussionspartner von beiden Seiten in einem unausgesprochenen Punkte völlig miteinander überein-

kommen: Sie halten es allesamt für ausgemacht, daß zwischen beiden Fronten Opposition herrsche, und zwar notwendig. Kaum je kommt einer auf die Idee, daß der Politiker ein Schriftsteller und der Schriftsteller ein Politiker sein könnte. Und doch ist das genau der Kern der Sache. Es ist ein Maßstab nicht der literarischen, sondern gerade der politischen Kultur eines Landes, ob der Politiker von diesem Trieb und Ehrgeiz, von dieser Nötigung erfüllt ist, eine originale und treffende Sprache zu führen, ob er auf literarischen, auf rhetorischen Rang bedacht ist. Das Zoon politikon und das Zoon logon echon sind ein und dasselbe Wesen. Die beiden aristotelischen Bestimmungen des Menschen gehören zusammen: Der Mensch ist ein staatliches, ein bürgerliches Wesen, und der Mensch ist ein Wesen, das Sprache hat«.
Dolf Sternberger: »Ich wünschte ein Bürger zu sein.« Neun Versuche über den Staat, Frankfurt a. M. 1967, S. 130.

23 Deutscher Bundestag, S. 300.
24 Richard von Weizsäcker: Wir leiden an dem Haßverhältnis zwischen Geist und Macht, in: Die Zeit vom 8. Januar 1988.
25 Geschichte der deutschen Literatur. Literatur der Deutschen Demokratischen Republik (Bd. 11), hrsg. v. Horst Haase u. a., Berlin (Ost) 1977, S. 27.
26 Wolfgang Bergsdorf: Literatur und Politik in der Bundesrepublik, in: Politik und Kultur 2/1987, S. 5.
27 Bericht des Zentralkomitées der Sozialistischen Einheitspartei Deutschlands an den XI. Parteitag der SED. Berichterstatter: Erich Honecker. Zitiert nach Presse- und Informationsdienst der Bundesregierung.
28 Anna Seghers: Aufsätze, Ansprachen, Essays 1927–1953, Berlin/Neuwied 1980, S. 384f.
29 Johannes R. Becher: Verteidigung der Poesie, Berlin (Ost) 1960, S. 112ff.
30 Günter Kunert: Vor der Sintflut. Das Gedicht als Arche Noah, München/Wien 1985, S. 32.
31 Marion Gräfin Dönhoff: ...und eine Gegenreplik, in: Die Zeit vom 9. November 1979.
32 Theodor W. Adorno: Rede über Lyrik und Gesellschaft, in: Ders.: Notizen zur Literatur, Frankfurt a. M. 1981, S. 51.
33 Benno von Wiese (Hrsg.): Deutsche Dichter der Gegenwart. Ihr Leben und Werk, Berlin 1973, S. 11.
34 Zit. n. Dieter Gulzen u. a. (Hrsg.): Einführung in die neuere deutsche Literaturwissenschaft. Ein Arbeitsbuch, Berlin 1976, S. 152.
35 Wolfgang Emmerich: Kleine Literaturgeschichte der DDR, erweiterte Ausgabe, Darmstadt/Neuwied 1989, S. 30.

Vom Zusammenbruch zum geistigen Neubeginn

1 Eugen Kogon: Die zornigen alten Männer, Reinbek 1979, S. 72.
2 Zit. n. Manfred Treml: Das Deutschlandproblem im Rahmen weltpolitischer Konstellationen der Nachkriegszeit, München 1987, S. 30f.
3 Zit. n. Dieter Lattmann: Station einer literarischen Republik, in: Kindlers Literaturgeschichte der Gegenwart, Bd. 1, hrsg. v. Dems., Frankfurt a. M. 1980, S. 27f.
4 Zit. n. ebda., S. 28.
5 Illustrierte Geschichte der deutschen Literatur, Bd. 6, hrsg. v. Anselm Salzer u. a., Köln o. J., S. 29.
6 Zit. n. D. Lattmann: Stationen einer literarischen Republik, S. 30.

7 Helmut Fischbeck (Hrsg.): Literaturpolitik und Literaturkritik in der DDR, Frankfurt a. M. 1976, S. 3ff.
8 Ebda., S. 4.
9 Manfred Jäger: Kultur und Politik in der DDR. Ein historischer Abriß, Köln 1982, S. 10.
10 Geschichte der Deutschen Literatur, S. 55.
11 M. Jäger: Kultur und Politik, S. 10.
12 Vgl. D. Lattmann: Stationen einer literarischen Republik, S. 44ff.
13 Jost Hermand: Kultur im Wiederaufbau. Die Bundesrepublik Deutschland 1945–1965, München 1986, S. 99.
14 Zit. n. Karl Otto Conrady: Zur Lage der deutschen Literatur in der DDR, in: Geschichte in Wissenschaft und Unterricht 2/1966, S. 742.

Primat der Politik und politischen Enhaltsamkeit

1 Hermann Weber: Kleine Geschichte der DDR, Köln 1988, S. 8.
2 Wolfgang Leonhard: Die Revolution entläßt ihre Kinder, Köln/Berlin 1955, S. 332.
3 W. Emmerich: Kleine Literaturgeschichte der DDR, S. 56.
4 Elimar Schubbe (Hrsg.): Dokumente zur Kunst-, Literatur- und Kulturpolitik der SED, (1946–1970), Stuttgart 1972, S. 55.
5 Zit. n. Jäger: Kultur und Politik, S. 14.
6 Zit. n. Frank Trommler: Der zögernde Nachwuchs. Entwicklungsprobleme der Nachkriegsliteratur in West und Ost, in: Tendenzen der Deutschen Literatur seit 1945, hrsg. v. Thomas Koebner, Stuttgart 1971, S. 28.
7 M. Jäger: Kultur und Politik, S. 14.
8 Literatur und literarisches Leben in Deutschland 1945–1949, Bonn 1989, S. 148.
9 Zit. n. D. Lattmann: Stationen einer literarischen Republik, S. 56.
10 Zit. n. Literatur und literarisches Leben, S. 148.
11 Zit. n. D. Lattmann: Stationen einer literarischen Republik, S. 56.
12 Zit. n. Literatur und literarisches Leben, S. 148.
13 Zit. n. D. Lattmann: Stationen einer literarischen Republik, S. 56.
14 Hermann Weber: Geschichte der DDR, München 1986, S. 159.
15 E. Schubbe: Dokumente, S. 94.
16 Zit. n. M. Jäger: Kultur und Politik, S. 14.
17 E. Schubbe: Dokumente, S. 153.
18 Ebda., S. 153.
19 Vgl. H. Weber: Geschichte der DDR, S. 14f.
20 E. Schubbe: Dokumente, S. 178.
21 Ebda., S. 179.
22 Ebda., S. 182.
23 Ebda., S. 183.
24 Zit. n. M. Jäger: Kultur und Politik, S. 31f.
25 Vgl. Hans-Peter Schwarz: Vom Reich zur Bundesrepublik, Darmstadt/Neuwied 1966, S. 643.
26 Zit. n. Heinrich Vormweg: Prosa in der Bundesrepublik seit 1945, in: Kindlers Literaturgeschichte der Gegenwart, Bd. 1, hrsg. v. Dieter Lattmann, Frankfurt a. M. 1980, S. 199.
27 Zit. n. Heinrich Vormweg: Deutsche Literatur 1945–1960: Keine Stunde Null, in: Die Deutsche Literatur der Gegenwart. Aspekte und Tendenzen, hrsg. v. Manfred Durzak, Stuttgart 1971, S. 21.

28 B. v. Wiese: Deutsche Literatur der Gegenwart, S. 13.
29 Max Frisch: Stichworte. Ausgesucht von Uwe Johnson, Frankfurt 1975, S. 145.
30 J. Hermand, Kultur im Wiederaufbau, S. 151.

Sozialistischer Realismus statt Formalismus und Kitsch

1 E. Schubbe: Dokumente, S. 187.
2 Czeslaw Milosz: Verführtes Denken, Darmstadt/Neuwied 1974, S. 27.
3 E. Schubbe: Dokumente, S. 241.
4 Zit. n. Lothar Balluseck: Dichter im Dienst. Der sozialistische Realismus in der deutschen Literatur, Wiesbaden 1963, S. 20.
5 G. Rüther: Kulturbetrieb, S. 55f.
6 Heinrich Vormweg: Ein schwieriger Rückweg, in: Kindlers Literaturgeschichte der Gegenwart, Bd. 4, hrsg. v. Konrad Franke, Frankfurt a. M. 1980, S. 3ff.
7 E. Schubbe: Dokumente, S. 212.
8 Günter Mehnert: Aktuelle Probleme des sozialistischen Realismus, Berlin (Ost) 1968.
9 Vgl. Gerhard Kluge: Die Rehabilitierung des Ich. Einige Bemerkungen zu Themen und Tendenzen in der Lyrik der DDR der sechziger Jahre: in Poesie und Politik, hrsg. v. Manfred Kuttenkeuler, Stuttgart 1973, S. 206–235.
10 Kulturpolitisches Wörterbuch, Berlin (Ost) 1978, S. 13.
11 G. Mehnert: Aktuelle Probleme, S. 17.
12 Ebda., S. 14.
13 Ebda., S. 15.
14 Ebda., S. 27.
15 Ebda., S. 24.
16 Ebda., S. 26.
17 E. Schubbe: Dokumente, S. 148.
18 Konrad Franke: Die Kulturpolitik der DDR und ihr Einfluß auf die Literatur, in: Kindlers Literaturgeschichte der Gegenwart, Bd. 3, hrsg. v. Dems., Frankfurt a. M. 1980, S. 7.
19 Hans Koch: W. I. Lenins Schrift, Parteiorganisation und Parteiliteratur und ihre aktuelle Bedeutung, in: Zeitschrift für Deutsche Literaturgeschichte, 1960, S. 703.
20 G. Mehnert: Aktuelle Probleme, S. 33.
21 Ebda., S. 41f.
22 Ebda., S. 46f.
23 Ebda., S. 48.
24 Ebda., S. 50.
25 Ebda., S. 69.
26 Ebda., S. 70.
27 Stationen eines Weges. Dokumentation zur Kunst und Kulturpolitik der DDR 1945–1988, Berlin 1988, S. 22.
28 Zit. n. ebda., S. 19.
29 Zit. n. ebda., S. 22.
30 E. Schubbe: Dokumente, S. 162 u. 169f.
31 Ebda., S. 146.
32 Ebda., S. 196.
33 Anna Seghers: Gesammelte Werke in Einzelausgaben, Bd. XIII, Berlin (Ost)/Weimar 1980, S. 333.

34 Bertolt Brecht: Über Kunst und Politik, Frankfurt a. M. 1971, S. 11.
35 Christel und Heinz Blumensath: Einführung in die DDR-Literatur, Stuttgart 1983, S. 38f.
36 Zit. n. ebda., S. 39.
37 Deutsche Literaturgeschichte in einem Band, hrsg. v. Hans-Jürgen Geerdts, Berlin (Ost) 1971, S. 668.

Der 17. Juni und die Schriftsteller

1 Alfred Kantorowicz: Deutsches Tagebuch, Bd. 2, Berlin 1979, S. 377.
2 Heinrich Mohr: Der 17. Juni als Thema der Literatur in der DDR, in: 17. Juni 1953. Arbeiteraufstand in der DDR, hrsg. v. Ilse Spittmann u. Karl Wilhelm Fricke, Köln 1982, S. 98.
3 A. Kantorowicz: Deutsches Tagebuch, S. 390ff.
4 Ebda., S. 394.
5 E. Schubbe: Dokumente, S. 283.
6 H. Weber, Geschichte der DDR, S. 235.
7 Zit. n. H. Mohr: Der 17. Juni als Thema der Literatur, S. 88.
8 Zit. n. ebda., S. 88.
9 Klaus Völker: Bertolt Brecht. Eine Biographie, Reinbek 1988, S. 393.
10 Zit. n. ebda., S. 393f.
11 Klaus Völker: Brecht-Chronik. Daten zu Leben und Werk, München 1971, S. 147.
12 A. Kantorowicz: Deutsches Tagebuch, S. 407.
13 Zit. n. K. Völker: Bertolt Brecht, S. 396.
14 Zit. n. H. Mohr: Der 17. Juni als Thema der Literatur, S. 87.
15 Ebda., S. 88f.
16 Ebda., S. 88.
17 Ebda., S. 89.
18 Erich Loest: Durch die Erde ein Riß. Ein Lebenslauf, Frankfurt a. M. 1984, S. 212.
19 Vgl. Stefan Heym: Nachruf, München 1988, S. 568ff.
20 E. Schubbe: Dokumente, S. 296.
21 Bernhard Mayer-Burger: Entwicklung und Funktion der Literaturpolitik der DDR, 1945–1989, München 1984, S. 108.
22 E. Schubbe: Dokumente, S. 290 u. S. 296.
23 Jochen Ziem: Aufruhr, in: Die Wunde namens Deutschland, hrsg. v. Hedwig Walwei-Wiegelmann, Freiburg/Heidelberg 1981, S. 15.
24 E. Schubbe: Dokumente, S. 301.

Vom Tauwetter zu neuer Eiszeit

1 Joachim Nawrocki: Noch eine Krise oder schon Agonie, in: Die Zeit vom 6. Oktober 1989.
2 Die deutsche Akademie der Künste zum Tode I. W. Stalins, in: Sinn und Form 2/1953, S. 5.
3 Ebda., S. 10ff.
4 Johannes R. Becher: Danksagung, in: Sinn und Form 2/1953, S. 9.
5 Zit. n. H. Weber: Geschichte der DDR, S. 246.
6 E. Schubbe: Dokumente, S. 350ff.
7 Ebda., S. 350.
8 Ebda., S. 395ff.

9 Ebda., S. 411–421.
10 Ebda., S. 414 f.
11 H. Fischbeck: Literaturpolitik und Literaturkritik, S. 44.
12 Ebda., S. 39.
13 Ebda., S. 47.
14 Zit. n. W. Weber: Kleine Geschichte, S. 88.
15 E. Schubbe: Dokumente, S. 433.
16 W. Weber: Kleine Geschichte, S. 90.
17 E. Schubbe: Dokumente, S. 437.
18 Ebda., S. 438.
19 Hans Mayer: Zur Gegenwartslage unserer Literatur, in: Zur deutschen Literatur der Zeit. Hamburg 1967, S. 371.
20 Zit. n. M. Jäger: Kultur und Politik, S. 78.
21 Ebda., S. 78.
22 Zit. n. ebda., S. 78.
23 E. Schubbe: Diokumente, S. 446.
24 Karl Wilhelm Fricke: Opposition und Widerstand in der DDR. Ein politischer Report, Köln 1984, S. 118.
25 Ebda., S. 119.
26 Ebda., S. 122.
27 Walter Janka: Schwierigkeiten mit der Wahrheit, Reinbek 1989, S. 91.
28 Johannes R. Becher: Brief, in: Sinn und Form 2/1990, S. 335.
29 E. Schubbe: Dokumente, S. 452.

Auf dem »Bitterfelder Weg« zur »Ankunft im Alltag«

1 Jörg Bernhard Bilke: Auf den Spuren der Wirklichkeit, in: Der Deutschunterricht 5/1969, S. 37.
2 E. Schubbe: Dokumente, S. 489.
3 Ebda., S. 493.
4 Ebda., S. 491.
5 Ebda., S. 495 f.
6 Ebda., S. 536.
8 Ebda., S. 555 ff.
8 J. B. Bilke: Auf den Spuren, S. 37.
9 M. Jäger: Kultur und Politik, S. 92 f.
10 Lothar von Balluseck: Dichter im Dienst. Der sozialistische Realismus in der deutschen Literatur, Wiesbaden 1963, S. 94.
11 Ebda., S. 94.
12 Zit. n. ebda., S. 94.
13 E. Schubbe: Dokumente, S. 645.
14 Franz Fühmann: Kabelkran und Blauer Peter, Rostock 1962, S. 6.
15 Ebda., S. 5.
16 Franz Fühmann: Wandlung – Wahrheit – Würde, Darmstadt/Neuwied 1985, S. 12.
17 E. Schubbe: Dokumente, S. 960.
18 Zit. n. Jörg Bernhard Bilke: DDR – Literatur als Informationsträger, in: Kultur im geteilten Deutschland, hrsg. v. Erika Lieser-Triebnigg und Siegfried Mampel, Berlin 1983, S. 152.
19 E. Schubbe: Dokumente, S. 961.
20 Jürgen Scharfschwerdt: Literatur und Literaturwissenschaft in der DDR, Stuttgart 1982, S. 111.

21 Geschichte der Deustchen Literatur, S. 499.
22 E. Schubbe: Dokumente, S. 981.
23 Ebda., S. 981.
24 Zit. n. M. Jäger: Kultur und Politik, S. 90.

Utopieverlust durch Realitätsnähe

1 Zit. n. Ernst-Otto Maetzke: DDR-Schriftsteller trauern um die Zukunft und rühmen die Vergangenheit, in: Frankfurter Allgemeine Zeitung vom 27. März 1990.
2 Zit. n. ebda.
3 W. Emmerich: Kleine Literaturgeschichte der DDR, S. 162.
4 B. Mayer-Burger: Entwicklung und Funktion, S. 154.
5 Regina Hastedt: Die Tage mit Sepp Zach, Berlin (Ost) 1959 (Klappentext).
6 H. Weber: Kleine Geschichte der DDR, S. 93 f.
7 Bernhard Greiner: Von der Allegorie zur Idylle: Die Literatur der Arbeitswelt in der DDR, Heidelberg 1974, S. 102.
8 Ebda., S. 106.
9 Zit. n. Jay Rosellini: Subjektivität contra Politik? Anmerkungen zur Lyrik in der DDR, in: Deutsche Gegenwartsliteratur. Ausgangspositionen und aktuelle Entwicklungen, Stuttgart 1981, S. 544.
10 Zit. n. ebda. S. 534.
11 Gerhard Kluge: Die Rehabilitierung des Ich, in: Poesie und Politik. Zur Situation der Literatur in Deutschland, hrsg. v. Wolfgang Kuttenkeuler, Stuttgart 1973, S. 213.
12 K. Franke: Die Kulturpolitik der DDR, S. 122.
13 E. Schubbe: Dokumente, S. 823.
14 Zit. n. K. Franke: Die Kulturpolitik der DDR, S. 119.
15 E. Schubbe: Dokumente, S. 901.
16 Peter Huchel: Ausgewählte Gedichte, Frankfurt a. M. 1973, S. 82.
17 Heinrich Vormweg: Die Mühen der Ebenen, in: Kindlers Literaturgeschichte der Gegenwart, hrsg. v. Konrad Franke, Frankfurt a. M. 1980, S. 196.
18 Heinz Kersten: Theater und Theaterkritik in der DDR, in: Theater hinter dem »Eisernen Vorhang«, hrsg. v. Reinhold Grimm u. a., Basel 1964, S. 41.
19 Geschichte der Deutschen Literatur, S. 415.
20 B. Greiner: Von der Allegorie, S. 153.
21 Ebda., S. 152 f.
22 H. Kersten: Theater und Theaterpolitik, S. 16.
23 Gunner Hüttich: Zur Entwicklung des Dramas in der DDR, in: Deutsche Gegenwartsliteratur. Ausgangspositionen und aktuelle Entwicklungen, hrsg. v. Manfred Durzak, Stuttgart 1981, S. 564.
24 Vgl. Konrad Franke: Die Dramatik in der Deutschen Demokratischen Republik, in: Kindlers Literaturgeschichte der Gegenwart, Bd. 4, hrsg. v. Dems., Frankfurt a. M. 1980, S. 264.
25 Zit. n. Illustrierte Geschichte, S. 392.
26 Peter Hacks: Die Sorgen und die Macht. Ausgewählte Dramen, Bd. 2, Berlin/Weimar 1981, S. 89.
27 Ebda., S. 90.
28 Ebda., S. 156.
29 Klaus Völker: Drama und Dramaturgie in der DDR, in: Theater hinter dem »Eisernen Vorhang«, hrsg. v. Reinhold Grimm u. a., Basel 1964, S. 66.
30 E. Schubbe: Dokumente, S. 825.

31 Havel hebt in seiner Schrift »Versuch, in der Wahrheit zu leben« hervor, daß das »Leben in Wahrheit« im posttotalitären System neben der existentiellen auch eine politische Dimension habe. Das »Leben in Lüge« sei demgegenüber die Grundstütze des Systems. Václav Havel: Versuch, in der Wahrheit zu leben, Reinbek 1990, S. 28.
32 Zit. n. J. B. Bilke: Auf den Spuren, S. 55.
33 Heinz Hillmann: Subjektivität in der Prosa, in: Literatur der DDR, hrsg. v. Hans-Jürgen Schmidt, München/Wien 1983, S. 413.
34 Kant äußerte sich im Gespräch mit Jean Villain dazu folgendermaßen: »Ich bin, offen gestanden, ein wenig mißtrauisch, denn wenn man so will, habe ich zur Zeit nur freundliche Echos, und das macht mich wirklich stutzig. Das macht mich deshalb stutzig, weil ich ja in diesem Buch, wie ich glaube, doch auch etwas kritisch gewesen bin und manches darin aufgepickt habe, das mich und sicher auch andere kratzt. Also, ich glaube Wert legen zu dürfen auf den kritischen Ton dieses Buches. Das Merkwürdige aber ist, daß sich bisher niemand zu Worte gemeldet hat, der sich von dieser Kritik getroffen fühlt. Sollte es dabei bleiben, werde ich doch für mich mit diesem Buch nicht zufrieden sein.« Fritz J. Raddatz: Traditionen und Tendenzen. Materialien zur Literatur der DDR, Frankfurt a. M. 1972, S. 333.
35 Geschichte der Deutschen Literatur, S. 528.
36 B. Greiner: Von der Allegorie, S. 150.
37 Geschichte der Deutschen Literatur, S. 528.
38 Hans-Georg Hölsken: Zwei Romane: Christa Wolf ›Der geteilte Himmel‹ und Hermann Kant ›Die Aula‹, in: Der Deutschunterricht 5/1969, S. 76.
39 Christa Wolf: Der geteilte Himmel. Erzählung, München 1973, S. 7.
40 H.-G. Hölsken: Zwei Romane, S. 76.
41 C. Wolf: Der geteilte Himmel, S. 199.
42 Martin Reso: ›Der geteilte Himmel‹ und seine Kritiker, Halle 1969.

Das Tribunal

1 Jean Paul Sartre: Die Abrüstung der Kultur, in: Sinn und Form 5 – 6/1962, S. 813.
2 M. Jäger: Kultur und Politik, S. 109.
3 H.-G. Hölsken: Zwei Romane, S. 71.
4 Ebda., S. 70.
5 E. Schubbe: Dokumente, S. 1010.
6 Ebda., S. 1011.
7 Ebda., S. 1011.
8 Ebda., S. 1058.
9 Ebda., S. 1076f.
10 Ebda., S. 1078.
11 Ebda., S. 1066.
12 Werner Bräunig: Nicht die Schwierigkeiten – ihre Überwindung, in: Neues Deutschland vom 15. Dezember 1965.
13 E. Schubbe: Dokumente, S. 1076–1081.
14 Ebda., S. 1091.
15 Zit. n. Jürgen Serke: Was man mit Worten machen kann, in: Die Welt vom 3. Mai 1990.
16 E. Schubbe: Dokumente, S. 1138.
17 Hermann Korte: Geschichte der deutschen Lyrik seit 1945, Stuttgart 1989, S. 134.
18 Vgl. M. Jäger: Kultur und Politik, S. 126.

Zwei Wege zur Wirklichkeit?

1 Zit. n. Therese Hörnigk: Christa Wolf, Göttingen 1989, S. 135f.
2 Wolfgang Joho: Vertrauen in die Entscheidung, in: Neue Deutsche Literatur 3/1969, S. 165.
3 Zit. n. ebda., S. 161.
4 Helmut J. Schneider: Anna Seghers, in: Deutsche Dichter der Gegenwart. Ihr Leben und Werk, hrsg. v. Benno von Wiese, Berlin 1973, S. 131.
5 Anna Seghers: Das Vertrauen, Darmstadt/Neuwied 1968, S. 95f.
6 W. Joho: Vertrauen in die Entscheidung, S. 160.
7 Marcel Reich-Ranicki: Zur Literatur der DDR, München 1974, S. 117f.
8 Gerda Wilmanns: Christa Wolf, in: Deutsche Dichter der Gegenwart. Ihr Leben und Werk, hrsg. v. Benno von Wiese, Berlin 1973, S. 614.
9 Christa Wolf: Nachdenken über Christa T., Darmstadt/Neuwied 1982, S. 71.
10 Ebda., S. 56f.
11 Fritz J. Raddatz verweist in diesem Zusammenhang auf die berühmt gewordene Kritik von Georg Lukacs an Willi Bredel. Viele der Schematismen, die Lukacs damals in Willi Bredels Werk fand und ihm vorhielt, zeigen sich seiner Meinung nach auch in Anna Seghers' Roman »Das Vertrauen«. Lukacs stellte gegenüber Bredel nachfolgendes fest:
»Das Skelett der Handlung ist richtig, aber es bleibt ein bloßes Skelett. Was es lebendig machen könnte: lebende Menschen und lebendige, wechselnde, sich im Prozeß befindliche Beziehungen zwischen den Menschen fehlen so gut wie vollständig. Bredel gibt von seinen Gestalten eine gewisse Charakteristik, er beschreibt sie äußerlich (mitunter sogar ganz gut), er hebt gewisse Charakterzüge scharf hervor usw. All dies jedoch bleibt starr. Seine Menschen haben keine Entwicklung. Höchstens verwandeln sie sich mit einem Ruck. Das ist an und für sich zwar möglich, aber nur, wenn es künstlerisch vorbereitet wird, wenn es ein Umschlagen der Quantität (der kleinen, für den betreffenden Menschen selbst eventuell unbemerkt gebliebenen Veränderungen) in Qualität und nicht der plötzliche Schuß aus einer Pistole ist. Die unvorbereitete plötzliche Wandlung wirkt künstlerisch auch dann unwahr, wenn sie inhaltlich – abstrakt – möglich ist. So sind Bredels Gestalten fast durchgehend das, was man früher in der Theatersprache ›Chargen‹ nannte: sie besitzen einen starren Charakterzug (eventuell mehrere), der bei jeder möglichen und unmöglichen Gelegenheit wiederholt und unterstrichen wird. Dadurch kommt aber in die Gestalten – selbst, wenn diese Charakterzüge richtig beobachtet sind – kein Leben.« F. J. Raddatz: Traditionen und Tendenzen, S. 233.
12 G. Wilmanns: Christa Wolf, S. 614.
13 T. Hörnigk: Christa Wolf, S. 129.

Die Fakten des Alltags und das Prinzip Hoffnung

1 Zit. n. G. Wilmanns: Christa Wolf, S. 609.
2 In Kants Schrift »Was ist Aufklärung?« heißt es: »Habe Mut, dich deines eigenen Verstandes zu bedienen! ist also der Wahlspruch der Aufklärung.« Immanuel Kant: Politische Schriften, hrsg. v. Otto Heinrich von der Gablentz, Köln/Opladen 1965, S. 1.
3 Antonia Grunenberg: Aufbruch der inneren Mauer. Politik und Kultur in der DDR 1971–1990, Bremen 1990, S. 160.
4 Franz Fühmann: Wandlung. Wahrheit. Würde. Aufsätze und Gespräche 1964–1981, Darmstadt/Neuwied 1985, S. 39.

5 »Der Schriftsteller ist der Anwalt des Individuums«, so formulierte es Irmtraud Morgner, »Schriftsteller, die sich verhalten wie Politiker, ... glauben, Gutes zu tun, und sie tun tatsächlich nichts.« Zit. n. Gunhild Bohm: Bewegungen in Literatur und Literaturpolitik der DDR, in: Neue Deutsche Hefte 1/1986, S. 88.

6 F. Führmann: Wandlung. Wahrheit. Würde, S. 38.

7 Vgl. Jürgen Scharfschwerdt: Literatur und Literaturwissenschaft in der DDR, Stuttgart 1982, S. 22.

8 Hermann Korte: Geschichte der deutschen Lyrik seit 1945, Stuttgart 1989, S. 167.

9 Gisela Rüß (Hrsg.): Dokumente zur Kunst-, Literatur und Kulturpolitik der SED, (1971–1974), Stuttgart 1976, S. 287.

10 Kurt Hager: Zu Fragen der Kulturpolitik der SED, Berlin (Ost) 1972, S. 10ff.

11 Dies bestätigte auch Stefan Heym dem New York Times Magazine 1975. Hier stellte er fest: »Ich wüßte keinen Schriftsteller in der DDR, der nicht auf Seiten des Sozialismus stünde, und ich kenne eine ganze Anzahl von ihnen durch jahrelange Freundschaft und weil ich erst kürzlich eine Anthologie von DDR-Prosa für einen westdeutschen Verlag zusammenstellte. Bei der Lektüre der insgesamt 35 Texte fiel mir auf, daß kaum einer der Autoren den Sozialismus besonders zu verteidigen für notwendig hielt; sie nahmen ihn als Tatsache des Lebens und beschäftigten sich auf eine sehr zum Nachdenken anregende Weise mit seinen verschiedenen Aspekten, seinen täglichen Konflikten.« Zit. n. M. Jäger, Kultur und Politik, S. 155.

12 Vgl. Jörg Bernhard Bilke: DDR-Literatur als Informationsträger, in: Kultur im geteilten Deutschland, hrsg. v. Erika Lieser-Triebnigg und Siegfried Mampel, Berlin 1983, S. 169.

13 G. Rüß: Dokumente, S. 692.

14 Ebda., S. 677f.

15 Zit. n. J. Scharfschwerdt: Literatur und Literaturwissenschaft, S. 63.

16 Ebda., S. 62.

17 Geschichte der Deutschen Literatur, S. 48.

18 Zit. n. E. Emmerich: Kleine Literturgeschichte der DDR, S. 344.

19 G. Rüther: Kulturbetrieb, S. 194.

20 Ebda., S. 194.

21 Christa Wolf: Materialienbuch, hrsg. v. Klaus Sauer, Darmstadt/Neuwied 1987, S. 67.

22 Ebda., S. 69.

23 Ebda., S. 21.

24 F. Fühmann: Wandlung. Wahrheit. Würde, S. 104.

25 Ebda., S. 98.

26 Geschichte der Deutschen Literatur, S. 32.

27 G. Rüther: Kulturbetrieb, S. 184.

28 Zit. n. W. Emmerich: Kleine Literaturgeschichte der DDR, S. 323.

29 Zit. n. Birgit Lermen/Matthias Loewen: Lyrik aus der DDR. Exemplarische Analysen, Paderborn 1987, S. 52.

30 Erich Loest: Durch die Erde ein Riß. Ein Lebenslauf, Frankfurt a. M. 1984, S. 126f.

31 Thomas Brasch: Rotter. Und weiter. Ein Tagebuch, ein Stück, eine Aufführung, Frankfurt a. M. 1978, S. 55.

32 F. Fühmann: Wandlung. Wahrheit. Würde, S. 20.

33 Christa Wolf: Kindheitsmuster. Roman, Darmstadt/Neuwied 1979, S. 9.

34 Ebda., S. 211f.

35 Ebda., S. 196.

36 Ebda., S. 138.
37 Ebda., S. 67.
38 Ebda., S. 255.
39 Jurek Becker: Bronsteins Kinder. Roman, Frankfurt a. M. 1986, S. 85.
40 Es ist der Wochenzeitschrift Die Zeit vom 13. April 1990 zu danken, daß sie auf diesen Text wieder aufmerksam machte und unter der Überschrift: Uwe Johnson: Fünf Eichen war die Welt geworden... ausführlich aus dem Buch »Jahrestage. Aus dem Leben von Gesine Cresspahl« zitierte.
41 Stefan Heym wies in seiner Biographie ausdrücklich darauf hin, daß Personen und Handlungen dieses Romans von ihm frei erfunden worden seien. Diese Aussage steht in Widerspruch zu Interpretationen, die in den Personen des Romans namhafte Politiker aus der Ära Ulbricht wiederzuerkennen glaubten. Vgl. Stefan Heym: Nachruf, München 1988, S. 815.
42 Ebda., S. 819.
43 Zit. n. Hans-Jürgen Schmitt: Die journalistische Bedeutung neuerer Erzählformen, in: Die Literatur der DDR, hrsg. v. Dems., München 1983, S. 307.
44 Hans Noll: Der Abschied. Journal meiner Ausreise aus der DDR, Hamburg 1985, S. 69.
45 H.-J. Schädlich: Versuchte Nähe, S. 37.
46 Ebda., S. 28.
47 Vgl. Volker Braun: Es genügt nicht die einfache Wahrheit. Notate, Frankfurt a. M. 1976.
48 Zerstörung bis zur Resignation. Franz Fühmann im Gespräch mit Marlies Menge, in: Die Zeit vom 12. Mai 1978.
49 Reiner Kunze: Die wunderbaren Jahre. Prosa, Frankfurt a. M. 1976, S. 123.
50 Zit. n. C. u. H. Blumensath: Einführung, S. 130.
51 V. Braun: Es genügt nicht, S. 73.
52 Günter Kunert: Vor der Sintflut. Das Gedicht als Arche Noah, Frankfurter Vorlesungen, München/Wien 1985, S. 20.
53 Ursula Heukenkamp: Interview mit Heinz Czechowski, in: Weimarer Beiträge 5/1988, S. 819.
54 Heinz Czechowski: Ich und die Folgen, Reinbek 1987, S. 17.
55 Ebda., S. 34.
56 Ebda., S. 12.
57 Ebda., S. 66.
58 Ebda., S. 68.
59 Heinz Czechowski: Ich, beispielsweise. Gedichte, Leipzig 1986, S. 106.
60 Christel und Walfried Hartinger im Gespräch mit Heinz Czechowski, in: Heinz Czechowski, Ich, beispielsweise. Gedichte, Leipzig 1986, S. 132.
61 Ebda., S. 28.
62 Volker Braun: Gedichte, Frankfurt a. M. 1979, S. 127.
62 Ebda., S. 136.
64 Ebda., S. 70.
65 H. Korte: Geschichte der deutschen Lyrik, S. 171.
66 V. Braun: Gedichte, S. 71.
67 Uwe Wittstock: Von der Stalinallee zum Prenslauer Berg. Wege der DDR-Literatur 1949–1989, München 1989, S. 179.
68 Brigitte Reimann: Franziska Linkerhand. Roman, München 1977, S. 334.
69 Ebda., S. 335.
70 Ebda., S. 269f.
71 Volker Braun: Das ungezwungene Leben Kasts, Frankfurt a. M. 1979, S. 164.
72 Ebda., S. 164f.
73 Ebda., S. 183.

74 Ebda., S. 174.
75 Ebda., S. 188.
76 Irma Hanke: Alltag und Politik. Zur politischen Kultur der DDR. Eine Untersuchung zur erzählenden Gegenwartsliteratur in der DDR in den 70er Jahren, Opladen 1987, S. 281.
77 Erich Loest: Der vierte Zensor. Vom Entstehen und Sterben eines Romans in der DDR, Köln 1984, S. 19f.
78 Peter Jochen Winters: Neue Herrlichkeit, in: Frankfurter Allgemeine Zeitung vom 9. März 1985.
79 Uwe Kolbe: Hineingeboren. Gedichte 1975–1979, Frankfurt a. M. 1982, S. 34f.
80 Sascha Anderson/Elke Erb (Hrsg.): Berührung ist nur eine Randerscheinung. Neue Literatur aus der DDR, Köln 1985, S. 61.
81 Ebda., S. 156.
82 Ebda., S. 63.
83 Rüdiger Rosenthal: Hintergrund und Widerstand – die Parallelkultur in Berlin-Ost, in: Freiheit ist immer Freiheit ... Die Andersdenkenden in der DDR, hrsg. v. Ferdinand Kroh, Frankfurt a. M. 1988, S. 145.
84 S. Anderson/E. Erb: Berührung ist nur eine Randerscheinung, S. 17.
85 Die Literaturzeitschrift erschien in einer Auswahl herausgegeben von Uwe Kolbe, Lothar Troll und Bernd Wagner unter dem Titel »Mikado oder Der Kaiser ist nackt« im Luchterhand Literaturverlag, Darmstadt 1989.
86 U. Kolbe: Hineingeboren, S. 80f.
87 Christoph Kleßmann: Opposition und Dissidenz in der Geschichte der DDR, in: Aus Politik und Zeitgeschichte 5/1991, S. 52f.
88 Christian Seiler: Der DDR-Literatur läuft das Publikum fort, in: Rheinischer Merkur/Christ und Welt vom 1. September 1989, S. 17.
89 Sprache und Antwort. Stimmen und Texte einer anderen Literatur aus der DDR, hrsg. v. Egmont Hesse, Frankfurt a. M. 1988, S. 91.
90 Ebda., S. 142.
91 Ebda., S. 172.
92 Ebda., S. 215.
93 Vgl. V. Havel: Versuch, S. 47ff.
94 Sprache und Antwort, S. 161f.
95 Ebda., S. 163.
96 Ebda., S. 148.
97 S. Anderson/E. Erb: Berührung ist nur eine Randerscheinung, S. 41.
98 Gert Neumann: Elf Uhr, Frankfurt a. M. 1981, S. 122.
99 Sprache und Antwort, S. 138.
100 Ebda., S. 142f.
101 Ebda., S. 142.
102 Ebda., S. 169.
103 Ebda., S. 201.
104 S. Anderson/E. Erb: Berührung ist nur eine Randerscheinung, S. 203.
105 Sprache und Antwort, S. 37.
106 Zit. n. Alexander von Bormann: Begrenzte Andersheit. Zur DDR-Lyrik der sechziger Jahre, in: Der Deutschunterricht 4/1990, S. 83.
107 G. Neumann: Elf Uhr, S. 77.

Von Biermann bis Krawczyk – ein Tribunal in Folgen

1 G. Rüß: Dokumente, S. 787.
2 Ebda., S. 777
3 Ebda., S. 777.
4 Ebda., S. 867.
5 Wolf Biermann: Nachlaß 1, Köln 1977, S. 28.
6 Peter Lübbe (Hrsg.): Dokumente zur Kunst-, Literatur- und Kulturpolitik der SED (1975–1980), Stuttgart 1984, S. 309.
7 Ebda., S. 310.
8 Heiner Müller: Wie es bleibt, ist es nicht, in: Der Spiegel vom 12. September 1977.
9 P. Lübbe: Dokumente, S. 337.
10 Günter Kunert: Ein Schriftsteller ohne Inspiration erzeugt Flugsand, in: Die Zeit vom 5. August 1977.
11 P. Lübbe: Dokumente, S. 555.
12 Ebda., S. 696.
13 So, los, abstimmen!, in: Der Spiegel vom 17. Dezember 1990.
14 Ebda., S. 114.
15 Protokoll eines Tribunals. Die Ausschlüsse aus dem DDR-Schriftstellerverband 1979, hrsg. v. Joachim Walter u. a., Reinbek 1991, S. 28.
16 Ebda., S. 25ff.
17 Ebda., S. 116.
18 So, los abstimmen!, S. 111.
19 Ebda., S. 133.
20 Protokoll eines Tribunals, S. 40.
21 Franz Fühmann: Offener Brief, in: Sinn und Form 3/1990, S. 465.
22 Vgl. Hans-Jürgen Schmitt: Von den »Mutmaßungen« zu den »Neuen Leiden«. Zur Wirkungsgeschichte der DDR-Literatur, in: Die Literatur der DDR, hrsg. v. Dems., München 1983, S. 40f.
23 Ein schwerer Rückschlag in die frühen fünfziger Jahre, in: Der Spiegel vom 8. Februar 1988.
24 Zit. n. Martin Ahrends: »Ich begehre ein offenes, öffentliches Sein«, in: Die Zeit vom 5. Februar 1988.

Der Traum vom Sozialismus und die Revolution

1 Vgl. Veit-Ulrich Müller: Stillhalteliteratur in Ost und West, in: Frankfurter Allgemeine Zeitung vom 13. Oktober 1990; Hans Noll: Das lächerliche Pathos alter Schwärmer, in: Die Welt vom 12. Mai 1990; Frank Schirrmacher: »Dem Druck des härteren, strengeren Lebens standhalten«, in: Frankfurter Allgemeine Zeitung vom 2. Juni 1990.
2 Vgl. Alexander von Bormann: Lodern oder Lottern? Vom möglichen Ende des pathetischen Tons in der Nach-DDR-Literatur, in: Aus Politik und Zeitgeschichte 44/1990, S. 27ff.; Martin Ahrends: Stunde der Abrechnung, in: Die Zeit vom 25. Mai 1990.
3 Christoph Hein: »Unbelehrbar sein, das ist eine Pflicht des Intellektuellen«, in: Frankfurter Rundschau vom 25. Mai 1990.
4 Günter de Bruyn: Jubelschreie, Trauergesänge, in: Die Zeit vom 7. September 1990.
5 Ebda.

6 Christoph Hein: Die fünfte Grundrechenart. Aufsätze und Reden, Frankfurt a. M. 1990, S. 107.
7 Ebda., S. 107f.
8 Ebda., S. 108.
9 Antriebskraft der Kritik. Günter de Bruyn auf dem Ost-Berliner Schriftstellerkongreß, in: Frankfurter Allgemeine Zeitung vom 5. Dezember 1987.
10 Vgl. DDR-Report 5/1988, S. 294.
11 Zum Schriftstellerberuf gehört, stets auf Posten zu sein in den Kämpfen der Zeit. Referat von Hermann Kant, in: Neues Deutschland vom 25. November 1987.
12 Vgl. Günther Rüther: Die alten Männer und das neue Denken - Aspekte zur Kulturpolitik in der DDR, in: Politik und Kultur 3/1989, S. 61f.
13 Christoph Hein: Die fünfte Grundrechenart, in: »Die Geschichte ist offen«, hrsg. v. Michael Naumann, Reinbek 1990, S. 60.
14 Ebda., S. 63f.
15 Sein Beitrag erschien zuerst, in: Die Zeit vom 6. Oktober 1989.
16 Die Ignoranz ist unerträglich, in: Frankfurter Allgemeine Zeitung vom 23. September 1989.
17 Hermann Kant: Eine Niederlage ist eine Niederlage, in: Frankfurter Allgemeine Zeitung vom 10. Oktober 1989.
18 Die Erklärung der DDR-Schriftsteller, in: Süddeustche Zeitung vom 17. Oktober 1989.
19 Uwe Grüning: Kunst und Leben, in: Zeitschrift zur politischen Bildung – Eichholz Brief 2/1991, S. 36.
20 Wir sind das Volk. Die Bewegung. Teil 2, Halle/Leipzig 1990, S. 35.
21 Ebda., S. 36.
22 Stefan Heym: Ist die DDR noch zu retten? in: Die Zeit vom 13. Oktober 1989.
23 Wir sind das Volk, S. 57.
24 Ebda., S. 58.
25 Volker Braun: Kommt Zeit, kommen Räte, in: »Die Geschichte ist offen«, hrsg. v. Michael Naumann, Reinbek 1990, S. 18.
26 Wir sind das Volk, S. 64f.
27 Hans-Helmut Knütter: Antifaschismus und politische Kultur in Deutschland nach der Wiedervereinigung, in: Aus Politik und Zeitgeschichte 9/1991, S. 26.
28 Uwe Kolbe: Gebundene Zungen. Ein offener Brief, in: »Die Geschichte ist offen«, hrsg. v. Michael Naumann, Reinbek 1990, S. 87.
29 Stefan Heym: Aschermittwoch in der DDR, in: »Die Geschichte ist offen«, hrsg. v. Michael Naumann, Reinbek 1990, S. 71f.
30 Monika Maron: Die Schriftsteller und das Volk, in: DDR heute 30/1990, S. 23.
31 Vgl. Was bleibt. Bleibt was? Pro und Contra: Eine Zeitkontroverse über Christa Wolf und ihre neue Erzählung, in: Die Zeit vom 1. Juni 1990.
32 F. Schirrmacher: »Dem Druck des härteren, strengeren Lebens standhalten.«
33 André Glucksmann: Laudatio auf Václav Havel, in: Börsenblatt vom 17. Oktober 1989, S. 3218.
34 Günter Kunert: Traumverloren, in: Frankfurter Allgemeine Zeitung vom 30. November 1989.

Literaturverzeichnis

Adorno, Theodor W.: Rede über Lyrik und Gesellschaft, in: Ders.: Notizen zur Literatur, Frankfurt a. M. 1981, S. 49–68.

Ahrends, Martin: »Ich begehre ein offenes, öffentliches Sein«, in: Die Zeit vom 5. Februar 1988.

Ahrends, Martin: Stunde der Abrechnung, in: Die Zeit vom 25. Mai 1990.

Andersson, Sascha/Erb, Elke (Hrsg.): Berührung ist nur eine Randerscheinung. Neue Literatur aus der DDR, Köln 1985.

Antriebskraft der Kritik. Günter de Bruyn auf dem Ost-Berliner Schriftstellerkongreß, in: Frankfurter Allgemeine Zeitung vom 5. Dezember 1987.

Aristoteles: Politik, München 1973.

Balluseck, Lothar von: Dichter im Dienst. Der sozialistische Realismus in der Deutschen Literatur, Wiesbaden 1963.

Becher, Johannes R.: Brief, in: Sinn und Form 2/1990, S. 332–340.

Becher, Johannes R.: Danksagung, in: Sinn und Form 2/1953, S. 9.

Becher, Johannes R.: Verteidigung der Poesie, Berlin (Ost) 1960.

Becker, Jurek: Bronsteins Kinder, Roman, Frankfurt a. M. 1986.

Bergsdorf, Wolfgang: Literatur und Politik in der Bundesrepublik, in: Politik und Kultur 2/1987, S. 3–18.

Bericht des Zentralkomitees der Sozialistischen Einheitspartei Deutschlands an den XI. Parteitag der SED. Berichterstatter: Erich Honecker. Zitiert nach Presse- und Informationsamt der Bundesregierung.

Biermann, Wolf: Nachlaß 1, Köln 1977.

Bilke, Jörg Bernhard: Auf den Spuren der Wirklichkeit, in: Der Deutschunterricht, 4/1969, S. 24–60.

Bilke, Jörg Bernhard: DDR-Literatur als Informationsträger, in: Kultur im geteilten Deutschland, hrsg. von Erika Lieser-Triebnigg und Siegfried Mampel, Berlin 1983, S. 139–187.

Blumensath, Christel und Heinz: Einführung in die DDR-Literatur, Stuttgart 1983.

Bohm, Gunhild: Bewegungen in Literatur und Literaturpolitik der DDR, in: Neue Deutsche Hefte, 1/1986, S. 75–92.

Bohnert, Christiane: Stefan Heym: »Der König David Bericht«. Die Ohnmacht der Macht vor der Geschichte, in: Dialektik des Anfangs. Jahrbuch zur Literatur in der DDR, hrsg. von Paul Gerhard Klussmann und Heinrich Mohr, Bonn 1986, S. 143–195.

Bormann, Alexander von: Begrenzte Andersheit. Zur DDR-Lyrik der achtziger Jahre, in: Der Deutschunterricht 4/1990, S. 77–99.

Bormann, Alexander von: Lodern oder Lottern? Vom möglichen Ende des pathetischen Tons in der Nach-DDR-Literatur, in: Aus Politik und Zeitgeschichte 44/1990, S. 27–39.

Brasch, Thomas: Rotter Und weiter Ein Tagebuch, ein Stück, eine Aufführung, Frankfurt a. M. 1978.

Bräunig, Werner: Nicht die Schwierigkeiten – ihre Überwindung, in: Neues Deutschland vom 15. Dezember 1965.

Braun, Volker: Das ungezwungene Leben Kasts, Frankfurt a. M. 1979.

Braun, Volker: Es genügt nicht die einfache Wahrheit. Notate, Frankfurt a. M. 1976.

Braun, Volker: Gedichte, Frankfurt a. M. 1979.

Brecht, Bertolt: Über Politik und Kunst, Frankfurt a. M. 1971.

Brettschneider, Werner: Zwischen literarischer Autonomie und Staatsdienst. Die Literatur in der DDR, Berlin 1980.

de Bruyn, Günter: Jubelschreie, Trauergesänge, in: Die Zeit vom 7. September 1990.

Christa Wolf: Materialienbuch, hrsg. von Klaus Sauer, Darmstadt/Neuwied 1987.

Conrady, Karl Otto: Zur Lage der deutschen Literatur in der DDR, in: Geschichte in Wissenschaft und Unterricht 2/1966, S. 737–748.

Czechowski, Heinz: Ich und die Folgen, Reinbek 1987.

Czechowski, Heinz: Ich, beispielsweise. Gedichte, Leipzig 1986.

Deutscher Bundestag: 5. Wahlperiode, 9. Sitzung, 1. Dezember 1965, S. 295–307.

Deutsche Literaturgeschichte in einem Band, hrsg. von Hans-Jürgen Geerdts, Berlin (Ost) 1971.

Die Deutsche Akademie der Künste zum Tode J. W. Stalins, in: Sinn und Form 2/1953, S. 5.

Die Erklärung der DDR-Schriftsteller, in: Süddeutsche Zeitung vom 17. Oktober 1989.

Die Ignoranz ist unerträglich, in: Frankfurter Allgemeine Zeitung vom 23. September 1989.

Ein schwerer Rückschlag in die fünfziger Jahre, in: Der Spiegel vom 8. Februar 1988.

Emmerich, Wolfgang: Kleine Literaturgeschichte der DDR, Darmstadt/Neuwied 1989.

Fischbeck, Helmut (Hrsg.): Literaturpolitik und Literaturkritik in der DDR, Frankfurt a. M. 1976.

Franke, Konrad: Die Dramatik in der Deutschen Demokratischen Republik, in: Kindlers Literaturgeschichte der Gegenwart, Bd. 4, hrsg. von Dems., Frankfurt a. M. 1980, S. 209–356.

Franke, Konrad: Die Kulturpolitik der DDR und ihr Einfluß auf die Literatur, in: Kindlers Literaturgeschichte der Gegenwart, Bd. 3, hrsg. von Dems., Frankfurt a. M. 1980, S. 4–228.

Frisch, Max: Stichworte. Ausgesucht von Uwe Johnson, Frankfurt a. M. 1975.

Fühmann, Franz: Kabelkran und blauer Peter, Rostock 1962.

Fühmann, Franz: Offener Brief, in: Sinn und Form 3/1990, S. 459–466.

Fühmann, Franz: Wandlung. Wahrheit. Würde. Aufsätze und Gespräche 1964–1981. Darmstadt/Neuwied 1985.

Geschichte der deutschen Literatur der Deutschen Demokratischen Republik (Bd. 11), hrsg. von Horst Haase u. a., Berlin (Ost) 1977.

Glucksmann, André: Laudatio auf Václav Havel, in: Börsenblatt vom 17. Oktober 1989, S. 3217–3220.

Gräfin Dönhoff, Marion: ... und eine Gegenreplik, in: Die Zeit vom 9. November 1979.

Gulzen, Dieter (Hrsg.): Einführung in die neue deutsche Literaturwissenschaft. Ein Arbeitsbuch, Berlin 1976.

Greiner, Bernhard: Von der Allegorie zur Idylle: Die Literatur der Arbeitswelt in der DDR, Heidelberg 1974.

Grüning, Uwe: Kunst und Leben, in: Zeitschrift zur politischen Bildung – Eichholz Brief 2/1991, S. 36f.

Grunenberg, Antonia: Aufbruch der inneren Mauer. Politik und Kultur in der DDR 1971–1990, Bremen 1990.

Hacks, Peter: Die Sorgen und die Macht. Ausgewählte Dramen, Bd. 2, Berlin (Ost)/Weimar 1981.

Hager, Kurt: In Fragen der Kulturpolitik der SED, Berlin (Ost) 1972.

Hanke, Irma: Alltag und Politik. Zur politischen Kultur der DDR. Eine Untersuchung zur erzählenden Gegenwartsliteratur in der DDR in den 70er Jahren, Opladen 1987.

Hastedt, Regina: Die Tage mit Sepp Zach, Berlin (Ost) 1959.
Havel, Václav: Versuch, in der Wahrheit zu leben, Reinbek 1990.
Hein, Christoph: Die fünfte Grundrechenart. Aufsätze und Reden, Frankfurt a. M. 1990.
Hein, Christoph: Horns Ende. Roman, Weimar 1985.
Hein, Christoph: »Unbelehrbar sein, das ist eine Pflicht des Intellektuellen«, in: Frankfurter Rundschau vom 25. Mai 1990.
Hermand, Jost: Kultur im Wiederaufbau – Die Bundesrepublik Deutschland 1945–1965, München 1986.
Hermann Kant: Eine Niederlage ist eine Niederlage, in: Frankfurter Allgemeine Zeitung vom 1. Oktober 1989.
Heukenkamp, Ursula: Unsere Sprache ist vielleicht nicht die eigentliche, in: Weimarer Beiträge 5/1988, S. 825–840.
Heukenkamp, Ursula: Interview mit Heinz Czechowski, in: Weimarer Beiträge 5/1988, S. 808–824.
Heym, Stefan: Collin, Frankfurt a. M. 1989.
Heym, Stefan: Der König-David-Bericht. Roman, Frankfurt a. M. 1988.
Heym, Stefan: Ist die DDR noch zu retten? in: Die Zeit vom 13. Oktober 1989.
Heym, Stefan: Nachruf, München 1988.
Hillmann, Heinz: Subjektivität in der Prosa, in: Die Literatur der DDR, hrsg. von Hans-Jürgen Schmitt, München/Wien 1983, S. 385–434.
Hölsken, Hans-Georg: Zwei Romane: Christa Wolf »Der geteilte Himmel« und Hermann Kant »Die Aula«, in: Der Deutschunterricht 5/1969, S. 61–99.
Hörnigh, Therese: Christa Wolf, Göttingen 1989.
Huchel, Peter: Ausgewählte Gedichte, Frankfurt a. M. 1973.
Hüttich, Gunner: Zur Entwicklung des Dramas in der DDR, in: Deutsche Gegenwartsliteratur. Ausgangspositionen und aktuelle Entwicklungen, hrsg. von Manfred Durzak, Stuttgart 1981, S. 552–578.
Illustrierte Geschichte der deutschen Literatur, Bd. 6, hrsg. von Anselm Salzer u. a., Köln o. J.
Jäger, Manfred: Kultur und Politik in der DDR. Ein historischer Abriß, Köln 1982.
Janka, Walter: Schwierigkeiten mit der Wahrheit, Reinbek 1989.
Joho, Wolfgang: Vertrauen in die Entscheidung, in: Neue Deutsche Literatur, 3/1969, S. 160–169.
Kant, Immanuel: Was ist Aufklärung?, in: Immanuel Kant. Politische Schriften, hrsg. von Otto Heinrich von der Gablentz, Köln/Opladen 1965, S. 1–8.
Kantorowicz, Alfred: Deutsches Tagebuch, Bd.1 und 2, Berlin 1979.
Kersten, Heinz: Theater und Theaterpolitik in der DDR, in: Theater hinter dem »Eisernen Vorhang«, hrsg. von Reinhold Grimm u. a., Basel 1964, S. 13–57.
Kleßmann, Christoph: Opposition und Dissidenz in der Geschichte der DDR, in: Aus Politik und Zeitgeschichte 5/1991, S. 52–62.
Kluge, Gerhard: Die Rehabilitierung des Ich, in: Poesie und Politik. Zur Situation der Literatur in Deutschland, hrsg. von Wolfgang Kuttenkeuler, Stuttgart 1973, S. 206–235.
Knütter, Hans-Helmut: Antifaschismus und politische Kultur in Deutschland nach der Wiedervereinigung, in: Aus Politik und Zeitgeschichte 9/1991, S. 17–28.
Kolbe, Uwe: Bornholm II. Gedichte, Frankfurt a. M. 1987.
Kolbe, Uwe: Hineingeboren. Gedichte 1975–1979, Frankfurt a. M. 1982.
Kogon, Eugen: Die zornigen alten Männer, Reinbek 1979.
Korte, Hermann: Geschichte der deutschen Lyrik seit 1945, Stuttgart 1989.
Kroh, Ferdinand (Hrsg.): ›Freiheit ist immer Freiheit...‹ Die Andersdenkenden in der DDR Frankfurt a. M. 1988.

Kunert, Günter: Die Musen haben abgedankt, in: Sinn und Form 4/1989, S. 903 (zuerst in: Die Zeit vom 2. November 1988).
Kunert, Günter: Diesseits des Erinnerns, München/Wien 1982.
Kunert, Günter: Ein Schriftsteller ohne Inspiration erzeugt Flugsand, in: Die Zeit vom 5. August 1977.
Kunert, Günter: Traumverloren, in: Frankfurter Allgemeine Zeitung vom 30. November 1989.
Kunert, Günter: Vor der Sintflut. Das Gedicht als Arche Noah, Frankfurter Vorlesungen, München/Wien 1985.
Kunze, Reiner: Die wunderbaren Jahre. Prosa, Frankfurt a. M. 1976.
Lattmann, Dieter: Stationen einer literarischen Republik, in: Kindlers Literaturgeschichte der Gegenwart, Bd. 1, hrsg. von Dems., Frankfurt a. M. 1980, S. 3–166.
Literatur und literarisches Leben in Deutschland 1945–1949, Bonn 1989.
Leonhard, Wolfgang: Die Revolution entläßt ihre Kinder, Köln/Berlin 1955.
Lermen, Birgit/Loewen, Matthias: Lyrik aus der DDR. Exemplarische Analysen, Paderborn 1987.
Loest, Erich: Der vierte Zensor. Vom Entstehen und Sterben eines Romans in der DDR, Köln 1984.
Loest, Erich: Durch die Erde ein Riß. Ein Lebenslauf, Frankfurt a. M. 1984.
Lübbe, Peter (Hrsg.): Dokumente zur Kunst-, Literatur- und Kulturpolitik der SED (1975–1980), Stuttgart 1984.
Maetzke, Ernst-Otto: DDR-Schriftsteller trauern um die Zukunft und rühmen ihre Vergangenheit, in: Frankfurter Allgemeine Zeitung vom 27. März 1990.
Maron, Monika: Die Schriftsteller und das Volk, in: DDR heute 30/1990, S. 23 f.
Mayer, Hans: Zur Gegenwartslage unserer Literatur, in: Zur deutschen Literatur der Zeit, Reinbek 1967, S. 365–373.
Meyer-Burger, Bernhard: Entwicklung und Funktion der Literaturpolitik der DDR, 1945–1978, München 1984.
Mehnert, Günter: Aktuelle Probleme des sozialistischen Realismus, Berlin (Ost) 1968.
Mohr, Heinrich: Der 17. Juni als Thema der Literatur in der DDR, in: 17. Juni 1953. Arbeiteraufstand in der DDR, hrsg. von Ilse Spittmann und Karl Wilhelm Fricke, Köln 1982, S. 87–111.
Müller, Heiner: Wie es bleibt, ist es nicht, in: Der Spiegel vom 12. September 1977.
Müller, Veit-Ulrich: Stillhalteliteratur in Ost und West, in: Frankfurter Allgemeine Zeitung vom 13. Oktober 1990.
Naumann, Michael (Hrsg.): »Die Geschichte ist offen«, Reinbek 1990.
Nawrocki, Joachim: Noch eine Krise oder schon Agonie, in: Die Zeit vom 6. Oktober 1989.
Neuman, Gert: Elf Uhr, Frankfurt a. M. 1981.
Noll, Hans: Das lächerliche Pathos alter Schwärmer, in: Die Welt vom 12. Mai 1990.
Noll, Hans: Der Abschied: Journal meiner Ausreise aus der DDR, Hamburg 1985.
Orlow, Peter: Die Bitterfelder Sackgasse. Literaturpolitik der SED zwischen 1965–1969, Pfaffenhofen 1970.
Protokoll eines Tribunals. Die Ausschlüsse aus dem DDR-Schriftstellerverband 1979, hrsg. von Joachim Walter u. a., Reinbek 1991.
Raddatz, Fritz J.: Traditionen und Tendenzen. Materialien zur Literatur der DDR, Frankfurt a. M. 1972.
Reich-Ranicki, Marcel: Zur Literatur der DDR, München 1974.

Reimann, Brigitte: Franziska Linkerhand. Roman, München 1977.
Reso, Martin: ›Der geteilte Himmel‹ und seine Kritiker, Halle 1965.
Rosellini, Jay: Subjektivität contra Politik? Anmerkungen zur Lyrik in der DDR, in: Deutsche Gegenwartsliteratur. Ausgangspositionen und aktuelle Entwicklungen, Stuttgart 1981, S. 517–551.
Rüß, Gisela (Hrsg.): Dokumente zur Kunst-, Literatur- und Kulturpolitik der SED (1971–1974), Stuttgart 1976.
Rüther, Günther: Die alten Männer und das neue Denken. Aspekte zur Kulturpolitik in der DDR, in: Politik und Kultur 3/1989, S. 57–66.
Rüther, Günther (Hrsg.): Kulturbetrieb und Literatur in der DDR, Köln 1987.
Rüther, Günther: Zwischen Anpassung und Kritik. Literatur im real existierenden Sozialismus der DDR, Melle 1989.
Sartre, Jean Paul: Die Abrüstung der Kultur, in: Sinn und Form 5/6/1962, S. 805–815 (übersetzt von Stephan Hermlin).
Schädlich, Hans-Joachim: Tallhover, Reinbek 1986.
Schädlich, Hans-Joachim: Versuchte Nähe. Prosa, Reinbek 1980.
Scharfschwerdt, Jürgen: Literatur und Literaturwissenschaft in der DDR, Stuttgart 1982.
Schirrmacher, Frank: »Dem Druck des härteren, strengeren Lebens standhalten«, in: Frankfurter Allgemeine Zeitung vom 2. Juni 1990.
Schmitt, Hans-Jürgen: Die journalistische Bedeutung neuerer Erzählformen, in: Die Literatur der DDR, hrsg. von Dems., München 1983, S. 304–333.
Schmitt, Hans-Jürgen: Von den »Mutmaßungen« zu den »Neuen Leiden«. Zur Wirkungsgeschichte der DDR-Literatur, in: Die Literatur der DDR, hrsg. von Dems., München 1983, S. 14–41.
Schneider, Helmut J.: Anna Seghers, in: Deutsche Dichter der Gegenwart. Ihr Leben und Werk, hrsg. von Benno von Wiese, Berlin 1973, S. 110–137.
Schöne, Albrecht: Über politische Lyrik im 20. Jahrhundert, Göttingen 1965.
Schubbe, Elimar (Hrsg.): Dokumente zur Kunst-, Literatur- und Kulturpolitik der SED (1946–1970), Stuttgart 1972.
Schwarz, Hans-Peter: Vom Reich zur Bundesrepublik, Darmstadt/Neuwied 1966.
Seghers, Anna: Aufsätze, Aussprachen, Essays 1927–1953, Berlin (Ost)/Weimar 1980.
Seghers, Anna: Das Vertrauen, Darmstadt/Neuwied 1988.
Seiler, Christian: Der DDR-Literatur läuft das Publikum fort, in: Rheinischer Merkur/Christ und Welt vom 1. September 1989.
Serke, Jürgen: Was man mit Worten machen kann, in: Die Welt vom 3. Mai 1990.
Silbermann, Marc: Soll und Haben. Überlegungen zum Roman der DDR, in: Deutsche Gegenwartsliteratur. Ausgangspositionen und aktuelle Entwicklungen, hrsg. von Manfred Durzak, Stuttgart 1981, S. 485–516.
So, los, abstimmen! in: Der Spiegel vom 17. Dezember 1990.
Sprache und Antwort. Stimmen und Texte einer anderen Literatur in der DDR, hrsg. von Egmont Hesse, Frankfurt a. M. 1988.
Sternberger, Dolf: »Ich wünschte ein Bürger zu sein‹. Neun Versuche über den Staat, Frankfurt a. M. 1967.
Treml, Manfred: Das Deutschlandproblem im Rahmen weltpolitischer Konstellationen der Nachkriegszeit, München 1987.
Trommler, Frank: Der zögernde Nachwuchs. Entwicklungsprobleme der Nachkriegsliteratur in West und Ost, in: Tendenzen der Deutschen Literatur seit 1945, hrsg. von Thomas Koebner, Stuttgart 1971, S. 1–116.
Verstörung bis zur Resignation. Franz Fühmann im Gespräch mit Marlies Menge, in: Die Zeit vom 12. Mai 1978.

Völker, Klaus: Bertolt Brecht. Eine Biografie, Reinbek 1988.
Völker, Klaus: Brecht-Chronik. Daten zu Leben und Werk, München 1971.
Völker, Klaus: Drama und Dramaturgie in der DDR, in: Theater hinter dem »Eisernen Vorhang«, hrsg. von Reinhold Grimm u. a., Basel 1964, S. 60–87.
Vormweg, Heinrich: Deutsche Literatur 1945–1960: Keine Stunde Null, in: Die Deutsche Literatur der Gegenwart. Aspekte und Tendenzen, hrsg. von Manfred Durzak, Stuttgart 1971, S. 13–30.
Vormweg, Heinrich: Die Mühen der Ebenen, in: Kindlers Literaturgeschichte der Gegenwart Bd. 4, hrsg. von Konrad Franke, Frankfurt a. M. 1980, S. 185–207.
Vormweg, Heinrich: Ein schwieriger Rückweg, in: Kindlers Literaturgeschichte der Gegenwart, Bd. 4, hrsg. von Konrad Franke, Frankfurt a. M. 1980, S. 3–24.
Vormweg, Heinrich: Prosa in der Bundesrepublik seit 1945, in: Kindlers Literaturgeschichte der Gegenwart Bd. 1, hrsg. von Dieter Lattmann, Frankfurt a. M. 1980, S. 169–419.
Was bleibt. Bleibt was? Pro und Contra: eine Zeit-Kontroverse über Christa Wolf und ihre neue Erzählung, in: Die Zeit vom 1. Juni 1990.
Weber, Hermann: Geschichte der DDR, München 1986.
Weber, Hermann: Kleine Geschichte der DDR, Köln 1988.
Weizsäcker, Richard von: Wir leiden an dem Haßverhältnis zwischen Geist und Macht, in: Die Zeit vom 8. Januar 1988.
Wichner Ernst / Wiesner, Herbert (Hrsg.): Zensur in der DDR. Geschichte, Praxis und ›Ästhetik‹ der Behinderung von Literatur, Berlin 1991.
Wiese, Benno von: Deutsche Dichter der Gegenwart. Ihr Leben und Werk, Berlin 1973, S. 11–33.
Wilmanns, Gerad: Christa Wolf, in: Deutsche Dichter der Gegenwart. Ihr Leben und Werk, hrsg. von Benno von Wiese, Berlin 1973, S. 605–618.
Winters, Peter Jochen: Neue Herrlichkeit, in: Frankfurter Allgemeine Zeitung vom 9. März 1985.
Wir sind das Volk. Die Bewegung. Teil 1 und 2, Halle / Leipzig 1990.
Wittstock, Uwe: Von der Stalinallee zum Prenzlauer Berg. Wege der DDR-Literatur 1949–1989, München 1989.
Wolf, Christa: Der geteilte Himmel. Erzählung, München 1984.
Wolf, Christa: Kindheitsmuster. Roman, Darmstadt / Neuwied 1979.
Wolf, Christa: Nachdenken über Christa T., Darmstadt / Neuwied 1982.
Zum Schriftstellerberuf gehört, stets auf Posten zu sein in den Kämpfen der Zeit. Referat von Hermann Kant, in: Neues Deutschland vom 25. November 1987.

Personenregister

In dem nachfolgenden Verzeichnis finden alle Personen Erwähnung, die in dieser Arbeit genannt werden. Ausgenommen davon sind jedoch die Unterzeichner des Aufrufs »Für unser Land«; siehe hierzu gesondert S. 194f.